DEUTSCHE AKADEMIE DER WISSENSCHAFTEN ZU BERLIN

SCHRIFTEN DES INSTITUTS FÜR GESCHICHTE
REIHE I: ALLGEMEINE UND DEUTSCHE GESCHICHTE
BAND 2

JÜRGEN KUCZYNSKI

STUDIEN ZUR GESCHICHTE DES KAPITALISMUS

AKADEMIE-VERLAG · BERLIN · 1957

Erschienen im Akademie-Verlag GmbH., Berlin W 8, Mohrenstraße 39
Lizenz-Nr. 202 · 100/625/56
Satz: Verlag Junge Welt, Berlin
Druck und Bindung: Druckhaus „Maxim Gorki", Altenburg
Bestell- und Verlagsnummer: 2083/I/2
Printed in Germany

INHALTSVERZEICHNIS

VORBEMERKUNG

Die folgende Sammlung von Arbeiten zur Geschichte des Kapitalismus ist, wie ich hoffe, nützlich, weil sie eine Anzahl von Problemen aufwirft, deren Lösung von großer Bedeutung nicht nur für die Wirtschaftsgeschichte, sondern auch allgemein für die Geschichtsschreibung und für die Politische Ökonomie ist. Die hier gegebenen Lösungen sind, wenn auch in den verschiedensten wissenschaftlichen Kreisen in unserer Republik, in der Sowjetunion und in den Volksdemokratien „vordiskutiert", zumeist jedoch nicht mehr als begründete Meinungsäußerungen, die im Streit mit anderen Meinungen erst im Laufe der Zeit zu allgemein anerkannten Analysen und Synthesen der betrachteten Prozesse führen werden.

Berlin, den 31. Dezember 1956 *Jürgen Kuczynski*

TEIL I

ZUR GESCHICHTE UND GESCHICHTSSCHREIBUNG DER INDUSTRIELLEN REVOLUTION

In den letzten Jahren hat allgemein die wissenschaftliche Beschäftigung mit der Industriellen Revolution stark zugenommen – unter den marxistischen wie auch unter den bürgerlichen Historikern.

Auf unserer marxistischen Seite ist das darin begründet, daß wir viele Jahre und Jahrzehnte hindurch dieses Studium vernachlässigt hatten – was nicht bedeutet, daß nicht zahlreiche propagandistische Schriften veröffentlicht wurden.

Auf bürgerlicher Seite ist die Erklärung anderswo zu suchen – darüber im zweiten der beiden folgenden Kapitel.

Das erste der folgenden Kapitel ist die überarbeitete Form eines Vortrages anläßlich der Tagung der deutsch-polnischen Historikerkommission in Warschau Anfang Mai 1956 im dortigen Akademie-Institut für Geschichte; der Vortrag erschien dann in erweiterter Form in der „Zeitschrift für Geschichtswissenschaft", IV. Jahrgang 1956, Heft 3, und in den „Cahiers Internationaux", Paris 1956.

KAPITEL I

ZUM PROBLEM DER INDUSTRIELLEN REVOLUTION

Je stärker sich die Wissenschaft des Marxismus-Leninismus entwickelt, je mehr Völker ihre eigene Geschichte wirklichkeitsnahe, das heißt marxistisch-leninistisch zu erforschen lernen, desto größer wird die Fülle neuer Probleme, die auftauchen und gelöst werden müssen.

Das gilt gegenwärtig insbesondere hinsichtlich des Studiums der Besonderheiten der Entwicklung, die den verschiedensten gesellschaftlichen Prozessen in den einzelnen Ländern eigentümlich sind.

Schon Marx und Engels taten den ersten großen Schritt in dieser Forschungsrichtung dadurch, daß sie für die Illustrierung der Gesetzmäßigkeiten einer Gesellschaftsordnung (und auch einzelner Perioden einer solchen) „klassische" Beispiele suchten.

Lenin ging einen Schritt weiter – einmal, indem er neben dem klassischen Weg einer Entwicklung bereits „Sammelgruppen" von Wegen fand – zum Beispiel den „preußischen" und den „amerikanischen" Weg des Übergangs vom Feudalismus zum Kapitalismus in der Landwirtschaft – und sodann, indem er gar für eine Reihe von Ländern Einzelcharakteristiken gab – zum Beispiel den Imperialismus Frankreichs als Wucherimperialismus, den deutschen als junkerlich-bourgeoisen kennzeichnete —, was Marx und Engels nur ganz gelegentlich erst tun konnten.

Im folgenden soll das Problem der Industriellen Revolution in dieser Richtung näher untersucht werden.

1. Was heißt Industrielle Revolution und welches war die klassische Form ihrer Entwicklung?[1]

Friedrich Engels, der den Ausdruck „Industrielle Revolution" in die deutsche Literatur eingeführt hat, gibt uns folgende Charakteristik dieses großen Ereignisses in der Geschichte des Kapitalismus: „Während in Frankreich der Orkan der Revolution das Land ausfegte, ging in England eine stillere, aber darum nicht minder gewaltige Umwälzung vor sich. Der Dampf und die neue Werkzeugmaschinerie verwandelten die Manufaktur in die moderne große Industrie und revolutionierten damit

[1] Vgl. zu diesem Abschnitt auch J. Kuczynski, „Die Geschichte der Lage der Arbeiter in England von 1640 bis in die Gegenwart", Zweiter Teil, 1760—1832, Berlin 1954.

die ganze Grundlage der bürgerlichen Gesellschaft. Der schläfrige Entwicklungsgang der Manufakturzeit verwandelte sich in eine wahre Sturm- und Drangperiode der Produktion."[2]

Noch schärfer zugespitzt formuliert Marx: „Als John Wyatt 1735 seine Spinnmaschine und mit ihr die Industrielle Revolution des 18. Jahrhunderts ankündigte..."[3]

Es ist die Maschine, die die Industrielle Revolution bringt und sie charakterisiert. Die Maschine verwandelt die Manufaktur als Produktionsform in die große Industrie und damit einerseits den frühen Kapitalismus oder Frühkapitalismus in den Industriekapitalismus und andererseits, im einzelnen, die Manufaktur als Betrieb in den Fabrikbetrieb, in die Fabrik. Zugleich verwandelt sich damit das Proletariat in das spezifische Industrieproletariat. So ist es zu verstehen, wenn Engels seine Schilderung der Lage der arbeitenden Klasse in England mit folgenden Worten einleitet: „Die Geschichte der arbeitenden Klasse in England beginnt mit der letzten Hälfte des vorigen Jahrhunderts, mit der Erfindung der Dampfmaschine und der Maschinen zur Verarbeitung der Baumwolle. Diese Erfindungen gaben bekanntlich den Anstoß zu einer Industriellen Revolution, einer Revolution. die zugleich die ganze bürgerliche Gesellschaft umwandelte und deren weltgeschichtliche Bedeutung erst jetzt anfängt erkannt zu werden. England ist der klassische Boden dieser Umwälzung, die um so gewaltiger war, je geräuschloser sie vor sich ging, und England ist darum auch das klassische Land für die Entwicklung ihres hauptsächlichsten Resultates, des Proletariats. Das Proletariat kann nur in England in allen seinen Verhältnissen und nach allen Seiten hin studiert werden."

Doch nicht nur entsteht ein Industrieproletariat. Eine große Umwälzung geht in der ganzen Gesellschaft vor, die Engels so schildert: „Mit stets wachsender Schnelligkeit vollzog sich die Scheidung der Gesellschaft in große Kapitalisten und besitzlose Proletarier, zwischen denen, statt des frühern stabilen Mittelstandes, jetzt eine unstete Masse von Handwerkern und Kleinhändlern eine schwankende Existenz führte, der fluktuierendste Teil der Bevölkerung. Noch war die neue Produktionsweise erst im Anfang ihres aufsteigenden Astes; noch war sie die normale (regelrechte), die unter den Umständen einzig mögliche Produktionsweise. Aber schon damals erzeugte sie schreiende soziale Mißstände: Zusammendrängung einer heimatlosen Bevölkerung in den schlechtesten Wohnstätten großer Städte – Lösung aller hergebrachten Bande des Herkommens, der patriarchalischen Unterordnung, der Familie – Überarbeit besonders der Weiber und Kinder in schreckenerregendem Maß – massenhafte Demoralisation der plötzlich in ganz neue Verhältnisse (vom Land in die Stadt, vom Ackerbau in die Industrie, aus stabilen in täglich wechselnde unsichere Lebensbedingungen) geworfenen arbeitenden Klasse."[4]

Die Maschine ist Motor und Kennzeichen der Industriellen Revolution. Zwar gab es schon vor der Industriellen Revolution Maschinen. Marx sagt: „Die Manufakturperiode, welche Verminderung der zur Warenproduktion notwendigen Arbeitszeit

[2] Fr. Engels, „Herrn Eugen Dührings Umwälzung der Wissenschaft", Berlin 1948, S. 321.
[3] K. Marx, „Das Kapital", Bd. I, Berlin 1947, S. 389.
[4] Fr. Engels, a. a. O., S. 321 f.

bald als bewußtes Prinzip ausspricht, entwickelt sporadisch auch den Gebrauch von Maschinen, namentlich für gewisse einfache erste Prozesse, die massenhaft und mit großem Kraftaufwand auszuführen sind. So wird z. B. bald in der Papiermanufaktur das Zermalmen der Lumpen durch Papiermühlen und in der Metallurgie das Zerstoßen der Erze durch sogenannte Pochmühlen verrichtet. Die elementarische Form aller Maschinerie hatte das römische Kaiserreich überliefert in der Wassermühle. Die Handwerksperiode vermachte die großen Erfindungen des Kompasses, des Pulvers, der Buchdruckerei und der automatischen Uhr. Im großen und ganzen jedoch spielt die Maschinerie jene Nebenrolle, die Adam Smith ihr neben der Teilung der Arbeit anweist. Sehr wichtig wurde die sporadische Anwendung der Maschinerie im 17. Jahrhundert, weil sie den großen Mathematikern jener Zeit praktische Anhaltspunkte und Reizmittel zur Schöpfung der modernen Mechanik darbot."[5]

Doch nicht jede Maschine und auch nicht der verbreitete Gebrauch beliebiger Maschinen hat etwas mit der Industriellen Revolution zu tun. Vielmehr „die Werkzeugmaschine ist es, wovon die Industrielle Revolution im 18. Jahrhundert ausgeht. Sie bildet noch jeden Tag von neuem den Ausgangspunkt, sooft Handwerksbetrieb oder Manufakturbetrieb in Maschinenbetrieb übergeht."[6]

Daher setzen wir die Industrielle Revolution nicht etwa mit der Einführung der Dampfmaschine im Bergbau an: „Die Dampfmaschine selbst, wie sie Ende des 17. Jahrhunderts während der Manufakturperiode erfunden ward und bis zum Anfang der 80er Jahre des 18. Jahrhunderts fortexistierte, rief keine Industrielle Revolution hervor. Es war vielmehr umgekehrt die Schöpfung der Werkzeugmaschinen, welche die revolutionierte Dampfmaschine notwendig machte."[7] Darum abschließend noch einmal ganz klar und eindeutig: „Die Maschine, wovon die Industrielle Revolution ausgeht, ersetzt den Arbeiter, der ein einzelnes Werkzeug handhabt, durch einen Mechanismus, der mit einer Masse derselben oder gleichartiger Werkzeuge auf einmal operiert und von einer einzigen Triebkraft, welches immer ihre Form, bewegt wird."[8]

Selbstverständlich beinhaltet die Heraushebung der Werkzeugmaschine keine Herabsetzung der Bedeutung anderer Maschinen. Gibt doch Marx seiner ganzen Bewunderung für Watts Dampfmaschine in folgenden Worten Ausdruck: „Erst mit Watts zweiter sog. doppelt wirkender Dampfmaschine war ein erster Motor gefunden, der seine Bewegungskraft selbst erzeugt aus der Verspeisung von Kohlen und Wasser, dessen Kraftpotenz ganz unter menschlicher Kontrolle steht, der mobil und ein Mittel der Lokomotion, städtisch und nicht gleich dem Wasserrad ländlich, die Konzentration der Produktion in Städten erlaubt, statt sie wie das Wasserrad über das Land zu zerstreuen, universell in seiner technologischen Anwendung, in seiner Residenz verhältnismäßig wenig durch lokale Umstände bedingt. Das große Genie Watts zeigt sich in der Spezifikation des Patents, das er April 1784 nahm und worin seine Dampfmaschine nicht als eine Erfindung zu besonderen Zwecken,

[5] K. Marx, „Das Kapital", Bd. I, S. 365.
[6] K. Marx, ebendort, S. 390.
[7] K. Marx, ebendort, S. 392.
[8] K. Marx, ebendort, S. 392 f.

sondern als allgemeiner Agent der großen Industrie geschildert wird. Er deutet hier Anwendungen an, wovon manche, wie zum Beispiel der Dampfhammer, mehr als ein halbes Jahrhundert später erst eingeführt wurden."[9]

All diese Feststellungen nun – und das ist nicht richtig in unseren bisherigen Darstellungen der Geschichte der Industriellen Revolution herausgebracht worden – gelten nur für die Leichtindustrie.

Keine Werkzeugmaschinen von Bedeutung wurden in der Schwerindustrie eingestellt. Im Bergbau beginnt die Werkzeugmaschine, das heißt das mechanische Arbeitsmittel, eigentlich erst seit dem 20. Jahrhundert eine Rolle zu spielen. Und in der Eisenindustrie ist es die Entdeckung der Feuerung mit Kohle statt mit Holz, die die bedeutende Ausweitung der Produktion im 18. Jahrhundert in England ermöglicht.

Also ist die Industrielle Revolution ein Prozeß, der in seinen Auswirkungen zwar die ganze Gesellschaft trifft und umwandelt, der als solcher aber auf die Leichtindustrie beschränkt ist? So ist es. Ist doch daher auch die Leichtindustrie und nicht die Schwerindustrie die entscheidende Industrie der Industriellen Revolution – und zwar nicht nur hinsichtlich der Entfaltung der Produktivkräfte und der Forcierung technischen Fortschritts, sondern auf Grund eben dieser Tatsachen auch hinsichtlich der Kapitalakkumulation. Und da die einzelnen Produktionsinstrumente der Leichtindustrie weniger Kapital beanspruchen als die der Schwerindustrie, so ist die Kapitalakkumulation in der Leichtindustrie besonders wirksam. Die Leichtindustrie, insbesondere die Baumwollindustrie, sammelt in der Industiellen Revolution das Kapital für die ganze Industrie. Darum geht Engels in seiner Schilderung der Industriellen Revolution auch von der Textilindustrie aus und leitet die übrige industrielle Entwicklung dann so ab: „Aber der riesenhafte Aufschwung, den die englische Industrie seit 1760 genommen hat, beschränkt sich nicht auf die Fabrikation der Kleidungsstoffe. Der Anstoß, der einmal gegeben war, verbreitete sich über alle Zweige der industriellen Tätigkeit, und eine Menge Erfindungen, die außer allem Zusammenhang mit den bisher erwähnten standen, erhielten durch ihre Gleichzeitigkeit mit der allgemeinen Bewegung doppelte Wichtigkeit. Zugleich aber wurde nun, nachdem die unermeßliche Bedeutung der mechanischen Kraft in der Industrie einmal praktisch erwiesen war, auch alles in Bewegung gesetzt, um diese Kraft nach allen Seiten hin zu benutzen und zum Vorteile der einzelnen Erfinder und Fabrikanten auszubeuten; und überdies setzte die Frage nach Maschinerie, Brenn- und Verarbeitungsmaterial schon direkt eine Masse Arbeiter und Gewerbe in verdoppelte Tätigkeit. Die Dampfmaschine gab den weiten Kohlenlagern Englands erst Bedeutung; die Maschinenfabrikation entstand erst jetzt und mit ihr ein neues Interesse an den Eisenbergwerken, die das rohe Material für die Maschinen lieferten; die vermehrte Konsumtion der Wolle hob die englische Schafzucht, und die zunehmende Einfuhr von Wolle, Flachs und Seide rief eine Vergrößerung der englischen Handelsmarine hervor. Vor allem hob sich die Eisenproduktion."[10]

[9] K. Marx, ebendort, S. 394 f.

[10] Fr. Engels, „Die Lage der arbeitenden Klasse in England", Berlin 1952, S. 42 f.

Einige Forscher haben bei der Diskussion dieser Fragen die Meinung geäußert, daß man die neuen Entwicklungsprozesse in der Schwerindustrie – die Verwendung von Kohle und Koks in der Eisenindustrie, gewisse Fortschritte in der Chemie usw. — unterschätze, wenn man nicht zusätzlich zur Werkzeugmaschine auch sie noch als weitere Merkmale der Industriellen Revolution betrachte. Ich halte das schon deswegen für falsch, weil diese Fortschritte nirgendwo den Arbeiter mit seiner Hand ersetzen; sie beinhalten eben nicht, daß „Handwerksbetrieb oder Manufakturbetrieb in Maschinenbetrieb übergeht", sie schaffen kein an die Maschine gefesseltes Proletariat, das vielfach gerade durch die Maschine aus seiner vorangehenden Beschäftigung vertrieben worden war. Sie stellen wohl Fortschritt in der Entwicklung der Produktivkräfte dar, sie mögen sogar sehr erheblich zur Industrialisierung eines Landes beitragen, aber sie sind eben nicht die Industrielle Revolution, die unauflöslich mit dem Begriff der Ersetzung der Handarbeit durch die Maschinenarbeit in der Produktion verbunden ist, das heißt mit der Werkzeugmaschine.

Bevor wir im folgenden auf weitere Probleme des Prozesses der Industriellen Revolution eingehen, ist es angebracht, die Geschichte der Haupterfindungen selbst zu untersuchen, also den Prozeß der qualitativen Veränderungen der in diesem Zusammenhang entscheidenden Produktivkräfte.

Zu Beginn der hier betrachteten Zeit, um die Mitte des 18. Jahrhunderts, dominierte die Textilindustrie, und innerhalb der Textilindustrie die Wollindustrie; die Baumwollindustrie befand sich noch in den ersten Anfängen ihrer Entwicklung. Es ist jedoch die Baumwollindustrie, die in erster Linie die Industrielle Revolution einleitet, denn in ihr findet zuerst eine stärkere Verwendung von Werkzeugmaschinen statt. Das ist zum Teil zumindest darauf zurückzuführen, daß die Baumwollindustrie die jüngste Textilindustrie ist, in der die Tradition im Sinne des Altgewohnten eine geringere Rolle spielt und neue Ideen eher verwirklicht werden.

Die Einführung der Werkzeugmaschine in die Textilproduktion ist einer der interessantesten Vorgänge in der Wirtschaftsgeschichte überhaupt. Ihr technischer Ausgangspunkt war die Ungleichmäßigkeit der Entwicklung in der Spinnerei und Weberei, den beiden Hauptzweigen der Industrie. Die Spinnerei war in ihrer Technik, in ihrer Produktionsleistung hinter der Weberei zurückgeblieben. Eine ungewöhnlich große Anzahl von Spinnern mußte beschäftigt werden, um den Webern genügend Garn zu liefern (ein Zustand, den wir ebenso im frühkapitalistischen England wie auf dem feudal wirtschaftenden Kontinent finden, ein Zustand, der auf dem Kontinent zum Beispiel mehr und mehr zu Zwangsverpflichtungen für das Spinnereigewerbe führte). Im Jahre 1733 erfand der englische Ingenieur Kay das sogenannte Schnellschützensystem, durch das die Leistungskraft der Weber etwa verdoppelt wurde. Jetzt war die Disproportionalität zwischen den Spinnereien und den Webereien so stark geworden, daß man 8 bis 12 Spinner auf einen Weber rechnen mußte. Es ist offenbar, daß unter diesen Umständen alle nur möglichen Versuche gemacht wurden, um die Arbeitsleistung unter den Spinnern zu heben, und es ist nur folgerichtig, daß die Royal Society, die vornehmste wissenschaftliche Gesellschaft Englands, einen Preis für die Erfindung, die zu einer Beschleunigung des Produktionsprozesses in der Spinnerei beitrug, aussetzte. Der erste, der eine brauchbar scheinende Spinnmaschine konstruiert hatte, war Wyatt, zwei Jahre nach Kays Erfindung zur Verbesserung der Handweberei. Die Wyattsche Konstruktion muß daher, wie schon bemerkt, als Ausgangspunkt der Industriellen Revolution betrachtet werden. Man kann aber nicht sagen, daß die Konstruktion von Wyatt schon ausreichte, um die Disproportionalität zwischen den Spinnern und Webern zu beseitigen; auch war die Maschine noch nicht von solcher Qualität, daß sie allgemein eingeführt wurde. Im Grunde war das Problem noch nicht gelöst worden, und viele Konstrukteure waren weiter daran tätig. Drei Jahre nach Wyatt brachte Paul eine Spinnmaschine zustande, die aber ebensowenig wie eine verbesserte Konstruktion aus dem Jahre 1748 den Bedürfnissen völlig entsprach. Erst im Jahre 1764, also eine Generation, nachdem Kays Erfindung die Sachlage noch stärker zugespitzt hatte, gelang es Hargreaves mit seiner so erfolgreichen „Spinning Jenny" herauszukommen, der ersten „Erfindung, die in der bisherigen Lage der englischen Arbeiter eine durchgreifende Veränderung hervorbrachte".[11] Fünf Jahre später wandte Arkwright Wasserkraft auf den Betrieb einer verbesserten Spinnmaschine an. Jetzt, oder richtiger zwei Jahre später, 1771, als die erste Maschine von Arkwright in Aktivität trat, können wir von Fabriken im ersten Stadium sprechen – im Gegensatz zu Manufakturen, für die Handarbeit charakteristisch ist. Darum nennt auch Engels die Arkwrightsche Maschine „neben der Dampfmaschine die wichtigste mechanische Erfindung des achtzehnten Jahrhunderts".[12] 1775 verbesserte Arkwright seine Maschine wesentlich, und ihm folgte 1778 mit einer weiteren Verbesserung Crompton. Jetzt war eine neue Disproportionalität entstanden, nämlich die Arbeitsleistung der Spinner war wesentlich höher als die der Weber. Es kam also darauf an, den Webeprozeß zu beschleunigen, und ganz kurz nach der Aufstellung der verbesserten Spinnmaschine von Crompton erfand 1785 Cartwright eine Webemaschine, die, insbesondere nach den Verbesserungen von 1788 und 1789, im Laufe der Zeit wieder den Webeprozeß so beschleunigte, daß er an Arbeitsleistung der Spinnerei zumindest gleichkam – die Verbreitung der Cartwrightschen Erfindung dauerte jedoch so lange, daß noch 1800 eine Konferenz von Unternehmern in Lancashire abgehalten wurde, um dem Mangel an Webern abzuhelfen, was auf die immer noch währende Überlegenheit des Spinnprozesses deutet. 1804 jedoch hatte Cartwright den mechanischen Webstuhl „so weit gebracht, daß er erfolgreich gegen die Handweber konkurrieren konnte... Mit diesen Erfindungen, die seitdem noch jedes Jahr verbessert wurden, war der Sieg der Maschinenarbeit über die Handarbeit in den Hauptzweigen der englischen Industrie entschieden, und die ganze Geschichte dieser letzteren berichtet von nun an nur, wie die Handarbeiter aus einer Position nach der andern durch die Maschinen vertrieben wurden."[13] Die achtziger Jahre bringen auch die erste Benutzung von Dampfmaschinen in der Textilindustrie, und zwar in der Baumwollindustrie, und hier wieder vor allem in den in Lancashire gelegenen Betrieben. Das heißt, die Baumwollindustrie ist im Grunde die erste Fabrikindustrie Englands.

[11] Fr. Engels, ebendort, S. 34.
[12] Fr. Engels, ebendort, S. 37.
[13] Fr. Engels, ebendort.

Diese erste Fabrikindustrie gehörte aber zu Ende des 18. Jahrhunderts noch zu den weniger großen Industrien des Landes. So bedeutsam daher die Entwicklung der Baumwollindustrie als Fabrikindustrie ist, so wichtig sie als Charakteristikum der allmählichen Umwandlung der frühkapitalistischen Produktionsweise in die industriekapitalistische ist, so sehr muß man sich doch davor hüten, den Prozeß der Industriellen Revolution in seiner Breite während des 18. Jahrhunderts zu überschätzen.

Um ein Bild von der Rolle der Baumwollindustrie, das heißt der Fabrikindustrie, zu erhalten, ist es nützlich, einen zeitgenössischen Autor über die Bedeutung der einzelnen Industrien zu zitieren. Nach den Angaben Macphersons in seinen „Annalen des Handels" stand um 1783 die Wollindustrie an der Spitze aller nichtlandwirtschaftlichen Wirtschaftszweige mit einem Produktionswert von 340 Millionen Mark. Ihr folgten die Eisen- und Eisenwarenindustrie mit 240 und die Leder- und Lederwarenindustrie mit 210 Millionen Mark. Dann im weiten Abstand kam die Seidenindustrie mit einem Produktionswert von 67 Millionen Mark, und erst nach der Leinen-, Blei-, Zinn- und Porzellanindustrie finden wir die Baumwollindustrie mit etwas weniger als 20 Millionen Mark Produktionswert. Ausgeschlossen aus dieser Übersicht sind der Kohlenbergbau, Brauereien, Baugewerbe und Schiffbau. Aber gerade seit dieser Zeit, seit den achtziger Jahren des 18. Jahrhunderts, nimmt die Baumwollindustrie einen rapiden Aufschwung, der sich am besten durch einen Vergleich des Rohstoffverbrauchs mit der Wollindustrie, die ja um 1785 die größte Industrie war, illustrieren läßt. Der Baumwollverbrauch, der 1781 nur $2^1/_2$ Millionen kg betrug, war bis 1810, das heißt innerhalb einer Generation, um rund das Fünfundzwanzigfache, auf etwa 60 Millionen kg, gestiegen, bis 1818 auf etwa 75 Millionen kg und bis 1831 auf die enorme Summe von rund 125 Millionen kg. Der Wollverbrauch dagegen, der 1781 über das Zehnfache des Baumwollverbrauchs, nämlich mehr als 25 Millionen kg betragen hatte, lag bereits 1810 wesentlich unter dem Baumwollverbrauch, nämlich etwas über 40 Millionen kg.

Gegen Ende der Industriellen Revolution ergreift der Prozeß der Mechanisierung die Herstellung von Maschinen selbst und leitet damit zur nächsten Periode der Entwicklung der kapitalistischen Industrie über. Marx sagt: „Die große Industrie mußte sich also ihres charakteristischen Produktionsmittels, der Maschine selbst, bemächtigen und Maschinen durch Maschinen produzieren: So erst schuf sie ihre adäquate technische Unterlage und stellte sich auf ihre eigenen Füße. Mit dem wachsenden Maschinenbetrieb in den ersten Dezennien des 19. Jahrhunderts bemächtigte sich die Maschinerie in der Tat allmählich der Fabrikation von Werkzeugmaschinen".[14]

Das heißt, wir können zwei Stadien zur Entwicklung der Industriellen Revolution unterscheiden: die Einführung der Maschine in die Textilindustrie und die Einführung der Maschine in den Maschinenbau, wobei das letzte Stadium bereits ein Übergangsstadium zur nächsten Entwicklungsstufe, über die Industrielle Revolution hinaus, darstellt.

[14] K. Marx, ebendort, S. 402.

Wann beginnt nun die Industrielle Revolution?

So schwer diese Frage zu beantworten ist, so einmütig ist sie beantwortet. Engels gibt in einer schon zitierten Bemerkung als Ausgangsjahr 1760 an, und das gleiche Jahr nennen die neueren bürgerlichen Forscher — so Toynbee[15], Mantoux[16], die Hammonds[17] und Fay[18] - wie auch die Große Sowjetische Enzyklopädie in ihrer Geschichte Englands. Keiner gibt eine ausführlichere Begründung für dieses Jahr. Doch so richtig stets und immer der Hinweis von Lenin für uns ist, daß man für die Periodisierung der Geschichte nach Marksteinen der Entwicklung suchen muß, ist hier doch wirklich jede Suche vergeblich. 1760 ist ein willkürlich gewähltes Datum insofern, als die Situation sich kaum von der des Jahres 1759 oder 1761 unterscheidet. Da 1760 aber ein neues Jahrzehnt einleitet, in dem ganz definitiv bereits die Industrielle Revolution stattfindet, und da es mit dem Jahr des Höhepunktes und Verfalls der Regierung Chathams, des größten englischen Premierministers der Manufakturperiode zusammenfällt, scheint es durchaus korrekt, die Industrielle Revolution 1760 beginnen zu lassen.

Und wann endet sie?

Wollte man die Industrielle Revolution in England enden lassen, wenn der Mechanisierungsprozeß in der Industrie beendet ist, dann müßte man zu dem Schluß kommen, daß sie heute noch nicht zu Ende ist, denn immer noch werden Produktionsprozesse mechanisiert. Damit im Zusammenhang kann man natürlich auch nicht das Ende der Haus- oder Heimindustrie als Ende der Industriellen Revolution ansetzen - existiert doch heute noch eine relativ große Haus- oder Heimindustrie in England.

Auch nur die wichtigsten Industrien mechanisieren zu lassen, bevor man ein Ende der Industriellen Revolution findet, wäre falsch - einmal, weil immer neue wichtige Industrien aufkommen, wie etwa die Elektroindustrie im letzten Drittel des 19. Jahrhunderts, und dann, weil selbst, wenn wir nur die, sagen wir um 1800, wichtigsten Industrien in Betracht zögen, der Prozeß der Industriellen Revolution sich ebenfalls bis zum Ende des Jahrhunderts und noch länger ausdehnen würde - wurde doch sogar die Wollindustrie erst im zweiten Drittel des 19. Jahrhunderts energischer mechanisiert! –, so daß der Begriff der Industriellen Revolution in ihrer klassischen Form völlig verwässert, seines wesentlichen Inhalts beraubt würde.

Ich meine, man sollte die Industrielle Revolution so lange als solche betrachten, bis sie sich in der entscheidenden Industrie vollendet hat, bis die kapitalistische Wirtschaft sich eine wirklich durchmechanisierte Industrie geschaffen und die ihr entsprechende Haus- oder Heimindustrie im Konkurrenzkampf praktisch vernichtet

[15] A. Toynbee, „Lectures on the Industrial Revolution of the 18th century in England", London 1884.

[16] P. Mantoux, „The Industrial Revolution in the eighteenth century", London 1929.

[17] J. L. and B. Hammond, „The skilled labourer, 1760—1832", und „The village labourer, 1760—1832", London 1911.

[18] C. R. Fay, „Great Britain from Adam Smith to the present day", London 1928.

hat und ihre „Vorindustrie", die Produktion von für sie bestimmten Maschinen, mit Maschinen zu arbeiten begonnen hat.

Soziologisch betrachtet bedeutet das: Die Industrielle Revolution ist in dem Moment beendet, in dem die neuen Produktivkräfte sich soweit durchgesetzt haben, daß sie den Preis der mit ihrer Hilfe produzierten Ware allgemein bestimmen und über die Wirkung des Wertgesetzes im Rahmen der freien Konkurrenz die alten Produktivkräfte zerstört haben, sowie für ihre eigene Erneuerung mit neuen Produktivkräften gesorgt haben.

Nur wenn all diese Forderungen erfüllt sind, kann man von einem Ende der Industriellen Revolution sprechen. Wenn Baumwollprodukte, die maschinell produziert sind, zwar billiger auf dem Markt erscheinen, aber feudale Hemmnisse ihre Verbreitung im ganzen Lande hindern und so der Handarbeit noch Existenzmöglichkeit geben, ist die Industrielle Revolution noch nicht beendet, selbst wenn die Produktion von Maschinen schon maschinell aufgenommen worden ist. Natürlich, wie schon gesagt, ist die Erfüllung dieser Forderungen nur notwendig für die entscheidende Industrie, in der die Industrielle Revolution begann.

Diese entscheidende Industrie der Industriellen Revolution ist in allen Ländern Westeuropas die Baumwollindustrie — mit Ausnahme Frankreichs insofern, als dort neben sie die Seidenindustrie tritt.

In England war der Prozeß der Mechanisierung der Baumwollindustrie um 1830 in der Hauptsache beendet. Da auch alle anderen Bedingungen für die Beendigung der Industriellen Revolution in dieser Zeit erfüllt waren, das heißt, mit der Vollendung der Mechanisierung der Industrie natürlich auch der „selbständige" Handarbeiter in dieser Industrie um seine Existenz gebracht worden war, und da die maschinelle Herstellung von Maschinen für die Baumwollindustrie eingeleitet worden war, sind wir berechtigt, das Ende der Industriellen Revolution um 1830 anzusetzen.

★

Es ist offenbar, daß eine solch revolutionäre Entwicklung der Produktivkräfte, wie sie die Industrielle Revolution darstellt, zu außerordentlichen Veränderungen der Produktionsverhältnisse – und nicht zum wenigsten auch zu einem Aufhören der völligen Übereinstimmung der Produktionsverhältnisse mit dem Charakter der Produktivkräfte führen muß.

Zweifellos änderte sich vieles in den Produktionsverhältnissen. Stand zuvor dem kapitalistischen Unternehmer zumeist ein Arbeiter gegenüber, der zugleich ein Stück Land besaß und der zumeist nicht an eine Maschine gefesselt war, so zieht jetzt nach der Benutzung von Dampf in größerem Maßstab die Manufaktur, die, unter anderem oft auch wegen der dort gebundenen Triebkraft (Wasser, Wind), sich zumeist auf dem Lande befand, in die Stadt und verwandelt ihre Arbeiter mehr und mehr in städtisches Industrieproletariat, dessen Schicksal Lenin so schildert: „War denn England nicht das Land der unglaublichsten Verarmung, der Erniedrigung, des Hungersterbens der Arbeitermassen, des Alkoholismus und des ungeheuerlichen Elends und Schmutzes in den Armenvierteln der Städte in jener ersten Hälfte des 19. Jahrhunderts?"[19] Und dieser grausame Verelendungsprozeß ist verbunden mit einer bedeutenden Konzentration der Arbeitskräfte in schnell wachsenden Fabriken und Kombinationen von Fabriken – am stärksten natürlich in der Baumwollindustrie. 1788 gab es in Lancashire erst 41 Spinnfabriken – der Webeprozeß wurde im allgemeinen noch in Heimindustrie betrieben. Seit Beginn des neuen Jahrhunderts verbreitete sich auch der mechanische Webeprozeß, und die Baumwollindustrie wurde zu einer „vollmechanisierten" Industrie, das heißt, sie konnte jetzt in allen Hauptzweigen fabrikmäßig betrieben werden: Die Zahl der mechanischen Webstühle in England betrug 1813 erst etwa 2400, 1820 bereits 14 150 und 1833 100 000. Entsprechend stieg auch die Zahl der Baumwollfabriken, die nach amtlichen Angaben 1835 in Lancashire 683 mit über 120 000 Arbeitern betrug, also im Durchschnitt 200 Arbeitern pro Betrieb! Einzelne Kapitalisten, wie Arkwright und Peel, besaßen bis zu 12 Fabriken. Peels Unternehmen beschäftigten mehr als 15 000 Menschen. Ure[20] gibt eine Aufzählung der Baumwollfabriken in Lancashire ihrer Größe nach für 1833, wonach sechs Fabriken je über 1000 Arbeiter beschäftigten.

Daß sich unter solchen Umständen der Klassenkampf ganz außerordentlich verschärfen mußte, ist offenbar. Eine qualitative Wandlung im Klassenkampf aber bringt die Tatsache, daß unter dem Einfluß dieser Verschärfung das Proletariat sich als Klasse bewußt wird und aus dem latenten der offene, bewußt politische Klassenkampf wird. Marx setzt im Nachwort zur zweiten Auflage des ersten Bandes des „Kapital" als entscheidendes Datum für die Vollendung dieser Qualitätsänderung, für den „Umschlag", das Jahr 1830.

Schon zuvor findet die, man möchte sagen, stetig zunehmende Reibung der Produktivkräfte an den Produktionsverhältnissen ihren Ausdruck in einer Reihe von Wirtschaftskrisen, deren letzte während der Industriellen Revolution zugleich die erste umfassende zyklische Krise ist. Mit dem Ausbruch der ersten in der Hauptsache auf die einzige Fabrikindustrie von Bedeutung, auf die Baumwollindustrie, beschränkten zyklischen Überproduktionskrisen kündigt sich das Ende der völligen Übereinstimmung der Produktionsverhältnisse mit dem Charakter der Produktivkräfte signalmäßig an. Mit der Krise von 1825/26 ist, wie Marx und Engels schon im „Kommunistischen Manifest" feststellten, das Ende der völligen Übereinstimmung wirklich gekommen: „Die bürgerlichen Produktions- und Verkehrsverhältnisse, die bürgerlichen Eigentumsverhältnisse, die moderne bürgerliche Gesellschaft, die so gewaltige Produktions- und Verkehrsmittel hervorgezaubert hat, gleicht dem Hexenmeister, der die unterirdischen Gewalten nicht mehr zu beherrschen vermag, die er heraufbeschwor. Seit Dezennien ist die Geschichte der Industrie und des Handels nur die Geschichte der Empörung der modernen Produktivkräfte gegen die modernen Produktionsverhältnisse, gegen die Eigentumsverhältnisse, welche die Lebensbedingungen der Bourgeoisie und ihrer Herrschaft sind. Es genügt, die

[19] W. I. Lenin, Sämtliche Werke, Bd. XVIII, Wien-Berlin 1929, S. 383.
[20] A. Ure, „The cotton manufacture of Great Britain", Bd. I, London 1861, S. 390.

Handelskrisen zu nennen, welche in ihrer periodischen Wiederkehr immer drohender die Existenz der ganzen bürgerlichen Gesellschaft in Frage stellen. In den Handelskrisen wird ein großer Teil nicht nur der erzeugten Produkte, sondern der bereits geschaffenen Produktivkräfte regelmäßig vernichtet."[21]

Unter diesen Umständen löst sich auch der Block der Bourgeoisie mit dem landwirtschaftlichen Adel. Zwischen ihnen entwickelt sich ein immer heftigerer Kampf, beginnend mit dem Korngesetz von 1815. Die Parlamentsreform von 1832 stellt den ersten großen Sieg der Bourgeoisie über den Landadel dar. Die große Industrie war, wie Marx sagt, aus ihrem Kindheitsalter herausgetreten, hatte sich einen entscheidenden Einfluß im Staatsapparat erkämpft und war gleichzeitig mit der Gesellschaft, die sie selbst geschaffen, in Konflikt geraten – ein Konflikt, der die Gesellschaft von unten bis oben spaltet: „unten": „Aber wie ihrerzeit die Manufaktur und das unter ihrer Einwirkung weiterentwickelte Handwerk mit den feudalen Fesseln der Zünfte in Konflikt kam, so kommt die große Industrie in ihrer volleren Ausbildung in Konflikt mit den Schranken, in denen die kapitalistische Produktionsweise sie eingeengt hält"[22] – und „oben": im Klassenkampf zwischen Arbeit und Kapital, dem Kampf der entscheidenden Klassen der Gesellschaft; sowie im Schichtenkampf innerhalb der herrschenden Klassen, im Kampf der Industriebourgeoisie gegen den Landadel. „O Gott, das Land! Mein Lied klagt den an, der Landesfeind ist statt Landedelmann", flucht Byron in seinem „Bronzenen Zeitalter".

Die Industrielle Revolution bereitet also das Ende der völligen Übereinstimmung der Produktionsverhältnisse mit dem Charakter der Produktivkräfte vor und endet mit dem offenen Ausbruch aller entscheidenden Widersprüche des vormonopolistischen Kapitalismus. Das heißt, die Industrielle Revolution endet mit den Jahren 1825 (erste umfassende zyklische Krise), 1830 (Ende des latenten Klassenkampfes zwischen Kapital und Arbeit) und 1832 (erster großer Sieg der Bourgeoisie über den Landadel); sie endet, sagen wir, 1832.

Beachten wir letztlich, daß mit den dreißiger Jahren der Kapitalismus auch zu den neuen, den intensiven Produktions- und Ausbeutungsmethoden übergeht, dann wird die klassische Abrundung der Periode der Industriellen Revolution völlig klar. Es beginnt in jeder Beziehung ein neuer Abschnitt in der Geschichte des englischen Kapitalismus. —

Nicht so klassisch, aber doch in vielem ähnlich verläuft die Industrielle Revolution in Frankreich und den Vereinigten Staaten von Amerika.

In Frankreich beginnt die Industrielle Revolution mehr als ein Vierteljahrhundert später als in England, nach der bürgerlichen Revolution von 1789. Es dauert auch länger, bis der Prozeß der Industriellen Revolution vollendet ist – wohl bis etwa 1848/49. Erst mit Beginn der zweiten Hälfte des 19. Jahrhunderts tritt der französische Kapitalismus in ein neues Entwicklungsstadium.

Aber schon lange vorher sind die Widersprüche innerhalb der kapitalistischen Wirtschaft Frankreichs so offen ausgebrochen, daß, genau wie in England, auch in

[21] K. Marx und Fr. Engels, a. a. O., Berlin 1945, S. 9.
[22] Fr. Engels, „Anti-Dühring", a. a. O., S. 330.

Frankreich das Ende der völligen Übereinstimmung der Produktionsverhältnisse mit dem Charakter der Produktivkräfte um 1830 offenbar wird. So stark sind die Widersprüche, daß die französische Revolution von 1830 und die ihr unmittelbar folgenden Jahre bereits ein sehr intensives Klassenbewußtsein der kapitalistischen Lohnarbeiter zeigen. 1838/39 beobachten wir die ersten Anfänge einer aus den Widersprüchen des Kapitalismus in Frankreich erwachsenden zyklischen Überproduktionskrise, wenn auch wohl erst die Krise von 1847 eine wirklich umfassende, in jeder Beziehung auf französischem Boden gewachsene zyklische Überproduktionskrise ist. –

Noch komplizierter als in Frankreich verläuft die Industrielle Revolution in den Vereinigten Staaten von Amerika.

Die Industrielle Revolution in den USA beginnt etwa zur gleichen Zeit wie in Frankreich, in den neunziger Jahren des 19. Jahrhunderts. Sie endet wenig später als in England, zu Ende der dreißiger Jahre des 19. Jahrhunderts, als die Baumwollindustrie zur mechanisierten Großindustrie geworden und man zur maschinellen Produktion von Textilmaschinen übergegangen war.

Aber die Arbeiter werden sich als Klasse erst gegen Ende des Jahrhunderts bewußt, während genau wie in England die erste zyklische Krise in den USA das Ende der völligen Übereinstimmung der Produktionsverhältnisse mit dem Charakter der Produktivkräfte zur gleichen Zeit etwa (1837), als das Ende der Industriellen Revolution kommt, anzeigt.

Die besondere Komplikation der Entwicklung in den USA liegt — ganz abgesehen von dem zum Teil „nicht-erblichen" Charakter des industriellen Proletariats, das sich vielfach infolge des fehlenden Bodenmonopols zu kleinbürgerlichen Positionen „heraufarbeiten" kann — darin, daß hier im Gegensatz zu allen anderen Ländern die Industrielle Revolution nicht zur Zerstörung einer ausgesprochenen Heim- oder Hausindustrie führt. Wohl gab es im großen Ausmaß textile Heimarbeit – aber sie wurde vornehmlich von Farmern für den eigenen Gebrauch und nicht für den Markt betrieben, und soweit sie für den eigenen Gebrauch bestimmt war, dauerte sie auch noch lange nach dem Ende der Industriellen Revolution an. Das für die Fabriken notwendige Proletariat aber rekrutierte sich aus den Töchtern und Söhnen der Farmer wie auch aus den so zahlreich Einwandernden. Darum fehlt in der Industriellen Revolution in den USA das für alle anderen Länder in diesem Entwicklungsstadium vorhandene Charakteristikum einer verzweifelt lange, aber sicher und in furchtbarstem Elend dahinsterbenden Schicht von „selbständigen" Heimarbeitern, deren Mörder eben die aufkommende Fabrikindustrie ist.

Aber trotz all dieser Verschiedenheiten, die die Industrielle Revolution in Frankreich und den USA von dem klassischen Prozeß in England unterscheiden, erschienen die Vorgänge in diesen drei Ländern doch einander ähnlich im Vergleich zu den Formen, die die Industrielle Revolution in Deutschland und in den Ländern östlich der Elbe annahm.

2. Der „Preußische Weg" der Industriellen Revolution[23]

In Preußen begann, wie Engels bemerkt, die bürgerliche Revolution 1808 bis 1813.[24] Im Westen Deutschlands geschah dies unter der fortschrittlichen französischen Besetzung schon früher.

In dieser Zeit setzte auch in Deutschland die Industrielle Revolution ein. Ungleich England, darin mehr Frankreich ähnlich, gab es in Deutschland keine Periode der Manufaktur unter dem fördernden Einfluß der Herrschaft einer kapitalistisch produzierenden Klasse.

Wie in England und den Vereinigten Staaten von Amerika war auch in Deutschland die Baumwollindustrie die zentrale Industrie der Industriellen Revolution. Von ihrer Entwicklung hing zunächst die Entwicklung der gesamten modernen Industrie ab. Ihr Zentrum war Sachsen.

Die Kontinentalsperre hatte in Sachsen in der kurzen Zeit von 1806 bis 1812 zu einer Verzwanzigfachung der Zahl der Spindeln, in Chemnitz zu einer Erhöhung der Zahl der Baumwollspinnfabriken von 1 auf 40 und der Spindeln von 1800 auf 73 772 geführt. Auf dieser Basis wuchs ein Proletariat heran, das sich in Chemnitz so vermehrte, daß 1806 auf 1000 Einwohner 3 Spinnereiarbeiter, 1812 aber bereits 111 kamen. Da schon 1799 und 1800 in und bei Chemnitz je eine Spinnerei mit Hilfe von englischen Ingenieuren eingerichtet war, konnte die Entwicklung auf der Höhe der Technik vor sich gehen.

In der Folgezeit findet gleichzeitig mit der Ausweitung der Produktion und der Verbesserung der Technik ein beachtlicher Konzentrationsprozeß statt. So stieg zum Beispiel im erzgebirgischen Kreise die Zahl der Spindeln pro Spinnerei von 2025 im Jahre 1814 auf 3934 im Jahre 1831.[25] In Chemnitz war der Konzentrationsprozeß sogar von einer absoluten Schrumpfung der Zahl der Betriebe begleitet. 1814 gab es 36 Betriebe mit einer durchschnittlichen Zahl von 10 Spinnmaschinen, 1831 8 Betriebe mit durchschnittlich 25 Maschinen. Die Zahl der Arbeiter pro Betrieb stieg in Chemnitz gleichzeitig von 36 auf 95.[26]

Hinter der Entwicklung in Sachsen stand die in Preußen zurück – auch in den rheinischen Gebieten. Schubarth berichtet über die Baumwollspinnerei zu Beginn der sechziger Jahre, also eine Generation später (!), in seiner Statistik des Kreises Gladbach (1863), daß in der Rheinprovinz in 37 Spinnereibetrieben 4662 Arbeiter, also 126 Arbeiter pro Betrieb, beschäftigt gewesen wären, gegenüber 113 Arbeitern pro Betrieb in ganz Preußen – kaum eine stärkere Konzentration von Arbeitskraft als in Chemnitz im Jahre 1831.

[23] Vgl. zu diesem Abschnitt auch J. Kuczynski, „Die Geschichte der Lage der Arbeiter in Deutschland von 1789 bis in die Gegenwart", Erster Teil, 1789—1870, Berlin 1954.

[24] Fr. Engels, „Der deutsche Bauernkrieg", Berlin 1946, S. 14.

[25] Vgl. dazu und zum vorangehenden Absatz G. Meerwein, „Die Entwicklung der Chemnitzer bzw. sächsischen Baumwollspinnerei von 1789 bis 1879", Berlin 1914.

[26] Vgl. dazu R. Strauß, „Die Lage und die Bewegung der Chemnitzer Arbeiter in der ersten Hälfte des 19. Jahrhunderts", I. Teil, S. 47 f. (Manuskript).

Die außerordentliche Ungleichmäßigkeit der Entwicklung an sich und des Konzentrationsprozesses von Spindeln insbesondere zeigt folgende Zusammenstellung über die Baumwollspinnereien im Jahre 1846:

Baumwollspinnereien im Zollverein, 1846

Staaten	Spinnereien	Zahl der Spindeln Insgesamt	Zahl der Spindeln Pro Betrieb
Sachsen	116	474 998	4095
Preußen	152	170 433	1121
Bayern	11	50 533	4594
Württemberg	12	33 000	2750
Baden	2	18 000	9000
Andere	5	3 334	667
Zollverein	298	750 298	2518

Baden steht mit zwei ganz großen Betrieben an der Spitze des Konzentrationsprozesses, Sachsen überragt alle Staaten an Stärke der Produktion.

Und doch kann keine Rede davon sein, daß die Baumwollindustrie durchmechanisiert ist. Bis 1848 war die Weberei nur zu einem geringen Maße mechanisiert und die Zahl der Handwebstühle nahm in Deutschland noch laufend zu.

Das heißt, als in England, Frankreich und den Vereinigten Staaten von Amerika die Industrielle Revolution abgeschlossen war oder sich dem Abschluß näherte, weil die entscheidende Industrie der Industriellen Revolution, die Baumwollindustrie, praktisch durchmechanisiert war (in Frankreich zusätzlich die Seidenindustrie), war Deutschland noch fern von diesem Zustand.

So 1848. Und wie war es eine Generation und mehr noch später? Am 18. Januar 1884 schreibt Engels an Bebel: „Eine wirklich große Industrie haben wir bis jetzt bloß in Eisen, in der Textilindustrie herrscht der Handwebstuhl noch immer vor – dank den Hungerlöhnen und dem Besitz von Kartoffelgärten bei den Webern", und am Ende des gleichen Jahres noch einmal:[27] „Unser großer Vorteil ist, daß bei uns die industrielle Revolution erst in vollem Gang ist, während sie in Frankreich und England der Hauptsache nach abgeschlossen. Dort ist die Teilung in Stadt und Land, Industriegebiet und Ackerbaugebiet so weit abgeschlossen, daß sie sich nur langsam verändert. Die Leute wachsen, der großen Masse nach, in Verhältnissen auf, in denen sie später zu leben haben; sind daran gewöhnt, selbst die Schwankungen und Krisen sind ihnen etwas fast Selbstverständliches geworden. Dazu die Erinnerung an gescheiterte frühere Bewegungsversuche. Bei uns dagegen ist noch alles in vollem Fluß. Reste der alten, den Selbstbedarf befriedigenden industriellen Bauernproduktion werden verdrängt von kapitalistischer Hausindustrie, während an anderen Orten der kapitalistische Hausbetrieb schon wieder den Maschinen erliegt. Und

[27] K. Marx, Fr. Engels, „Briefe an A. Bebel, W. Liebknecht, K. Kautsky und andere", Teil I, 1870—1886, Moskau-Leningrad 1933, S. 320, sowie „Ausgewählte Briefe", Berlin 1953, S. 452 f.

gerade die Natur unserer, ganz zuletzt nachhinkenden Industrie macht die soziale Umwälzung um so gründlicher ... Dazu kommt, daß unsere durch die Revolution von 1848 mit ihren bürgerlichen Fortschritten (so schwach sie waren) in Gang gebrachte industrielle Umwälzung enorm beschleunigt wurde 1. durch die Beseitigung der inneren Hindernisse 1866–1870 und 2. durch die französischen Milliarden, die schließlich kapitalistisch anzulegen waren. So haben wir es denn zu einer industriellen Umwälzung gebracht, die gründlicher und tiefer und räumlich ausgedehnter und umfassender ist als die der anderen Länder, und das mit einem ganz frischen, intakten, nicht durch Niederlagen demoralisierten Proletariat und endlich – dank Marx — mit einer Einsicht in die Ursachen der ökonomischen und politischen Entwicklung und in die Bedingungen der bevorstehenden Revolution, wie sie keine unserer Vorgänger besaßen. Dafür sind wir aber auch verpflichtet zu siegen." Engels faßt hier den Begriff der Industriellen Revolution etwas weiter, als er und Marx es zuvor getan haben, aber daß auch die Industrielle Revolution im eigentlichen Sinne in Deutschland zu dieser Zeit noch nicht vollendet ist, ist ebenfalls deutlich, denn ein beachtlicher Teil der Handweber, auf die Engels im ersten Brief hinweist, ist gerade auch in der Baumwollindustrie beschäftigt.

Doch bevor wir näher auf diese Bemerkungen von Engels eingehen, noch folgende Mitteilung über die Entwicklung des Monopolisierungsprozesses in Deutschland:

Zahl der Monopolverbände

1865 :	4
1875 :	8
1885 :	90

Mitten im Prozeß starker Monopolisierung findet also noch die Industrielle Revolution statt! 1864 war bereits die Deutsche Schienengemeinschaft gegründet worden, 1877 die erste Förderkonvention im rheinisch-westfälischen Kohlenbergbau, 1879 das Lothringisch-Luxemburgische Comptoir für den Verkauf von Roheisen und das Kalisyndikat!

Und noch mehr Mitteilungen sind notwendig, bevor wir auf den Brief von Engels weiter eingehen:

213 000 Arbeiter waren 1882 in 127 Betrieben mit mehr als 1000 Arbeitern beschäftigt!

Mehr als ein Viertel der gesamten Ausfuhr waren industrielle Fertigwaren! Deutschland produzierte rund doppelt soviel Stahl wie Frankreich, das seit mehr als einer Generation die Industrielle Revolution hinter sich hatte.

Die Produktion von Abteilung I war in dem Vierteljahrhundert, das dem Brief von Engels voranging, um mehr als das Doppelte gestiegen, die von Abteilung II nur um etwas mehr als die Hälfte.

Der deutsche Kapitalexport begann nicht unbeachtlich zu wachsen.

Mit einem Wort: Deutschland verfügte über eine mächtige Industrie, die Elemente des Imperialismus wuchsen kräftig heran, Deutschland bereitete sich vor,

England, das vor einem halben Jahrhundert die Industrielle Revolution beendet hatte, als Industriemacht einzuholen und zu überholen.

Aber noch gab es eine Haustextilindustrie, gerade auch in Sachsen, die erst im Prozeß der Industriellen Revolution vernichtet werden mußte.

Welch lächerliches Schauspiel greisenhafter Jugendlichkeit! Schon hat der Verfall des Kapitalismus begonnen, und noch ist die bürgerliche Gesellschaft mit den Wehen der Geburt nicht fertig. Schon gibt es Monopole, Industriegiganten, weltumspannende Betriebskonzentrationen – aber mit dem entsprechenden Heimgewerbe ist die Maschinenindustrie noch nicht fertig geworden. (Nicht daß es noch Heimgewerbe gibt, ist wichtig; die gibt es bis zum Ende des Kapitalismus! Entscheidend ist das Nebeneinander von Handarbeit und Maschinenarbeit in der Baumwollindustrie!)

Diese Entwicklung ist natürlich auf die starken feudalen Überreste, die so lange den Prozeß der Mechanisierung in Deutschland gestört hatten, zurückzuführen. Aus den sechziger Jahren sei folgendes berichtet:

Als zum Beispiel der mechanische Rundstuhl, der die Leistung der Strumpffabrikation um das Zwanzigfache gegenüber der Handkulierstuhl-Produktion erhöhte, in Zeulenroda (Thüringen) eingeführt werden sollte, stemmte sich die Zeulenrodaer Innung mit Erfolg gegen die Einführung der Maschine. Stahl zitiert eine Eingabe der Firma Schopper an die Regierung vom 15. März 1864 in dieser Sache, in der diese Klage führt:[28] „Durch den Zwang der noch bestehenden Innungen sind wir hier leider nicht imstande, die Arbeitskräfte so zu benutzen, wie solche hier eigentlich geboten sind. Es liegt daher nicht in unserer Kraft, die auswärtige Konkurrenz bekämpfen zu können, obwohl die Mittel den Fabrikanten dieses ermöglichen würden, wenn nicht der Innungszwang diesem störend entgegenwirkte." Und aus der Vor- und Nachgeschichte dieser Klage berichtet Stahl ebendort das folgende: „Infolge der herrschenden Zunftverhältnisse, die die Einführung von Maschinenstühlen nicht duldeten, sah sich die Firma Schopper veranlaßt, ihre 1859 angeschafften Rundstühle zunächst in Sachsen (Chemnitz) aufzustellen und dort für ihre Rechnung darauf arbeiten zu lassen. Als jedoch im Jahre 1864 infolge der Baumwollkrise auch die Zeulenrodaer Strumpfwirkerei stark zurückgegangen war (‚mehr als um die Hälfte reduziert') und noch stärkerer Absatzmangel drohte, erhielt die Firma von der Regierung die Erlaubnis, künftig ihre Maschinenstühle auch in Zeulenroda betreiben zu dürfen."[29]

Selbstverständlich kann unter solchen Umständen, wie wir sie oben geschildert haben, die Industrielle Revolution an ihrem Ende nicht mehr die umwälzende Bedeutung haben, die sie in England bis zum Beginn der dreißiger Jahre, in Frankreich bis zum Ende der vierziger Jahre gehabt hatte.

Ganz andere Entwicklungsprozesse des Kapitalismus treten in den Vordergrund: in den sechziger Jahren der Übergang vom Stadium der extensiven zum Stadium der

[28] G. Stahl, „Die Wirkwarenindustrie in Zeulenroda (Thür.)", Jena 1929, S. 33 f.

[29] Vgl. zu dieser Frage auch H. Bodemer, „Die Industrielle Revolution mit besonderer Berücksichtigung der erzgebirgischen Erwerbsverhältnisse", Dresden 1856, S. 35 f.

intensiven Ausbeutung, in den siebziger Jahren die beschleunigte Konzentration von Produktion und Kapital, in den achtziger Jahren die Herausbildung der Elemente des Imperialismus. Man vergißt fast, daß es noch so etwas wie eine Industrielle Revolution gibt – wenn man nur die industrielle Entwicklung betrachtet. Die Vollendung der Mechanisierung der Baumwollindustrie, die Vernichtung der Handarbeit in der Baumwollindustrie ist zumindest seit den sechziger Jahren nur noch ein immer dünner und schwächer werdender Strom in dem brausenden Meer der mächtigen wirtschaftlichen Entwicklung des Kapitalismus. Wenn in den kapitalistischen Ländern die Industrialisierung gewöhnlich mit der Leichtindustrie beginnt, da in der Leichtindustrie geringere Investitionen erforderlich sind und der Kapitalumschlag sich hier schneller vollzieht, und wenn so die Leichtindustrie, genauer die Baumwollindustrie, in der Industriellen Revolution zur Hauptsammlerin von Kapital für die gesamte Industrie wird, so gelten diese Feststellungen natürlich nicht mehr für die Industrielle Revolution in Deutschland seit den sechziger Jahren. Während die Baumwollindustrie in England, den Vereinigten Staaten von Amerika und in Frankreich (hier mit der Seidenindustrie zusammen) in der ganzen Industriellen Revolution die Hauptsammlerin von industriellem Kapital war, gilt das für Deutschland natürlich nicht mehr seit den sechziger Jahren.

Aber wenn auch die Industrielle Revolution seit den sechziger Jahren nicht mehr entscheidende Bedeutung für die wirtschaftliche Entwicklung in Deutschland hatte, so darf das nicht in gleichem Maße für die politische Bedeutung der Industriellen Revolution behauptet werden.

Gerade auf die Vorteile, die die Arbeiterbewegung aus der späten Entwicklung der kapitalistischen Wirtschaft ziehen konnte, hat Engels in dem schon zitierten Brief an Bebel hingewiesen — aus der späten Entwicklung des deutschen Kapitalismus bei gleichzeitiger Reife des politischen Bewußtseins der Arbeiterklasse!

Wohl wurde sich infolge seiner durch starke feudale Elemente (in Wirtschaft und Gesellschaft allgemein) gehemmten Entwicklung das deutsche Proletariat nicht so früh als Klasse bewußt wie das Proletariat Englands und Frankreichs. Auf der anderen Seite jedoch wurde sich das deutsche Proletariat 1848 (zwar noch lange nicht in der Breite Englands und Frankreichs um 1830), aber doch in einer bis dahin unbekannten und in einer solchen Tiefe seiner historischen Aufgabe bewußt, daß bis heute die höchsten Gedanken, die es damals als Klasse hervorbrachte, der Inhalt des Kommunistischen Manifestes, ihre Gültigkeit behalten haben.

Und wenn wir weiter bedenken, welch großes Werk Marx und Engels in den Folgejahren leisteten, dann werden wir die ganze historische Inkongruenz des Jahres 1884, in dem Engels seinen Brief an Bebel schrieb, verstehen. Das Werk von Marx vollendet – die Industrielle Revolution noch im Gang!

Jedoch dürfen wir nicht übersehen, daß sich aus dieser Entwicklung auch Nachteile für die Arbeiterbewegung ergaben, die insbesondere später an Bedeutung gewinnen sollten. Das handarbeitende Kleinbürgertum, das jetzt im Prozeß der Beendigung der Industriellen Revolution in das Proletariat herabstürzte, wurde auf das intensivste von reaktionärsten, nichtindustriellen Elementen der herrschenden Klasse wildester, fortschrittsfeindlichster Agitation unterworfen. Natürlich konnte man diesen moralisch degradierten, völlig im Elend verkommenen armen Webern und mit anderer Handarbeit zu Hause Beschäftigten, die zumeist fern von den Städten in den Bergdörfern, wo die Kümmerlichkeit des Bodens sie von je zu zusätzlicher gewerblicher Arbeit gezwungen hatte, lebten, nicht damit kommen, daß die Kapitalisten im Grunde gottesfürchtige Menschen wären, die das Beste für alle wollten. Die Nationalliberalen, die Hauptpartei des Industriekapitals, konnte nichts unter ihnen ausrichten. Aber die Konservativen, die „Partei der Feudalen", der Junker und Agrarier, und nicht zum wenigsten ihre demagogischen Ableger wie antisemitische Gruppierungen usw., drangen mit ihren Ideologien in diese Schichten ein – als Kämpfer „Für Gott und gegen das raubgierige Kapital" auftretend. Friedrich Naumann, der Spezialist der Imperialisten für Demagogie unter dem Kleinbürgertum in den ersten beiden Dezennien des 20. Jahrhunderts, erzählt in seinen Erinnerungen, wie sein Vater, ein konservativer Pfarrer im Gebiet von Glauchau-Meerane, gegen Bebel in Wahlversammlungen aufgetreten sei. Natürlich war der Vater Naumanns nicht sehr erfolgreich gegen Bebel. Natürlich waren diese Versuche des Eindringens in das Proletariat über die deklassierten Schichten des handarbeitenden Kleinbürgertums, das im Prozeß der Vollendung der Industriellen Revolution proletarisiert wurde, nicht von sehr großem Erfolg begleitet. Aber es wäre falsch, die Bedeutung dieser Versuche völlig zu unterschätzen. Was den primitiven Landaristokraten Englands um 1830 mißlang, was der antiquierte Agraradel Frankreichs damals nicht geschafft hatte, das konnte die viel raffiniertere, schon vorimperialistisch nuancierte Demagogie der „Feudalen" von 1880, die auf das engste mit den Landpfarrern und Dorflehrern zusammenarbeitete, bis zu einem gewissen Grade besser schaffen.

In dieser Zeit ist überhaupt die Gesellschaft Deutschlands voller schärfster Widersprüche.

Das ist die Zeit, in der Nietzsche in berauschender Sprache mit seinem dekadenten Irrationalismus die Hirne der Intelligenz betört und mit seiner Predigt der „Verachtung für den Mob" in so vielen Bürgern ein Gefühl des „Herrenmenschen" aufkommen läßt, so daß es ihnen nur „natürlich" erscheint, wenn es in einem militärtechnischen Buch über die Schießausbildung heißt, alle militärischen Führer, möglichst bis herunter zum Leutnant, müßten „von jener Herrenrasse sein, deren bestimmender Einfluß wohl gefühlt wird, selbst wenn man die Person augenblicklich nicht sehe oder höre".[30] Das ist aber auch die Zeit, in der Fontane in meisterhaften Romanen das preußische Junkertum mit all seinem feudalen Parasitismus, der sich mit kapitalistischem Parasitismus vermischt, kritisch beleuchtet. Richard Wagner vereint in sich die ewig junge Kraft dessen, der mit der alten Kultur des Volkes lebt, und den Mystizismus und Chauvinismus der Bourgeoisie im beginnenden Stadium ihres Untergangs.

[30] Reisner, Freiherr von Lichtenstern, „Schießausbildung und Feuer der Infanterie im Gefecht", Berlin 1905.

Das ist auch die Zeit, in der die anti-industriekapitalistische pro-feudal-konservative Demagogie, frisiert auf modern mit Antisemitismus und Chauvinismus, unter dem Kleinbürgertum, insbesondere in seinen in das Proletariat hinabfallenden Schichten, zu blühen beginnt.

Fassen wir zusammen:

Die Industrielle Revolution in Deutschland umfaßt etwa die ganze Zeit des vormonopolistischen Kapitalismus, das 19. Jahrhundert – während sie in Frankreich nur etwa die Hälfte dieser Zeit, die Jahre von den Neunzigern des 18. Jahrhunderts bis zur Revolution von 1848 umfaßt und in England bereits mit dem ersten Drittel des 19. Jahrhunderts endet.

Während in England das Proletariat sich als Klasse mit dem Ende der Industriellen Revolution bewußt geworden war, während es in Frankreich etwa zwei Jahrzehnte vor dem Ende der Industriellen Revolution so bewußt geworden war – kam in Deutschland das Ende der Industriellen Revolution erst vier Jahrzehnte und noch mehr später als das Bewußtwerden des Proletariats als Klasse. (Während umgekehrt in den Vereinigten Staaten von Amerika die Industrielle Revolution etwa ein halbes Jahrhundert vor dem Klassenbewußtseinwerden des Proletariats zu Ende gegangen war.)

Längst auch war der deutsche Kapitalismus in das Stadium der intensiven Produktion und Ausbeutung getreten, ja er bereitete sich zum Übergang ins dritte und letzte Stadium seiner Entwicklung, in das Stadium des Imperialismus vor, als die Industrielle Revolution sich ihrem Ende näherte. In England und Frankreich aber fallen Ende der Industriellen Revolution und Ende des ersten Stadiums der Entwicklung des Kapitalismus, des Stadiums der extensiven Produktion und Ausbeutung, zusammen.

Was aber die völlige Übereinstimmung der Produktionsverhältnisse mit dem Charakter der Produktivkräfte betrifft, so ging diese in Frankreich, in England und auch in den Vereinigten Staaten von Amerika mit dem Ende der Industriellen Revolution auch ihrem Abschluß entgegen. In Deutschland war es jedoch niemals zu einer solchen völligen Übereinstimmung gekommen.

Wie anders verlief doch die Entwicklung in Deutschland als in den Ländern Westeuropas und in den Vereinigten Staaten von Amerika! Wieviel stärker ökonomisch gehemmt! Wieviel qualvoller! Wieviel schwächlicher im Tempo der revolutionären Veränderung!

★

Sind wir darum aber berechtigt, im Anschluß an die berühmte Formulierung Lenins über den Weg der Landwirtschaft von der feudalen zur kapitalistischen Produktionsweise, für Deutschland von einem Preußischen Weg der Industriellen Revolution zu sprechen?

Ich glaube ja. So wie es „zwei Wege objektiv möglicher bürgerlicher Entwicklung“ (Lenin) in der Landwirtschaft gibt, den „preußischen“ und den „amerikanischen“, so gibt es auch zwei Wege objektiv möglicher bürgerlicher Entwicklung des Fabrikwesens.

Hören wir Lenin über den preußischen Weg in der Landwirtschaft: „Im ersten Falle wächst die fronherrliche Gutsbesitzerwirtschaft langsam in eine bürgerliche, in eine Junkerwirtschaft hinüber, wobei die Bauern unter Herausbildung einer kleinen Minderheit von Großbauern zu Jahrzehnten qualvollster Expropriation und Knechtung verurteilt werden.“[31]

Natürlich gibt es hierzu keine Parallele in der Industrie – aber doch weit mehr als oberflächliche Ähnlichkeiten. Auch die Handwerker und Handarbeiter wurden zu (im Vergleich mit den Verhältnissen in England und anderen Ländern Westeuropas) elend lange währenden Jahrzehnten qualvollster Expropriation verurteilt, und zwar aus dem gleichen Grunde wie in der Landwirtschaft: Es gab keine Revolution, die mit einem Schlage die entscheidenden feudalen Hemmnisse wegräumte. Eben diese fehlende Revolution und die ihr entsprechende besondere Langsamkeit und Qual der Entwicklung: Das ist das letztlich Gemeinsame – bei allen Verschiedenheiten sonst – des Weges der Landwirtschaft in Deutschland wie in so vielen Ländern des Ostens Europas und des Weges der Industrie in den gleichen Ländern, und dieses letztlich Gemeinsame berechtigt uns wohl – trotz so vieler Unähnlichkeiten der Entwicklung in Landwirtschaft und Industrie unter allen Umständen, auch im Westen —, den Ausdruck preußisch auch für den Weg der Industriellen Revolution in Deutschland und anderswo im Osten Europas zu verwenden.

Genau wie der preußische Weg in der Landwirtschaft typisch ist für die Entwicklung in einem großen Teil Osteuropas, so ist auch der preußische Weg der Industriellen Revolution kennzeichnend für die Entwicklung in Österreich–Ungarn, in Rußland und anderswo.

Nur ist die Entwicklung dort zum Teil noch komplizierter.

★

Betrachten wir kurz die Entwicklung in Rußland. Dort beginnt die Industrielle Revolution später als in Deutschland. Rußland war gegenüber den Ländern des Westens noch zurückgebliebener in ökonomischer Hinsicht als Deutschland. Von einer wirklichen Industriellen Revolution (nicht dem Auftauchen einzelner Fabriken, das in einem ökonomisch relativ so zurückgebliebenen Lande wie Rußland ebensowenig charakteristisch ist wie das Auftauchen – auch gemessen an den fortgeschrittenen englischen Verhältnissen – trefflich moderner Güter in der zweiten Hälfte des 18. Jahrhunderts in Deutschland) kann man in Rußland nicht vor der zweiten Hälfte des 19. Jahrhunderts sprechen.[32] Viel charakteristischer für die Kompliziertheit der russischen Entwicklung aber ist die Tatsache, daß die Industrielle Revolution dort vor 1917 nicht abgeschlossen war. Die Industrielle Revolution als Geburt einer mechanisierten kapitalistischen Industrie ist in Rußland niemals zu Ende gegangen.

[31] W. I. Lenin, „Das Agrarprogramm der Sozialdemokratie in der ersten russischen Revolution von 1905—1907“, Berlin 1950, S. 29.

[32] Vgl. dazu auch K. Marx, „Das Kapital“, Bd. I, Berlin 1947, S. 588, und die Briefe von Engels an Danielson vom 15. 3. 1892, 18. 6. 1892 und 17. 10. 1893.

So kommt es, daß der Prozeß der Industriellen Revolution sich zu Beginn des 20. Jahrhunderts gleichzeitig, im Widerspruch zu und Durcheinander mit dem Prozeß der Monopolisierung, unter der Herrschaft des Monopolkapitals vollzieht. Alle Züge des Kapitalismus vereinen sich:

Die Industrielle Revolution als gesunder und fortschrittlicher Zug des Kapitalismus, als Prozeß stärkster Entwicklung der Produktivkräfte – mit all dem furchtbaren Elend, das das Stadium der extensiven Ausbeutung mit stetig steigender Arbeitszeit, Kinder- und Frauenarbeit bringt.

Der Prozeß der intensiven Produktion und Ausbeutung mit starker vormonopolistischer Konzentration von Produktion und Kapital, Verkürzung der Arbeitszeit, Erhöhung der Arbeitsleistung in der Gesamtindustrie durch technischen Fortschritt, bessere Organisation der Arbeit und zunehmende Intensität der Arbeit, mit zum Teil noch fortschrittlichen Elementen kapitalistischer Entwicklung.

Und schließlich — alles überdeckend, auch alles, was im vorangehenden mit Recht noch als fortschrittlich bezeichnet wurde, mit einem Gifthauch der Fäulnis überziehend, letzlich den Verhältnissen Charakter gebend, den Typ der gesellschaftlichen Verhältnisse als imperialistisch bestimmend, die Herrschaft des Monopolkapitals.

(Ja – und dazu noch die starken feudalen Überreste sowie Nichtäquivalentenaustausch mit unterdrückten Völkern, die zum Teil noch auf der Stufe der Urgemeinschaft leben!)

Diese eigenartige, groteske, in ihrer Art wohl einzige Entwicklung des Kapitalismus im Rußland des 20. Jahrhunderts mit dem Ineinanderschieben von drei Stadien des Kapitalismus, dem Stadium der extensiven und dem Stadium der intensiven Produktions- und Ausbeutungsmethoden sowie dem Stadium des Imperialismus[33] spiegelt sich natürlich auch in der Entwicklung des Proletariats wider.

Die Prozesse der Verwandlung von gelernter Handarbeit in ungelernte Maschinenarbeit (erstes Stadium), der Herausbildung eines Standes gelernter Maschinenarbeiter (zweites Stadium) und der Dequalifizierung gelernter Maschinenarbeiter zu halbgelernten und ungelernten (Stadium des Imperialismus) finden gleichzeitig statt.

Die Industrielle Revolution im Stadium des Imperialismus, mit den großen Massen des Kleinbürgertums, die in das Proletariat geworfen werden, gibt auf der einen Seite dem Monopolkapital besondere Möglichkeiten zur moralischen Degradation des Proletariats. Die durch die Industrielle Revolution ebenso wie durch den monopolistisch bestimmten Prozeß der Dequalifizierung der gelernten Arbeiter gehemmte Entwicklung der Schaffung einer breiteren Schicht von gelernten Arbeitern macht auf der anderen Seite die Schaffung einer Arbeiteraristokratie von der relativen Größe, wie wir sie im Westen Europas und auch in Deutschland finden, unmöglich und erschwert (aber verhindert natürlich nicht) das Wachstum einer

[33] Vgl. zu diesen drei Stadien J. Kuczynski, „Geschichte der Lage der Arbeiter unter dem Kapitalimsus", Bd. VII, „Die Theorie der Lage der Arbeiter", 3. Aufl., Berlin 1955, S. 162 ff.

reformistischen, opportunistischen Entwicklung innerhalb der Arbeiterklasse mit der Arbeiteraristokratie als Rückgrat und Transmissionsriemen. Die außerordentliche Konzentration von Produktion und Kapital zu monopolistischen Organisationen – in einem Ausmaß, das bei weitem die Situation in Westeuropa, den USA oder Deutschland übertrifft – trägt aber zur Schaffung eines an wenigen Orten zusammengeballten modernen Industrieproletariats bei.

Es ist nur natürlich, daß sich unter solchen Umständen ein Proletariat herausbilden mußte, das außerordentlich verschiedenartig zusammengesetzt und zu einem Teil in einem ganz hohen Grade von den Faktoren der absoluten Verelendung getroffen wurde, die Marx mit den Worten „Brutalisierung, Unwissenheit, moralische Degradation" kennzeichnete. Man braucht nur das abstoßende, grauenhafte Bild der menschlichen, der gesellschaftlichen Verkommenheit des Proletariats zu betrachten, das Gorki uns auf den einleitenden Seiten seines Romans „Die Mutter" von den russischen Fabrikarbeitern zeichnet, um das Ausmaß dieses Prozesess zu begreifen.

Nur auf diesem Hintergrund – den Gorki eben auch deshalb als Einleitung zu seinem Hohenlied der Revolution, als Vorspann zur „Mutter" gegeben hat, wird man auch die ganze Bedeutung, die wirkliche Größe des heldenhaften Kampfes der kleinen Partei der Bolschewiki, die doch noch im Februar 1917 nur eine Minderheit des Proletariats beeinflußte, verstehen! Nur auf diesem Hintergrund wird man die ganze Größe der Agitation und Propaganda, wird man die einzigartige Leistung der Partei als Vortrupp des Proletariats, als Lehrmeister des ganzen Volkes, und das Genie Lenins als Führer dieser Partei ganz begreifen können.

★

Während man jedoch in Rußland ohne Zweifel von einer Industriellen Revolution sprechen kann, wenn auch verzerrt in mannigfacher Beziehung, niemals, und darin Deutschland ähnlich, von einer völligen Übereinstimmung der Produktionsverhältnisse mit dem Charakter der Produktivkräfte begleitet, mit einem Proletariat, und darin auch Deutschland noch weit übertreffend, das (vor allem in den monopolistischen, dem Stadium der Industriellen Revolution längst entwachsenen Großbetrieben) den höchsten Reifegrad der unter dem Kapitalismus möglichen Entwicklung erreicht hat — wie steht es in dieser Beziehung mit Ländern wie zum Beispiel Bulgarien und Rumänien?

In diesen Ländern finden wir Verhältnisse, die weit mehr denen von Kolonien als denen von Ländern wie Rußland und Deutschland ähneln.

In Kolonien aber kann es keine Industrielle Revolution geben. Die Industrielle Revolution ist eine Periode des organischen Wachstums des Kapitalismus. In der Industriellen Revolution werden die Grundlagen der Entwicklung des Kapitalismus der Fabrikproduktion gelegt, entwickelt sich die Industrie, die zur entscheidenden Kapitalsammlerin für die stark erweiterte Reproduktion der gesamten Industrie auf maschineller Grundlage wird. In der Industriellen Revolution entsteht das moderne Industrieproletariat freier Lohnarbeiter, die im Laufe der weiteren Entwicklung eine steigende technische Qualifikation erhalten. Von all dem aber kann in den Kolonien keine Rede sein: Weder wächst der Kapitalismus organisch, weder können wir eine stärkere Entwicklung der Abteilung I gegenüber der Abteilung II als Notwendigkeit feststellen, noch beobachten wir überhaupt eine irgendwie ins Gewicht fallende Entwicklung der „Kernindustrie" der Abteilung I und des Kapitalismus überhaupt: des Maschinenbaus.

Im Gegenteil! Typisch für die Entwicklung von Kolonien ist gerade das unorganische, in jeder Beziehung entsprechend den Interessen der herrschenden Kolonialmacht gehemmte bzw. überentwickelte (Raubbau im Bergbau zum Beispiel oder Monokultur in der Landwirtschaft) Wachstum der Wirtschaft. Typisch ist nicht die Akkumulation von Kapital im Interesse eines „bodenständigen" Kapitalismus, sondern im Interesse einer fremden Kolonialmacht. Typisch ist die Unterdrückung bzw. stärkste Hemmung der Entwicklung von technisch erfahrenen freien Lohnarbeitern.

In Ägypten zum Beispiel, in Indien oder China zur Zeit, als sie unter direkter Kolonialherrschaft oder stärkster Beeinflussung der industriellen Entwicklung durch fremde imperialistische Mächte standen, von einer Industriellen Revolution sprechen zu wollen, wäre daher grundfalsch. Und das gleiche gilt in gewisser Weise zum Beispiel auch für die Entwicklung in Bulgarien und Rumänien (während für Ungarn und einige andere Länder unsere Kenntnis der Tatsachen noch nicht zu einer schlüssigen Einschätzung ausreicht).

In diesen Ländern muß ein Teil der Aufgaben der Industriellen Revolution unter völlig veränderten Umständen, im Osten Europas und in China unter denen des Aufbaus des Sozialismus, nachgeholt werden.

★

So sehen wir, daß die Industrielle Revolution, die in England klassisch, das heißt in den der Entwicklung des Kapitalismus adäquatesten Formen, verläuft, die im Westen Europas und in den Vereinigten Staaten von Amerika gewisse „Abweichungen" von der klassischen Form zeigt, in Deutschland und in Rußland sowie einigen anderen Ländern Osteuropas recht andere Formen hat als in England, und daß sie in den kolonialen wie halbkolonialen Ländern überhaupt nicht stattfindet.

Wie alle historischen Prozesse, wie die Geschichte der Durchsetzung aller ökonomischen Gesetze, hat sich auch der Verlauf der Industriellen Revolution recht verschiedenartig gestaltet und bedarf noch sehr gründlichen Studiums, bevor wir eine umfassende konkrete Darstellung von ihr geben können.

KAPITEL II

DIE APOLOGETISCHE LEGENDE VON DER UNBEFLECKTEN EMPFÄNGNIS DES KAPITALISMUS

Lange vor Marx und Engels schildern uns bürgerliche Schriftsteller Englands und anderer Länder die furchtbare Lage der Arbeiter während der Industriellen Revolution in England. Zahlreiche bürgerliche, auch amtliche Quellen kann Engels in seiner Analyse der „Lage der arbeitenden Klasse in England" benutzen. So auch Marx in den klassischen Abschnitten des „Kapital", in denen er die Geschichte des Kapitalismus darstellt mit all der Brutalität und Grausamkeit des Kapitals, mit all dem Schweiß und Blut, die die Arbeiter opfern mußten, damit der Kapitalismus sich entwickelte.

Bis in das 20. Jahrhundert haben, nach Marx und Engels, auch bürgerliche Schriftsteller diese Geschichte der Not und Tränen, des Hungers und Elends übereinstimmend dargestellt – das gleiche Bild sehen wir in den „Lectures on the Industrial Revolution of the 18th Century in England" von Arnold Toynbee (1884) und in den Werken der Hammonds, deren „The Rise of Modern Industry" 1925 erschien.

★

Ein Jahr später, 1926, trat eine Wandlung in der Geschichte der Historiographie des Kapitalismus ein. Die Apologetik nahm eine neue Qualität an.

Die Geschichte der Apologetik ist keineswegs so einfach, wie manche bisweilen meinen.

Was die Politische Ökonomie betrifft, so schreibt Marx im Nachwort zur zweiten Auflage des „Kapital"[34]: „Mit dem Jahr 1830 trat die ein für allemal entscheidende Krise ein.

Die Bourgeoisie hatte in Frankreich und England politische Macht erobert. Von da an gewann der Klassenkampf, praktisch und theoretisch, mehr und mehr ausgesprochne und drohende Formen. Er läutete die Totenglocke der wissenschaftlichen bürgerlichen Ökonomie. Es handelte sich jetzt nicht mehr darum, ob dies oder jenes Theorem wahr sei, sondern ob es dem Kapital nützlich oder schädlich, bequem oder unbequem, ob polizeiwidrig oder nicht. An die Stelle uneigennütziger Forschung trat bezahlte Klopffechterei, an die Stelle unbefangner wissenschaftlicher Untersuchung das böse Gewissen und die schlechte Absicht der Apologetik."

[34] K. Marx, „Das Kapital", Bd. I, Berlin 1947, S. 13.

Diese Feststellung gilt jedoch nicht für die Geschichtsschreibung.

Gab es im allgemeinen nur noch Apologeten in der bürgerlichen Politischen Ökonomie seit dem Tode von Ricardo – was nicht bedeutet, daß nicht schon seit 1800 ein Apologet wie Malthus in starker Position und Ricardo in enger Freundschaft verbunden mit großem Einfluß wirken konnte –, so erschienen auf dem Gebiete der Geschichtsschreibung auch noch nach 1830 so bedeutende bürgerliche Schriften, daß wir sie mit Recht nicht nur allgemein zum Kulturerbe rechnen, sondern ihre Verfasser ganz spezifisch als unmittelbare Vorarbeiter von Marx bezeichnen können. Von ihnen sprach Marx, als er in dem bekannten Brief an Weydemeyer feststellte: „Was mich nun betrifft, so gebührt mir nicht das Verdienst, weder die Existenz der Klassen in der modernen Gesellschaft noch ihren Kampf unter sich entdeckt zu haben. Bürgerliche Geschichtschreiber hatten längst vor mir die historische Entwicklung dieses Kampfes der Klassen ... dargestellt."[35] Hier setzt die entscheidende Wendung erst mit dem Auftreten des Proletariats in der Revolution von 1848 ein.

Seit 1848 ist die bürgerliche Geschichtsschreibung im allgemeinen reaktionär – aber keineswegs deswegen notwendigerweise apologetisch. Es wäre sinnentstellend, zum Beispiel Jacob Burckhardt, den Feind der Maschinen, den Feind Bismarcks und des „modernen Machtstaats", den Feind des Militarismus, einen Apologeten des Kapitalismus zu nennen. Aber reaktionär war er durch und durch – dieser haßerfüllte Gegner der Werktätigen und einer „Demokratie des Mobs", der den Fortschritt in der Geschichte leugnete.

Was aber die Apologetik betraf, die zweifellos auch in der Geschichtsschreibung überwog, so bezog sie sich im allgemeinen auf die Gegenwart und Zukunft des Kapitalismus. Deshalb konnten, ohne „unangenehmes Aufsehen zu erregen", Werke wie die der Hammonds über die Zeit der Industriellen Revolution bis 1925 veröffentlicht werden.

Im Jahre 1926 erschien nun der erste Band von Sir John Claphams „An Economic History of Modern Britain". Mit diesem Buche wurde, wenn man so formulieren darf, die Grundlage für die Legende von der unbefleckten Empfängnis des Kapitalismus zumindest in England gelegt. Clapham bezweifelt einmal, daß überhaupt die Industrielle Revolution stattgefunden hat – gab es doch, wie er „begründet", außerhalb der Baumwollindustrie nicht viele maschinelle Großbetriebe. Clapham behauptet zweitens, daß die Arbeiter in den Jahrzehnten der von ihm abgeleugneten Industriellen Revolution durchaus nicht so schlecht gelebt hätten und von einer Verelendung überhaupt nicht die Rede sein könnte.

Das heißt, jetzt wird die apologetische Linie auch auf die Vergangenheit ausgedehnt, jetzt wird der industrielle Kapitalismus auch in seiner Ursprungs- und Anfangsgeschichte gerechtfertigt – und zwar genau in dem Stadium, in dem er wahrlich keiner Verteidigung bedarf durch Trottel, denen die allgemeine Krise des Kapitalismus so in die Glieder gefahren ist, daß sie zitternd und schlotternd auch noch für ihre Urgroßväter Entschuldigungen stottern.

[35] K. Marx und Fr. Engels, „Ausgewählte Schriften", Bd. II, Berlin 1952, S. 425.

Jeder marxistische Historiker weiß, welch großen Fortschritt in der Geschichte der Menschen der Kapitalismus ursprünglich gebracht hat. Jeder marxistische Historiker weiß auch, daß der entscheidende Unterschied zwischen dem Fortschritt, den der Sozialismus stets und immer bringen wird, und dem Fortschritt, den der Kapitalismus in seine Anfängen gebracht hat, eben darin besteht, daß eine Ausbeutergesellschaft wie der Kapitalismus stets nur auf Kosten der Werktätigen Fortschritt bringen kann, während der Sozialismus Fortschritt gerade zum Wohle der Werktätigen bringt.

Jeder marxistische Historiker wird die große historische und fortschrittliche Bedeutung des frühen Industriekapitalismus, in dem zum Beispiel die drei Quellen und Bestandteile des Marxismus vom Bürgertum geschaffen wurden, anerkennen, und das Elend wie die Not der Werktätigen als absolut notwendige Bedingungen des Fortschritts in einer Ausbeutergesellschaft einschätzen.

Clapham aber, der natürlich den Kapitalismus in seiner Periode der allgemeinen Krise als eine edle, ja geradezu liebliche Erscheinung betrachtet haben möchte, ist bestrebt, den Kapitalismus, wie Athene aus dem Haupte des Zeus, von Anfang an in zarter Reinheit entstehen zu lassen, und deshalb muß die Geschichte der Industriellen Revolution umgeschrieben und die Industrielle Revolution als solche abgeleugnet werden.

★

Claphams „Meisterschüler" T. S. Ashton, der „führende Wirtschaftshistoriker" Englands, hat sich nun, eine Generation nach dem Erscheinen des Claphamschen Buches, zusammengetan mit dem österreichischen Emigranten F. A. Hayek, Chef-Apologeten der „freien Konkurrenz der Monopole" („The Road to Serfdom"), mit dem amerikanischen Soziologen L. M. Hacker, der Franklin D. Roosevelt einen Leveler (Gleichmacher) nennt, mit dem südafrikanischen faschistischen Professor für Handelswissenschaft W. H. Hutt und mit dem Pariser Salonlöwen im Mauseloch Bertrand de Jouvenel, um ein Buch zusammenzustellen, das Clapham wie einen schüchternen Anfänger in der Apologetik wirken läßt.

Die Beiträge des Buches[36] sind:

„Geschichte und Politik" – Hayek
„Die Behandlung des Kapitalismus durch die Historiker" – Ashton
„Das antikapitalistische Vorurteil der amerikanischen Historiker" – Hacker
„Die Behandlung des Kapitalismus durch die (europäische – J. K.) kontinentale Intelligenz" – Jouvenel
„Der Lebensstandard der Arbeiter in England, 1790 bis 1830" – Ashton
„Das Fabriksystem des frühen 19. Jahrhunderts" – Hutt.

Einige Sumpfblüten dieser Beiträge zur Pervertierung der Geschichte seien wiedergegeben:

Hayek wendet sich gleich einleitend gegen den Gebrauch des Wortes Kapitalismus – eine Abneigung, die wir auch bei anderen Apologeten finden, die aber von Hayek

[36] „Capitalism and the Historians", ed. by F. A. Hayek, London 1954.

offener als von anderen begründet wird: „Der Ausdruck (Kapitalismus – J. K.) ist besonders irreführend, wenn er, wie es oft der Fall ist, verbunden ist mit der Idee der Entwicklung eines eigentumslosen Proletariats, das auf irgendeine unanständige Weise seines berechtigten Eigentums an den Werkzeugen für seine Arbeit beraubt worden ist“ (S. 15). Umgekehrt sei nach Hayek der wirkliche Vorgang: Die große Leistung der Kapitalisten liege doch gerade darin, daß sie als erste in der Geschichte „ihre Einnahmen in großem Ausmaß dazu verwenden, neue Produktionsmittel zu beschaffen, damit sie benutzt werden von denen, die ohne sie nicht leben könnten“ (S. 17). Also: die Kapitalisten fanden, als sie vom Himmel auf diese armselige Erde kamen, Millionen eigentumsloser Proletarier vor und hatten, kaum daß ihr Fuß die Erde berührte, nichts Eiligeres zu tun, als mit ihren Einnahmen (aus von Hayek nicht genannter Quelle) Produktionsmittel zum Gebrauch durch die Proletarier zu beschaffen.

Die Auffassung, daß in der Industriellen Revolution eine absolute Verelendung des Proletariats stattgefunden habe, sei daher eine der vielen „Legenden“, die vor allem die Sozialisten verbreitet hätten – wobei Hayek unter die Sozialisten auch Schmoller und Brentano (die „Kathedersozialisten“) wie auch die amerikanischen „Institutionalisten“, also wohl den humanen Reformisten Commons, wie den rechtsgerichteten Mitchell, um nur die beiden führenden Institutionalisten zu nennen, rechnet. Aber auch Ruggiero in seiner „Storia del Liberalismo Europeo“ (1925) wie Bertrand Russel in „The Impact of Science on Society“ (1951) und viele andere wären auf diese „Legende“ hereingefallen.

Solcher Legenden gäbe es viele, meint Hayek. Zu ihnen zählt er zum Beispiel die „Legenden“, daß nützliche Erfindungen vom Monopolkapital unterdrückt werden oder daß der Imperialismus Kriege verursache, oder daß die Monopole an Umfang zunähmen. Auf S. 9 empfiehlt Hayek dem Leser eine Reihe von Schriften, die seiner Ansicht nach mit diesen „Legenden“ wissenschaftlich aufräumen. Ungenügend scheint ihm aber noch der Kampf gegen die „Legende“ von der Not und dem Elend, das die Industrielle Revolution gebracht habe. Und darum müsse eben das von ihm herausgegebene Buch erscheinen, das endgültig mit dieser „Legende“ Schluß machen solle.

Ashton, der als einziger konkret auf Tatsachen eingeht, weicht ihnen in seinem ersten Artikel so schnell wie möglich wieder auf „dialektisch-apologetische“ Weise aus. So erklärt er (S. 52), daß zwar wirklich die sanitären Verhältnisse während der Industriellen Revolution fürchterlich gewesen wären — auf der anderen Seite aber bittet er uns, zu bedenken, daß das Eisenrohr, ohne das eine vernünftige Kanalisation später unmöglich gewesen wäre, doch eine Erfindung der Industriellen Revolution sei. Wir brauchen also nur an die Kanalisation in der zweiten Hälfte des 19. Jahrhunderts zu denken, und schon verklärt sich uns das Bild der Industriellen Revolution in der ersten Hälfte des Jahrhunderts zu dem großen Zeitalter des Eisenrohrs, während die furchtbaren Vorstellungen von Epidemien und Millionen an langsamer wirkenden Krankheiten, wie Tuberkulose, dahinsiechenden Menschen, die wir mit der Industriellen Revolution verbinden, dorthin verschwinden, wohin sie gehören: nämlich in die Kanalisation.

Auf der anderen Seite ist festzustellen, daß Ashton infolge seines ernsten Tatsachenstudiums seinen zweiten Artikel nicht „befriedigend" abschließen kann (S. 159): „Es gab jedoch Massen ungelernter oder wenig gelernter Arbeiter – saisonmäßig beschäftigte Landarbeiter und Handweber insbesondere –, deren Einkommen beinahe völlig absorbiert wurde vom Kauf der dringendst notwendigen Waren, deren Preise, wie wir gesehen haben, hoch blieben. Ich vermute, daß die Zahl derer, die Anteil am ökonomischen Fortschritt hatten, größer war, als die Zahl derer, denen solch Anteil versagt war, und daß ihre Zahl stetig zunahm. Aber die Existenz zweier solcher Gruppen innerhalb der Arbeiterklasse muß anerkannt werden. Vielleicht liegt die Ursache für die Meinungsverschiedenheiten (über die Entwicklung der Lage der Arbeiter – J. K.), auf die ich anfangs die Aufmerksamkeit gelenkt habe, darin: John Stuart Mill und seine politökonomischen Kollegen dachten an die eine Gruppe, Rickman und Chadwick blickten auf die andere". Eine (unbegründete) Vermutung ist also das Beste, was Ashton für das Kapital tun kann. Die Tatsachen sind hartnäckig und der Widerstreit zwischen der persönlichen Ehrlichkeit des Forschers und der gesellschaftlichen Korruption seiner Anschauungen führt zu dem „Kompromiß" der „Vermutung" im Interesse der herrschenden Klasse. Unmöglich – eben wegen seiner gesellschaftlichen Korruption – wäre es für Ashton, sich zu sagen, daß Chadwick, der große Sekretär der Armengesetz-Kommission (Poor Law Board), der als erster gründliche Untersuchungen über den Zusammenhang zwischen Armut und Gesundheitszustand durchführte, mehr von der Lage der Arbeiter wissen mußte, als der zwar in so mancher Hinsicht fortschrittlich denkende, aber dem praktischen Leben der Werktätigen unendlich ferne Mill, der wohl das Grollen der Arbeiter bis in die hochkultivierten Räume seiner schönen Londoner Wohnung hinauf hörte, aber es mit dem Sirenengesang der Reform in einer sich „ständig verbessernden Welt" zu übertönen suchte. Wenn Ashton also als persönlich ehrlicher Wissenschaftler nicht einfach fälschlich, entgegen den ihm bekannten Tatsachen, von einer ständigen Verbesserung der Lage der Arbeiterklasse als Ganzer sprechen kann, sondern nur „Vermutungen" (guesses) anstellen kann, dann vermutet er eben, gesellschaftlich korrumpiert, zugunsten des Kapitals.

Hacker fungiert als ein rückwärts gerichteter Mc Carthy. Alle bedeutenden amerikanischen Historiker des 20. Jahrhunderts werden von ihm als „Antikapitalisten" denunziert. Da das Hauptwerk Hackers „Der Triumph des amerikanischen Kapitalismus" heißt, verwundert es nicht, daß seiner Ansicht nach, wenn nicht die Weltgeschichte seit Adam, zumindest die amerikanische Geschichte seit Adams als Triumphzug des „amerikanischen Kapitalismus" umgeschrieben werden muß. Geschieht das, dann werden auch die „allgemein üblichen Auffassungen über Profite und Ausbeutung gründlich revidiert werden" (S. 92). Die Angelegenheit mit der neuen Auffassung der Profite nimmt Hacker sehr wichtig. Die Profite waren nämlich in der Vergangenheit minimal, setzt er auseinander, wenn man die gesamten Profite den gesamten Verlusten, einschließlich Bankrotten, gegenüberstellt und wenn man weiter berücksichtigt, daß die Profite häufig nur deshab so hoch erscheinen, weil die Kapitalisten eine Neigung haben, zuwenig Aktienkapital zu schaffen. Würde man die Profite auf ein höheres Kapital beziehen, dann würde die Profitrate sofort kleiner sein, und die ganze Geschichte des Kapitalismus anders aussehen (S. 91 f.).

Das ist, muß man zugeben, eine völlig neue Idee. Man verzehnfache (in Gedanken!) das Aktienkapital von Rockefeller und seine Profitrate fällt sofort und unvermeidlich um neun Zehntel! Damit aber ergibt sich „natürlich" eine gründliche Revision der Begriffe Ausbeutung und Profitrate, wie sie Hacker auch fordert. Dann wird eigentlich Rockefeller ausgebeutet, während die Arbeiter die Profite einstecken.

Wenn ich Hacker einen rückwärts gerichteten McCarthy nannte, so, weil er in einer Zeit, in der in den USA „Antikapitalismus" als Staatsverbrechen gilt, das bei lebenden Wissenschaftlern zur Entfernung von Universitäten u. ä. führt, eine große Anzahl von wahrlich nicht kommunistischen, doch in vielfacher Hinsicht fortschrittlichen Historikern öffentlich denunziert.

Doch unterscheidet sich Hacker von McCarthy durch seine Intelligenz. Nur eine gewisse Kenntnis von Marx, Engels und auch Hegel ermöglicht eine so zynische Verzerrung der marxistischen Geschichtsauffassung, wie sie Hacker auf S. 69 gibt. Auf der anderen Seite hindert ihn seine Intelligenz nicht, auf dem primitiven Verbrecherniveau McCarthys zu erklären, daß die Lehre von Marx „unberechenbares Leiden der Menschheit gebracht hat" (S. 70).

Ein „Vollblutamerikaner" wie Hacker kann aber letztlich nicht zugeben, daß Marx, Engels und Lenin einen bestimmenden Einfluß auf die amerikanische Geschichtsschreibung des XX. Jahrhunderts gehabt haben. Und so macht er in der Mitte seines Beitrages eine Wendung – gegen Jefferson. Die „antikapitalistische" Linie der amerikanischen Historiker ist nichts anderes als „Jeffersonianism", meint Hacker, und damit hat Amerika wenigstens seinen eingeborenen Antikapitalismus, der bis in die höchsten Spitzen des Staates reicht: „Franklin D. Roosevelt legte den Mantel von Jefferson und Jackson als Gleichmacher und Verteidiger menschlicher Rechte an" (S. 89).

Im Gegensatz zu den bisher genannten steht de Jouvenel, dem auch jede, ich möchte sagen, nur technische Qualifikation fehlt, der nur schwätzt, und dessen Darstellung ebenso leicht wie seicht dahinfließt, da ihn keine irgendwie geartete Sachkenntnis im einzelnen stört. Er ist der Prototyp des vulgären causeur.

Jouvenel vergleicht – wirklich und im Ernst, nachzulesen auf S. 107 – die Monopolisten mit den Heiligen des Mittelalters: „Es ist eine Tatsache, die sich wohl lohnt zu vermerken, daß der moderne Gebrauch des Profits, Expansion auf Grund von einbehaltenem Gewinn, zuerst in den Klöstern aufkam und dort systematisiert wurde; die heiligen Männer, die die Klöster leiteten, sahen kein Unrecht darin, ihr Eigentum auszudehnen, neues Land zu kultivieren, bessere Gebäude zu errichten, und immer mehr Menschen zu beschäftigen."

Mit diesem Bild — die Häupter der Häuser Morgan, Krupp und Vickers von je einem Heiligenschein beleuchtet – seien die Bemerkungen über dieses Buch füglich abgeschlossen.

Oder erscheint vielleicht doch das Globalurteil über die Periode der Industriellen Revolution, das Hutt (S. 179) fällt, als Abschluß geeigneter? „Kein Zeitalter kennen wir, das sich in solchem Ausmaß krankhafter Gefühlsduselei hingab."

In der Schweiz lebt ein ehemaliger deutscher Professor, der so eitel ist, daß er einen Artikel am Anfang mit W. R. und am Ende mit Wilhelm Röpke zeichnet. Er ist ein Berater von Adenauer. Sein ganzes Herz hängt an der „freien Konkurrenz". Sein ganzes Wesen rebelliert gegen die Einrichtung der Sozialversicherung, die seiner Ansicht nach den Arbeitern einen zu hohen Lebensstandard sichert. Aber selbst Röpke gehen Hayek, Ashton und die anderen zu weit. In einer Besprechung ihres Buches („Neue Zürcher Zeitung" 17. 3. 1954) schlägt er statt dessen eine „echt preußische" Form der Apologetik vor: Geben wir doch ruhig zu, daß es den Arbeitern in der Industriellen Revolution „nicht allzu gut gegangen" ist. Das liegt doch ganz einfach daran, daß „der Kapitalismus sich überall buchstäblich hat großhungern müssen".

Und mit diesem Bild der hungernden Peels, Rothschilds und Astors verlassen wir endgültig die Betrachtung des von Hayek herausgegebenen Buches.

★

Seitdem hat Ashton ein eigenes Buch veröffentlicht, das vor allem auch „die Problematik" der Industriellen Revolution behandelt – „An Economic History of England: The 18th Century", London 1955. Dies Buch ist der erste Band einer von Ashton herausgegebenen Wirtschaftsgeschichte Englands vom frühen Mittelalter bis in unsere Zeit. Sämtliche Bände sollen von Lehrern an der London School of Economics and Political Science geschrieben werden. Der Plan des Gesamtwerkes ist:

E. Carus-Wilson: The Mediaeval Period

F. J. Fisher: The 16th und 17th Centuries

T. S. Ashton: The 18th Century

A. H. John: 1800–1875

W. Ashworth: 1870–1939

Der vorliegende Band ist der erste, der veröffentlicht wurde. Ashton sagt selbst über ihn: „Dieser erste Beitrag zu der Reihe wird viele Leser enttäuschen. Ich habe ganz bewußt die Kontinuität des Wirtschaftslebens im 18. Jahrhundert betont und habe wenig gesprochen von technologischen Veränderungen, von der Politik und von den Ideen der Periode oder von ihren modernen Rekonstruktionen, die in solchen Worten wie Kapitalismus, Merkantilismus und Imperialismus enthalten sind" (S. V). Ich glaube, daß dies eine der wenigen Einschätzungen Ashtons in seinem Buch ist, mit deren erstem Satz zumindest man sich allgemein einverstanden erklären wird.

In der Tat, man muß enttäuscht sein von einem Buch, das das Jahrhundert einer so grandiosen Revolution, wie sie die Einführung der Maschine in den Produktionsprozeß bedeutet, behandelt und das dabei bewußt „wenig von technologischen Veränderungen spricht". Diese Enttäuschung wird nicht vermindert dadurch, daß Ashton sich gegen „moderne Rekonstruktionen" der Ideen des 18. Jahrhunderts wendet und als Beispiele dafür gibt: „Merkantilismus", bekanntlich eine Formulierung des 18. Jahrhunderts, die vor allem als mercantile system von dem größten Ökonomen dieser Zeit, von Adam Smith, gebraucht wurde – „Kapitalismus", eine „Ideen-Rekonstruktion", die ebenfalls auf eine mehr als hundertjährige Vergangenheit zurückblicken kann —, während die „Idee des Imperialismus" ebenso wie das Wort im modernen Sinne zwar wirklich modern sind (hier hat Ashton recht), dafür aber nirgendwo in der Literatur auf das 18. Jahrhundert angewandt werden.

Der „Trick" des Ashtonschen Verfahrens ist ganz offenbar: durch die Betonung des „Prinzips der Kontinuität" wird die Revolution der Industrie geleugnet und durch das schon bei Hayek beobachtete Bestreben, den „Begriff des Kapitalismus" zu diskreditieren, soll der Kapitalismus selbst apologetisch gerettet werden; der Kapitalismus als nicht zu unterscheiden vom Feudalismus – darum auch die „Berechtigung" Jouvenels, auf die „heiligen Mönche" als die ersten, die auf Profiten aufbauende stark erweiterte Reproduktion betrieben, im Zusammenhang mit den gegenwärtig in Westeuropa und in Nordamerika noch herrschenden Produktionsverhältnissen hinzuweisen; daher auch, in Parallele, die „Berechtigung" des deutschen Walter Eucken, die Verwaltung des Klosters St. Gallen im Jahre 980 als Wirtschaftsplaner[37] oder „mehrere kleine Safranhändler, die auf der Frankfurter Messe des späten 15. Jahrhunderts sich den Preisen anpaßten, welche die große Ravensburger Handelsgesellschaft verlangte"[38] als gute alte deutsche Monopolerscheinungen zu charakterisieren.

Zu welchen absurden Formulierungen Ashton in seinem Bestreben, die Industrielle Revolution als eine harmlose evolutionäre Kontinuität darzustellen, kommt, zeigt seine Polemik gegen Toynbee: „Als Arnold Toynbee den Ausdruck ‚Industrielle Revolution' verbreitete, setzte er den Beginn der Bewegung bei 1760 an ... Die Wurzeln der modernen industriellen Gesellschaft können unbestimmbar und unbegrenzt weit in die Vergangenheit zurückverfolgt werden, und jeder Historiker kann ganz frei seinen eigenen Ausgangspunkt wählen" (S. 125). Also einmal gibt es keine objektive historische Wirklichkeit mit objektiv erkennbaren historischen Merkmalen – jeder kann die Industrielle Revolution ansetzen, wann er persönlich wünscht – und zweitens, da das beherrschende Prinzip der Weltgeschichte die „revolutionslose Kontinuität" ist, kann man natürlich „die Wurzeln der modernen industriellen Gesellschaft" kontinuierlich zurückgehend auch in der Gemeinschaft der Höhlenbewohner finden – es sei denn, man möchte als Vulgär-Darwinist beim Affen die allerersten Wurzeln suchen gehen.

Man könnte überrascht sein, daß Ashton selbst den Beginn der Industriellen Revolution später als Toynbee, nämlich 1782, ansetzt – wobei er den Ausdruck Industrielle Revolution ablehnt, weil dieser ja eben eine qualitative Veränderung beinhaltet und an seiner Stelle einen rein quantitativen Begriff nimmt, nämlich „eine plötzliche Beschleunigung im Tempo der Produktion" (S. 125).

Aber diese Überraschung gibt sich wenige Zeilen später, auf denen die Zäsur von 1782 sich nämlich so klärt: „Die schnelle Entwicklung der englischen Industrie ist

[37] W. Eucken, „Die Grundlagen der Nationalökonomie", 5. Auflage, Godesberg 1947, S. 87.
[38] W. Eucken, ebendort, S. 152.

der Ausplünderung von Kolonialvölkern und den Profiten des Sklavenhandels zugeschrieben worden. Aber es war doch, nachdem die Amerikaner ihre Unabhängigkeit gewonnen hatten und zu einer Zeit, als die westindische Wirtschaft sich im Abstieg befand, daß sich das Tempo beschleunigte."

Jedoch hilft natürlich auch die Verlegung auf 1782 Ashton nichts hinsichtlich der Bedeutung der ursprünglichen Akkumulation in Kolonien und Außenhandel für die Industrielle Revolution. Bekanntlich wurden in dieser (nach 1782) genau wie in der vorangehenden Zeit Riesengewinne in Indien - der Name des Landes Indien fehlt übrigens im Index des Buches von Ashton - und in anderen Kolonien gemacht und der englische Sklavenhandel blühte trotz des Niedergangs der westindischen Wirtschaft und der Befreiung der amerikanischen Kolonien vom Joch der englischen Herrschaft.

★

In schärfstem Gegensatz zu solchen geschichtsfälschenden Darstellungen stehen heute die Bemühungen der fortschrittlichen Historiker, eine korrekte, der Wirklichkeit entsprechende Einschätzung der Industriellen Revolution zu geben. Die grundsätzliche Arbeit auf diesem Gebiet hatten Marx und Engels geleistet. Darüber hinaus hatten sie eine konkrete historische Darstellung der Industriellen Revolution in England gegeben. Einen weiteren Riesenschritt in der Bewältigung der Aufgaben, die auf diesem Arbeitsgebiet stehen, stellten die betreffenden Ausführungen Lenins, vor allem in „Die Entwicklung des Kapitalismus in Rußland", dar. Heute bemühen sich die Wirtschaftshistoriker im sozialistischen Lager, die Lehren der Klassiker des Marxismus-Leninismus auf die Geschichte der Industriellen Revolution in ihren eigenen Ländern, mit all den Besonderheiten der konkreten historischen Entwicklung, anzuwenden: so Strumilin in der Sowjetunion, Kula in Polen, Purš in der Tschechoslowakei, Pach in Ungarn und andere.

Auch in der Deutschen Demokratischen Republik haben wir mit Arbeiten auf diesem Gebiet begonnen, und sind dabei unter anderem auf die folgende Besonderheit im Überbau gestoßen, die es sich gerade auch im Zusammenhang mit der Entlarvung der sogenannten Apologeten des Kapitalismus zu erwähnen verlohnt:

Es besteht eine sehr ausgedehnte deutsche zeitgenössische bürgerliche Literatur, die das Elend der Arbeiter während der Industriellen Revolution in der ersten Hälfte des 19. Jahrhunderts, insbesondere in den dreißiger und vierziger Jahren höchst realistisch schildert.[39] Hunderte von Fabrikanten und Priestern, Staatsbeamten und Universitätslehrern, Ärzten und Rechtsanwälten, Schriftstellern und Journalisten schrieben über das Elend der Arbeiter.[40]

Eine solch reichliche und wertvolle Literatur des Bürgertums über die Lage der Arbeiter gibt es für kein anderes Land. Wie ist es aber zu erklären, daß ein Bürger-

[39] Eine ausführliche Übersicht der Broschüren und Bücher gibt R. Hoppe in J. Kuczynski, „Die Geschichte der Lage der Arbeiter in Deutschland von 1789 bis in die Gegenwart", Bd I, Erster Teil 1789—1870, 6. Auflage, Berlin 1954, S. 279 ff.

[40] Vgl. zum Folgenden J. Kuczynski, ebendort, S. 150 ff.

tum, das als Klasse politisch so zurückgeblieben und feige war wie das deutsche, nicht durch wenige Einzelpersonen, sondern als Klasse eine solche Literatur hervorbrachte? Nicht durch wenige Einzelpersonen – von denen auch das deutsche Bürgertum der dreißiger und vierziger Jahre hervorragende und mutige Vorkämpfer für Freiheit und Fortschritt hervorgebracht hatte –, sondern als Klasse!

Die Ursache liegt in folgendem: Das Bürgertum, auch wenn es zuerst aus Furcht vor den Feudalen zu politischer Aktion zu feige zum offenen Kampf war und dann aus Furcht vor der Arbeiterklasse sich selbst und die Nation verriet, stellt in dieser Zeit objektiv gesehen doch eine starke, vorwärtsstrebende, antifeudale Kraft dar. Daran ändert auch nichts die Tatsache, daß es zumeist versuchte, wirtschaftliche Vorteile gegen politische Unterwerfung einzutauschen. Die Form dieses Fortschritts ist alles andere als ein Beispiel, als ein Charakteristikum seiner Geschichte, auf das das deutsche Volk stolz sein kann. Aber die Tatsache des Fortschritts, des Vordringens einer Klasse, die noch eine fortschrittliche Rolle zu spielen hat, gegen eine Schicht, die abzutreten hat, die vornehmlich eine reaktionäre Rolle spielt, bleibt.

Dieses Vordringen der bürgerlichen Klasse gegen den Halbfeudalismus findet in folgender Situation statt: Der Staat dient nicht dem Bürgertum; er ist in den Händen der Junker (die dem Bürgertum von Zeit zu Zeit einige wirtschaftliche Konzessionen machen müssen). Das Elend der Massen ist ebenso fürchterlich wie auch in der Öffentlichkeit unbestreitbar. Für dieses Elend fühlt sich die Bourgeoisie, auch wenn es sich um das auf das grausamste von ihr ausgebeutete Fabrikproletariat handelt, nicht verantwortlich. Ist doch der Staat nicht in ihren Händen. Im Gegenteil: Das Elend des Proletariats erscheint ihr vielfach als eine Anklage, als eine Waffe gegen die den Staat noch beherrschenden absolutistisch-halbfeudalen Kräfte. Also ist es für sie nicht nur ungefährlich, sondern sogar nützlich, auf dieses Elend hinzuweisen.

Daher gibt es in Deutschland nicht nur wie in den anderen Ländern in dieser Zeit Schriften einiger hervorragender, fortschrittlicher kämpferischer Humanisten aus dem Bürgertum, die uns die elende Lage des Proletariats schildern, sondern wir besitzen eine ganze Literatur als Produkt der Bourgeoisie als Klasse. Daher erklärt sich auch zum Teil ein Vorgang, wie ihn Engels in einem Brief an Marx vom 22. Februar 1845 so schildert:[41] „Hier in Elberfeld geschehen Wunderdinge. Wir haben gestern im größten Saale und ersten Gasthof der Stadt unsre dritte kommunistische Versammlung abgehalten. Die erste 40, die zweite 130, die dritte wenigstens 200 Menschen stark. Ganz Elberfeld und Barmen, von der Geldaristokratie bis zur Krämerschaft, nur das Proletariat ausgeschlossen, war vertreten. Heß hielt einen Vortrag. Gedichte von Müller, Püttmann und Stücke aus Shelley wurden gelesen, ebenso die Artikel über die bestehenden Kommunistenkolonien im Bürgerbuch. Nachher diskutiert bis ein Uhr. Das Ding zieht ungeheuer. Man spricht von nichts als vom Kommunismus, und jeden Tag fallen uns neue Anhänger zu. Der

[41] K. Marx – Fr. Engels, Briefwechsel, Bd. I, Berlin 1949, S. 19.

Wuppertaler Kommunismus ist eine Wirklichkeit, ja beinahe schon eine Macht. Was das für ein günstiger Boden hier ist, davon hast Du keine Vorstellung. Das dümmste, indolenteste, philisterhafteste Volk, das sich für nichts in der Welt interessiert hat, fängt an, beinahe zu schwärmen für den Kommunismus. Wie lang man dem Ding noch so zusehen wird, weiß ich nicht, aber die Polizei ist jedenfalls in der höchsten Verlegenheit, sie weiß selbst nicht, woran sie ist, und der Hauptschweinhund, der Landrat, ist grade in Berlin."

Das heißt natürlich nicht, daß es nicht auch Bürger gab, die bereits damals als Apologeten auftraten und die Verelendung der werktätigen Massen ableugneten, insbesondere, wenn sie im Staatsdienst aufgerückt waren. Das heißt aber, daß wir als Zeugen der furchtbaren Verelendung, die die Industrielle Revolution brachte, eine sehr große Anzahl von Bürgern haben. Das heißt, daß wir Zeitgenossen der gleichen Klasse, aus der Ashton, Hayek, Hacker usw. stammen, gegen sie zitieren können – eine wirklich eindrucksvolle Gegenüberstellung von Zeugen vor dem Gericht der Geschichte, das den Kapitalismus zum Tode verurteilt hat.

TEIL II

ZUR ALLGEMEINEN CHARAKTERISTIK DES AUSGEREIFTEN VORMONOPOLISTISCHEN KAPITALISMUS UND ZU EINIGEN NATIONALEN BESONDERHEITEN SEINER ENTWICKLUNG

Während die Frühgeschichte des Kapitalismus, nicht zum wenigsten die Industrielle Revolution, in den letzten Jahren reichlich Beachtung in den Forschungsarbeiten der Wirtschaftshistoriker gefunden hat, und während, wie nur natürlich, der Gegenwart der Herrschaft des Monopolkapitals eine Fülle von Studien seitens der Wirtschaftshistoriker und der Politökonomen gewidmet ist, muß man von einer Vernachlässigung der Probleme jener Zeit, die der Herrschaft des Monopolkapitals voranging, sprechen.

Schon in meiner „Geschichte der Lage der Arbeiter unter dem Kapitalismus" habe ich mich bemüht, einige Probleme dieser Zeit näher zu untersuchen und zu charakterisieren, wobei natürlich die Arbeiten von Marx und Engels eine große Hilfe gaben.

Die folgenden Studien stellen eine Weiterführung meiner Untersuchungen dar, geben eine stärkere Profilierung gewisser Charakterzüge jener Zeit, eine schärfere Präzisierung ihrer Eigentümlichkeiten gerade auch durch internationalen Vergleich – nicht zum wenigsten im Hinblick auf die spezifischen nationalen Charakterzüge des späteren Monopolkapitals, wie sie Lenin für den Anfang seiner Herrschaft in Deutschland, Frankreich und England gefunden hat. Bei der Wiedergabe der Resultate dieser Untersuchungen scheue ich mich keineswegs dort, wo ich noch nicht weitergekommen bin, nicht nur Gedankengänge, sondern auch ganze Teile aus meinen früheren Arbeiten zu übernehmen.

Die Ausführungen in dieser Form bildeten die Grundlage meiner Vorlesungen zu diesem Thema an der Wirtschaftswissenschaftlichen Fakultät der Humboldt-Universität zu Berlin im Studienjahr 1955/56.

KAPITEL I

DAS ZWEITE STADIUM DER ENTWICKLUNG DES KAPITALISMUS – UNTER BESONDERER BERÜCKSICHTIGUNG DER VERÄNDERUNGEN DER AUSBEUTUNGSMETHODEN

Bekanntlich schätzten Marx und Engels um die Mitte des 19. Jahrhunderts die Reife des Kapitalismus so ein, daß sie sein nahes Ende durch revolutionäre Aktionen der Arbeiterklasse erwarteten, da er keine Entwicklungsmöglichkeiten mehr hätte.

Bekanntlich war diese Einschätzung falsch und wurde von Engels in der Einleitung von 1895 zu „Die Klassenkämpfe in Frankreich" so korrigiert:

„Als die Februarrevolution ausbrach, standen wir alle, was unsere Vorstellungen von den Bedingungen und dem Verlauf revolutionärer Bewegungen betraf, unter dem Bann der bisherigen geschichtlichen Erfahrung, namentlich derjenigen Frankreichs. Diese letztere war es ja gerade, die die ganze europäische Geschichte seit 1789 beherrscht hatte, von der auch jetzt wieder das Signal zur allgemeinen Umwälzung ausgegangen war. So war es selbstredend und unvermeidlich, daß unsere Vorstellungen von der Natur und dem Gang der in Paris, im Februar 1848, proklamierten ‚sozialen' Revolution, der Revolution des Proletariats, stark gefärbt waren durch die Erinnerungen der Vorbilder von 1789–1830. Und vollends, als die Pariser Erhebung ihr Echo fand in den siegreichen Aufständen von Wien, Mailand, Berlin, als ganz Europa bis an die russische Grenze in die Bewegung hineingerissen war; als dann im Juni in Paris die erste große Schlacht um die Herrschaft zwischen Proletariat und Bourgeoisie geschlagen wurde; als selbst der Sieg ihrer Klasse die Bourgeoisie aller Länder so erschütterte, daß sie wieder in die Arme der eben erst gestürzten monarchisch-feudalen Reaktion zurückfloh, da konnte unter damaligen Umständen für uns kein Zweifel sein, daß der große Entscheidungskampf angebrochen sei, daß er ausgefochten werden müsse in einer einzigen langen und wechselvollen Revolutionsperiode, daß er aber nur enden könne mit dem endgültigen Sieg des Proletariats...

Die Geschichte hat uns und allen, die ähnlich dachten, unrecht gegeben. Sie hat klargemacht, daß der Stand der ökonomischen Entwicklung auf dem Kontinent damals noch bei weitem nicht reif war für die Beseitigung der kapitalistischen Produktion; sie hat dies bewiesen durch die ökonomische Revolution, die seit 1848 den ganzen Kontinent ergriffen und die große Industrie in Frankreich, Österreich, Ungarn, Polen und neuerdings Rußland erst wirklich eingebürgert, aus Deutschland aber geradezu ein Industrieland ersten Ranges gemacht hat – alles auf kapitalistischer, im Jahre 1848 also noch sehr ausdehnungsfähiger Grundlage."

Doch wenn Marx und Engels eine irrige Einschätzung geben, ist diese im allgemeinen tiefer in ihrer Weisheit und fruchtbarer für die Entwicklung der Wissenschaft, als wenn der normale Wissenschaftler eine richtige Einschätzung gibt.

Denn faktisch befand sich der deutsche Kapitalismus in einer tiefen Krise, ebenso wie der französische und wohl auch der Kapitalismus im größeren Teile Österreich-Ungarns, in Belgien, Holland und einigen anderen Ländern Europas.

Es war nicht die Endkrise des Kapitalismus, aber es war eine entscheidende „Zwischenkrise" des kapitalistischen Systems, ähnlich der Art der Krise des Feudalsystems, die den Übergang vom System der Villikation zum späteren System der Grundherrschaft brachte.

Bis dahin hatte der Kapitalismus mit den Methoden der extensiven Produktion und Ausbeutung gearbeitet. Der Arbeitstag wurde laufend verlängert, während der Reallohn ständig gedrückt wurde. Die Zahl der Beschäftigten wurde durch rücksichtslose Einbeziehung von Frauen, Jugendlichen und Kindern in den Produktionsprozeß schnell erhöht. Der Produktionsprozeß wurde so vereinfacht, daß das Schulbildungsniveau der Bevölkerung ohne Schaden für den Kapitalisten laufend vermindert werden konnte. In vielen Industrien stagnierte oder sank die Arbeitsleistung – während natürlich die Menge der Produktion durch die Erhöhung der Zahl der Beschäftigten zunahm.

Um die Mitte des Jahrhunderts war der Kapitalismus in eine Krise seiner Produktions- und Ausbeutungsmethoden getreten. Der Arbeitstag konnte nicht mehr verlängert werden. Er hatte die physiologische Grenze seiner Ausdehnung, 14 bis 18 Stunden, erreicht. Die Reallöhne konnten nicht weiter gesenkt werden – die Arbeiter vegetierten nur noch und die Militärs beklagten sich über das schlechte „Rekrutenmaterial". Die Altersgrenze für Kinder in den Fabriken konnte nicht weiter gesenkt werden – Vierjährige wurden bereits in den Arbeitsprozeß gesteckt, ja es liegen Berichte von „frühreifen" dreijährigen Arbeitern und Arbeiterinnen vor. Die Produktions- und Ausbeutungsmethoden, die bisher, mit Ausnahme der in der Baumwollindustrie, vornehmlich extensive waren, mußten geändert werden.

Der Kapitalismus tritt dementsprechend jetzt aus dem Stadium der extensiven in das der intensiven Produktion und Ausbeutung: in England in den dreißiger und vierziger Jahren, in den Vereinigten Staaten in den vierziger und fünfziger Jahren, in Frankreich nach der Revolution von 1848, in Deutschland nach der Krise von 1857.

Das neue Stadium des Kapitalismus, das Stadium der intensiven Produktion und Ausbeutung ist gekennzeichnet durch die vornehmliche Gewinnung von relativem an Stelle von absolutem Mehrwert: die Arbeitsleistung nimmt pro Stunde und Tag schnell zu. Als Voraussetzung dafür und unter heftigen Klassenkämpfen wird der Arbeitstag verkürzt – weniger, wenn die Klassenkämpfe schwach, mehr, wenn sie stark –, wird der Reallohn erhöht – unter gleichen Umständen wie die Arbeitszeitveränderung –, wird die Arbeit qualifizierter und entsprechend das Schulsystem verbessert, werden eben diese qualifizierten Arbeiter charakteristisch für die Wandlungen in der Zusammensetzung der Arbeiterschaft, während der Anteil der Kinder zurückgeht und das Alter, in dem sie in die Fabriken gehen, heraufgeht, und findet eine Umschichtung der Frauenarbeit statt.

Für die Einschätzung der Entwicklungsmöglichkeiten des Kapitalismus und auch für die Gestaltung der Lage der Arbeiter im einzelnen ist es von großer Bedeutung, daß dieses zweite Stadium des Kapitalismus in den einzelnen Ländern so sehr verschieden lange dauert.

Alle großen Länder treten gleichzeitig in das Stadium des Imperialismus. Das ist notwendig so, denn nur die Bildung von monopolistischen Vereinigungen kann die selbständige Existenz des Kapitalismus in einem Lande sichern, nachdem ein anderes zur Monopolbildung übergegangen ist – während es durchaus möglich für ein Land ist, noch längere Zeit im ersten Stadium des Kapitalismus zu verharren, nachdem ein anderes bereits in das zweite getreten ist.[42] Rund eine Generation später als der englische konnte der deutsche Kapitalismus in das zweite Stadium seiner Entwicklung treten, ohne daß das seine internationale Position schwer geschädigt hätte. Entwickelten sich doch in dieser Zeit die Anteile an der Weltindustrieproduktion wie folgt:

Anteile an der Weltindustrieproduktion, 1840 bis 1860[43]
(Prozent)

Jahr	Deutschland	England	Frankreich	USA	Rußland
1840	12	45	—	11	—
1850	15	39	—	15	—
1860	16	36	12	17	4

Und was den Außenhandel betrifft, war die Entwicklung die folgende:

Außenhandel[44]
(Millionen Sterling)

Land	1800	1850	1860
Deutschland	36	70	130
England	67	169	375
Frankreich	31	95	167
USA	17	62	136

Von irgendeiner größeren relativen Schwächung des deutschen Kapitalismus in dieser Zeit kann nicht die Rede sein – wenn selbstverständlich auch Klarheit darüber herrschen muß, daß eine gewisse qualitative Verschlechterung seiner Position schon allein eben deswegen einsetzte, weil das zweite Stadium des Kapitalismus einen Fortschritt gegenüber dem ersten Stadium darstellt.

Da nun der Kapitalismus in Deutschland weit später als in England in das zweite Stadium seiner Entwicklung eintrat, und da Deutschland wie England gleichzeitig zum Stadium des Imperialismus übertraten, ergab es sich, daß das zweite

[42] Vgl. dazu auch Teil IV, Kapitel IV, dieses Buches.
[43] Vgl. dazu und zu den entsprechenden folgenden Tabellen über Anteile an Weltproduktion und Welthandel J. Kuczynski, „Studien zur Geschichte der Weltwirtschaft", Berlin 1952.
[44] M. G. Mulhall, „The Dictionary of Statistics", London 1899, S. 34.

Stadium des Kapitalismus in Deutschland nur etwa halb so lange wie in England dauerte – von den sechziger Jahren, und nicht wie in England von den dreißiger Jahren bis in die neunziger Jahre des 19. Jahrhunderts.

Die Auswirkungen auf die Lage der Arbeiter sind offenbar. Wenn wir bedenken, daß das erste Stadium des Kapitalismus charakterisiert ist durch sinkende Reallöhne, das zweite durch steigende und das dritte, das imperialistische, durch zunächst stagnierende und dann sinkende Reallöhne, so ergibt sich, daß die Spanne steigender Reallöhne am längsten in England dauerte, kürzer war in Frankreich, noch kürzer in Deutschland und am kürzesten – wenn man dort überhaupt von einer solchen Zeit sprechen kann – in Rußland.

Demzufolge haben wir die folgende Entwicklung der Reallöhne:

Reallöhne im ersten Stadium der Entwicklung des Kapitalismus

England	1759—1768	100
	1827—1832	74
Frankreich	1805—1814	100
	1840—1851	80
Deutschland	1820—1829	100
	1852—1859	77

Wir können ganz grob sagen, daß während des ersten Stadiums der Entwicklung des Kapitalismus die Reallöhne um etwa ein Viertel gesunken sind – in Deutschland war die Senkung wohl etwas stärker (leider können wir die Zahlen nicht bis zum Beginn des Jahrhunderts zurückrechnen); in Frankreich ist die Lage durch die Steigerung der Reallöhne während der Revolution und im Kaiserreich kompliziert.

Untersuchen wir nun die Entwicklung der Reallöhne im zweiten Stadium:

Reallöhne im zweiten Stadium der Entwicklung des Kapitalismus

England	1827—1832	100
	1895—1903	206
Frankreich	1840—1851	100
	1895—1903	164
Deutschland	1852—1859	100
	1894—1902	147

Da das zweite Stadium des Kapitalismus in England am längsten dauerte, stiegen dort die Reallöhne am stärksten – da es unter den hier betrachteten Ländern in Deutschland am kürzesten dauerte, stiegen hier die Reallöhne am wenigsten. (Die Verschiedenheit der Stärke des Klassenkampfes, die überdies auf so lange Zeit schwer zu messen ist, spielt, soweit sie vorhanden war, wie wir sehen, keine entscheidende (!) Rolle gegenüber der Länge der Dauer des Studiums.) —

Wir hatten zuvor[45] die Frage gestellt: gibt es eine Industrielle Revolution in den Kolonien? und wir hatten sie verneint.

[45] Vgl. S. 24 f. dieses Buches.

Stellen wir jetzt die Frage: gibt es ein zweites Stadium der Entwicklung des Kapitalismus in den Kolonien?

Beginnen wir mit einer Untersuchung der Entwicklung der Reallöhne in Indien, der einzigen Kolonie, für die wir für einige Jahrzehnte zurück die Entwicklung verfolgen können und setzen wir daneben die gleichzeitige Entwicklung der Reallöhne in England:[46]

Reallöhne in England und in Indien, 1880 bis 1939

(1900 = 100)

England		Indien	
Zyklus	Index	Jahrzehnt	Index
1880—1886	80	1880—1889	127
1887—1895	91	1890—1899	112
1895—1903	99	1900—1909	111
1904—1908	95	1910—1919	98
1909—1914	93	1920—1929	103
1915—1923	87	1930—1938	129
1924—1932	91		
1933—1939	96		

In England steigen die Reallöhne bis zur Jahrhundertwende und gehen dann unter der Herrschaft des Monopolkapitals zurück – die Steigerung von 1924 bis 1932 ist nur die Reaktion auf die besonders starke Senkung während des Krieges, und der Zyklus 1933 bis 1939 ist unvollständig; ihm fehlen die Jahre der Krise.

In Indien dagegen gehen die Reallöhne bis zur Zeit des ersten Weltkrieges zurück; sie steigen dann als Reaktion auf die besonders starke Senkung während des Krieges. Im folgenden Zyklus, der zwar unvollständig ist und die Krise nicht enthält, ist die Steigerung jedoch so stark, daß man vermuten kann, daß auch der Einschluß der Krise eine Reallohnsteigerung gegenüber dem vorangehenden Zyklus aufgezeigt hätte. Das sollte nicht verwundern, denn in Indien wandte in dieser Zeit das englische Monopolkapital vielfach erst jetzt die im zweiten Stadium des Kapitalismus üblichen Methoden der Produktion und Ausbeutung an. Die Ungleichmäßigkeit der Entwicklung des Kapitalismus, die sich durchaus auch auf die Ausbeutungs- und Produktionsmethoden in „Mutterland" und Kolonien beziehen läßt, führt dazu, daß der Monopolkapitalismus in zurückgebliebenen Ländern – zurückgeblieben vom Standpunkt der kapitalistischen Wirtschaftsentwicklung – gezwungen ist, zu Produktions- und Ausbeutungsmethoden, die im „Mutterland" vor seiner Zeit angewendet wurden, zu greifen. Wir finden darum zum Beispiel – und ich glaube, daß das auf Indien und andere Kolonialländer zeitweilig zutrifft –, daß im „Mutterland" die Reallöhne absinken, während sie in den Kolonien steigen, während hier

[46] Vgl. zu den vorangehenden und zu den folgenden Tabellen über Löhne J. Kuczynski, „Die Theorie der Lage der Arbeiter", 3. Aufl., Berlin 1955.

auch die Arbeitszeit zurückgeht und die Arbeitsleistung pro Stunde heraufgeht. Das bedeutet natürlich nicht, daß in den Kolonien sich die Lage der Arbeiter verbessert, sondern nur, daß dort mit früheren Ausbeutungsmethoden gearbeitet wird, daß man in den Kolonien zum Beispiel erst jetzt vornehmlich zu den Methoden der intensiven Ausbeutung übergeht, während man zuvor vor allem die Methoden der extensiven Ausbeutung verwandt hatte. Wir wissen auch nicht, ob die Methoden der intensiven Ausbeutung bereits gegenüber der Mehrheit der Kolonialvölker angewandt werden. Doch ob die Reallöhne nun steigen oder sinken, sie liegen in den Kolonien natürlich weit unter denen des „Mutterlandes", während die Arbeitszeit weit höher ist als im „Mutterland".

Können wir daraus aber schließen, daß sich zu dieser Zeit Indien, daß sich die Kolonien im zweiten Stadium des Kapitalismus befanden? Natürlich nicht! Denn das zweite Stadium der Entwicklung des Kapitalismus ist ein vormonopolistisches und hier wendet das (englische) Monopolkapital solche Produktions- und Ausbeutungsmethoden an. Und außerdem ist das zweite Stadium des Kapitalismus nicht nur durch die genannten Produktions- und Ausbeutungsmethoden gekennzeichnet.

Wir dürfen zum Beispiel nicht vergessen, daß das zweite Stadium des Kapitalismus auch gekennzeichnet ist durch eine kräftige Entwicklung der Schwerindustrie, insbesondere des Maschinenbaus, und daß eine solche Entwicklung in den Kolonien niemals stattfindet, da diese ja gerade durch das Fehlen des Maschinenbaus in ökonomischer Beziehung in Abhängigkeit vom „Mutterland" gehalten werden sollen. Es fehlt darum den Kolonien gerade das Charakteristikum kräftigen organischen Wachstums des Kapitalismus, das das zweite Stadium auszeichnet. Aus diesem Grunde ist es unmöglich, von einem zweiten Stadium des Kapitalismus in den Kolonien zu sprechen.

★

Von großer Bedeutung ist die Gestaltung der Ausbeutungsmethoden im zweiten Stadium des Kapitalismus für die Entwicklung der Arbeiterbewegung. Und zwar weniger für das Bewußtwerden der Arbeiter als Klasse – als vielmehr für ihren organisatorischen Zusammenschluß. So falsch es wäre, zwischen Bewußtwerden und organisatorischem Zusammenschluß keinen Zusammenhang sehen zu wollen, so falsch wäre es andererseits, hier einen mechanischen Zusammenhang zu suchen.

Überlegen wir:

Marx bemerkt: das englische und das französische Proletariat werden sich um 1830 als Klasse bewußt.

Aber:

In England werden die ersten stabilen Arbeiterorganisationen zu Beginn der vierziger Jahre geschaffen –

in Frankreich sogar erst in den achtziger Jahren.

Kein Zweifel, daß das deutsche (und mit ihm das internationale) Proletariat im „Kommunistischen Manifest" den höchsten Grad der Selbsterkenntnis als Klasse erreichte. Aber es vergingen zwanzig Jahre, bis das deutsche Proletariat sich fest zu organisieren begann.

Und schließlich: wahrscheinlich ging in den USA die Organisation dem Bewußtwerden als Klasse voraus.

Zur festen Organisation verhilft vor allem Zeit: Zeit zur Versammlung, Zeit zur Agitation, Zeit zur Kassierung, Zeit zum Nachdenken und zur Festigung des Organisationsgedankens.

Marx sagt in einer Variante des „Kapital“: „Die Einsparung von Arbeitszeit ist gleichbedeutend mit der Vergrößerung der Freizeit, das heißt der Zeit, die der allseitigen Entwicklung des Individuums zur Verfügung steht.“

Marx hat diese Bemerkung nicht in das „Kapital“ aufgenommen – wohl schon allein deswegen nicht, weil eine allseitige Entwicklung des Individuums unter Ausbeutungsverhältnissen niemals möglich ist.

Auf der anderen Seite aber wäre es grundfalsch, nicht die ganz große Bedeutung der Verkürzung der Arbeitszeit, die eine allgemeine Erscheinung des zweiten Stadiums des Kapitalismus ist, für die Entwicklung der Arbeiterbewegung anzuerkennen.

Niemals darf man nämlich den dialektisch widerspruchsvollen Inhalt der Arbeitszeitverkürzung vergessen.

Marx sagt über die Ursachen der Arbeitszeitverkürzung zu Beginn des zweiten Stadiums des Kapitalismus:[47] „Von einer täglich bedrohlicher anschwellenden Arbeiterbewegung abgesehn, war die Beschränkung der Fabrikarbeit diktiert durch dieselbe Notwendigkeit, welche den Guano[48] auf die englischen Felder ausgoß. Dieselbe blinde Raubgier, die in dem einen Fall die Erde erschöpft, hatte in dem andren die Lebenskraft der Nation an der Wurzel ergriffen. Periodische Epidemien sprachen hier ebenso deutlich als das abnehmende Soldatenmaß in Deutschland und Frankreich.“ Und Rosa Luxemburg formuliert:[49] „Gleich die ersten paar Jahrzehnte der unumschränkten Wirtschaft der Großindustrie haben eine so vernichtende Wirkung auf die Gesundheit und Lebenszustände der arbeitenden Volksmasse ausgeübt, eine so ungeheure Sterblichkeit, Kränklichkeit, physische Verkrüppelung, geistige Verwahrlosung, epidemische Krankheiten, militärische Untauglichkeit erzeugt, daß der Bestand selbst der Gesellschaft aufs tiefste bedroht erschien. Es war klar, daß, falls dem naturwüchsigen Drang des Kapitals nach Mehrwert nicht vom Staate Zügel angelegt werden, er über kurz oder lang ganze Staaten in Riesenkirchhöfe verwandeln wird, auf denen nur Knochen der Arbeiter sichtbar wären. Aber ohne Arbeiter keine Ausbeutung der Arbeiter. Das Kapital mußte also im eigenen Interesse, um sich für die Zukunft die Ausbeutung zu ermöglichen, der Ausbeutung in der Gegenwart einige Schranken setzen. Die Volkskraft mußte etwas geschont werden, um ihre weitere Ausbeutung zu sichern. Von einer unwirtschaftlichen Raubwirtschaft mußte zur rationellen Ausbeutung übergegangen werden. Daraus sind die

[47] K. Marx, „Das Kapital“, Bd. I, Berlin 1947, S. 247.
[48] Ein Düngemittel.
[49] R. Luxemburg, „Ausgewählte Reden und Schriften“, Bd. I, Berlin 1951, S. 698 f.

ersten Gesetze über den Maximalarbeitstag entstanden, wie die gesamte bürgerliche Sozialreform entsteht. Ein Gegenstück dazu haben wir in den Jagdgesetzen. Ebenso wie dem Edelwild eine bestimmte Schonzeit durch Gesetze gesichert wird, damit es sich rationell verbreitet und regelmäßig als Gegenstand der Jagd dienen kann, ebenso sichert die Sozialreform eine gewisse Schonzeit der Arbeitskraft des Proletariats, damit sie rationell zur Ausbeutung durch das Kapital dienen kann."

Also: Die Verkürzung der Arbeitszeit hat zwei Ursachen: einmal den wachsenden Widerstand der Arbeiter und zweitens als physiologische Ursache: mit den bisherigen Mitteln ging es nicht weiter, da die äußerste Grenze der Verlängerung der Arbeitszeit erreicht war und eine weitere Verlängerung die Existenz der Arbeiterklasse gefährdet hätte.

Natürlich ist es für die Lage der Arbeiterschaft keineswegs gleichgültig, welche der beiden Ursachen für die Verkürzung der Arbeitszeit die entscheidende ist. Wenn der Widerstand der Arbeiterklasse gegen Arbeitszeitverlängerungen stark ist, dann werden die Unternehmer gezwungen sein, früher als andernfalls zu den neueren Methoden der Ausbeutung überzugehen. Da diese neueren Methoden der Ausbeutung schon deswegen von allergrößtem und eminent wichtigem Vorteil für die Arbeiterklasse sind, weil sie ihnen mehr freie Zeit und damit mehr Organisations- und Propagandamöglichkeiten geben – so liegt es natürlich im Interesse der Arbeiterklasse, schon aus diesem Grunde so schnell wie möglich eine Verkürzung des Arbeitstages zu erreichen.

Doch noch ist die ganze widerspruchsvolle Dialektik des Prozesses nicht erfaßt. Betrachten wir die Folgen der Arbeitszeitverkürzung noch näher:

Sie stellt eine große Hilfe für die Organisation der Arbeiter und für die Festigung ihrer Organisation dar. Diese Folge entspricht in gewisser Weise dem Kampf der Arbeiterklasse für eine Verkürzung der Arbeitszeit als Ursache der Verkürzung des Arbeitstages.

Aber die Unternehmer verkürzen ja, wie Marx gezeigt hat, auch „von sich aus" den Arbeitstag. Und dieser Ursache entspricht eine ganz andere Folge der Verminderung der pro Tag gearbeiteten Stunden.

Da die Unternehmer gar nicht genug aus den Arbeitern herausholen können, so versuchen sie, die zunehmende Produktivität mit zunehmender Arbeitsintensität zu kombinieren. Diese Methode ließ sich natürlich nicht anwenden, solange der Arbeitstag ausgedehnt wurde. Denn Ausdehnung des Arbeitstages führt eher zur Minderung als zur Steigerung der Arbeitsintensität pro Stunde. Sobald aber der Arbeitstag verkürzt wurde, widmeten sich die Unternehmer mit um so größerem Eifer der Intensivierung des Arbeitsprozesses.

Marx arbeitet im „Kapital" sehr genau die Bedeutung des Prozesses der Intensivierung der Arbeit im Unterschied zur Steigerung der Produktivität der Arbeit heraus: „Im allgemeinen besteht die Produktionsmethode des relativen Mehrwerts darin, durch gesteigerte Produktivkraft der Arbeit den Arbeiter zu befähigen, mit derselben Arbeitsausgabe in derselben Zeit mehr zu produzieren. Dieselbe Arbeitszeit setzt nach wie vor dem Gesamtprodukt denselben Wert zu... Anders jedoch, sobald die gewaltsame Verkürzung des Arbeitstags mit dem ungeheuren Anstoß, den sie der Entwicklung der Produktivkraft und der Ökonomisierung der Produktionsbedingungen gibt, zugleich vergrößerte Arbeitsausgabe in derselben Zeit, erhöhte Anspannung der Arbeitskraft, dichtere Ausfüllung der Poren der Arbeitszeit, das heißt Kondensation der Arbeit, dem Arbeiter zu einem Grad aufzwingt, der nur innerhalb des verkürzten Arbeitstags erreichbar ist."[50] (Der Leser sollte hier ruhig einen Augenblick pausieren und diesen Satz noch einmal lesen; nicht weil der Sinn nicht sofort verständlich, sondern weil die Sprache von Marx hier ein Muster dafür ist, wie man wichtige Wirtschaftsvorgänge ganz außerordentlich plastisch darstellen kann.)

Es ist also die Forcierung der Kürzung des Arbeitstages, die die Kombination von Steigerung der Produktivität und Intensität der Arbeit hervorruft, oder wie Marx auch formuliert: „Die maßlose Verlängrung des Arbeitstags, welche die Maschinerie in der Hand des Kapitals produziert, führt, wie wir sahen, später eine Reaktion der in ihrer Lebenswurzel bedrohten Gesellschaft herbei und damit einen gesetzlich beschränkten Normal-Arbeitstag. Auf Grundlage des letztren entwickelt sich ein Phänomen, das uns schon früher begegnete, zu entscheidender Wichtigkeit – nämlich die Intensifikation der Arbeit. Bei der Analyse des absoluten Mehrwerts handelte es sich zunächst um die extensive Größe der Arbeit, während der Grad ihrer Intensität als gegeben vorausgesetzt war. Wir haben jetzt den Umschlag der extensiven Größe in intensive oder Gradgröße zu betrachten."[51]

Und weiter: „Es ist selbstverständlich, daß mit dem Fortschritt des Maschinenwesens und der gehäuften Erfahrung einer eignen Klasse von Maschinenarbeitern die Geschwindigkeit und damit die Intensität der Arbeit naturwüchsig zunehmen. So geht in England während eines halben Jahrhunderts die Verlängrung des Arbeitstags Hand in Hand mit der wachsenden Intensität der Fabrikarbeit. Indes begreift man, daß bei einer Arbeit, wo es sich nicht um vorübergehende Paroxysmen handelt, sondern um tagaus, tagein wiederholte, regelmäßige Gleichförmigkeit, ein Knotenpunkt eintreten muß, wo Ausdehnung des Arbeitstags und Intensität der Arbeit einander ausschließen, so daß Verlängrung des Arbeitstags nur mit schwächrem Intensitätsgrad der Arbeit und umgekehrt ein erhöhter Intensitätsgrad nur mit Verkürzung des Arbeitstags verträglich bleibt."[52] Das heißt, solange der Arbeitstag ausgedehnt wurde, ergab sich häufiger und häufiger eine Situation, in der die Intensität der Arbeit nachließ, da die Arbeiter es einfach nicht mehr schaffen konnten, mit der gleichen Intensität länger zu arbeiten. Die Intensität der Arbeit ließ nach und damit die Produktion pro Stunde. Die neuen Erfindungen waren weniger wirksam als zuvor, weil der immer erneut verlängerte Arbeitstag die Leistungskraft der Arbeiter pro Stunde senkte. Dies ist der dritte Faktor, der die Unternehmer zwang bzw. veranlaßte, zu einer Verkürzung des Arbeitstages überzugehen – neben der immer größer anschwellenden Empörung der Arbeitermassen und

[50] K. Marx, ebendort, S. 430.
[51] K. Marx, ebendort, S. 429.
[52] K. Marx, ebendort, S. 429 f.

der oft praktischen Unmöglichkeit, den Arbeitstag, der die Grenzen des physisch überhaupt Möglichen erreicht hat, zu verlängern.

Nachdem einmal die Notwendigkeit der Verkürzung des Arbeitstages den Unternehmern klargeworden war, da „warf sich das Kapital mit aller Macht und vollem Bewußtsein auf die Produktion von relativem Mehrwert durch beschleunigte Entwicklung des Maschinensystems“[53]. Und mit Hilfe des Maschinensystems wird nun auch der Grad der Intensität der Arbeit erhöht. „Es geschieht dies in doppelter Weise: durch erhöhte Geschwindigkeit der Maschinen und erweiterten Umfang der von demselben Arbeiter zu überwachenden Maschinerie oder seines Arbeitsfeldes.“[54] In unserer Zeit, in der Periode der allgemeinen Krise des Kapitalismus, stellt dann die Fließbandarbeit den bisher erreichten Höhepunkt der Intensifikationsmethoden der Arbeit vermittels auch die Produktivität steigender Maschinerie dar. (Und das entsprechende Schlagwort dafür lautet: „Rationalisierung“ – ein Wahnsinn, der sogar in der Sprachbildung die Widersprüche des Kapitalismus aufdeckt, da sich das Wort Rationalisierung von dem lateinischen ratio = Vernunft ableitet.)

Hier wird der Wandel auch der Rolle der Maschinerie im kapitalistischen Produktionsprozeß ganz klar. Im Stadium der vornehmlich extensiven Produktion und Ausbeutung „wird sie als Träger des Kapitals zunächst in den unmittelbar von ihr ergriffnen Industrien zum gewaltigsten Mittel, den Arbeitstag über jede naturgemäße Schranke hinaus zu verlängern“[55]. Jetzt wird sie zu einem Mittel, in dem verkürzten Arbeitstag die Arbeit zu intensivieren. In einer der sprachlich und in der dialektischen Darstellung eindringlichsten Betrachtungen des „Kapital“ beschreibt Marx die verschiedenartige Rolle der Maschinerie wie folgt: „Da also die Maschinerie an sich betrachtet die Arbeitszeit verkürzt, während sie kapitalistisch angewandt den Arbeitstag verlängert, an sich die Arbeit erleichtert, kapitalistisch angewandt ihre Intensität steigert, an sich ein Sieg der Menschen über die Naturkraft ist, kapitalistisch angewandt den Menschen durch die Naturkraft unterjocht, an sich den Reichtum des Produzenten vermehrt, kapitalistisch angewandt ihn verpaupert ...“[56]

Während also die Unternehmer die Verkürzung des Arbeitstages ausnutzen, um die Intensität der Arbeit zu steigern, führt dieser Prozeß wieder zu einer erneuten Senkung des Arbeitstages: teils infolge wachsenden Widerstandes der Arbeiterklasse, teils aber auch aus dem objektiven Grunde, daß die physische Grenze der Ausbeutung der Arbeiter durch die Intensivierung erreicht ist. Marx formuliert wie folgt: „Es unterliegt nicht dem geringsten Zweifel, daß die Tendenz des Kapitals, sobald ihm Verlängerung des Arbeitstags ein für allemal durch das Gesetz abgeschnitten ist, sich durch systematische Steigrung des Intensitätsgrads der Arbeit gütlich zu tun und jede Verbessrung der Maschinerie in ein Mittel zu größerer

[53] K. Marx, ebendort, S. 430.
[54] K. Marx, ebendort, S. 432.
[55] K. Marx, ebendort, S. 422.
[56] K. Marx, ebendort, S. 464.

Aussaugung der Arbeitskraft zu verkehren, bald wieder zu einem Wendepunkt treiben muß, wo abermalige Abnahme der Arbeitsstunden unvermeidlich wird."[57]

Und doch – über dieser ökonomischen Betrachtung, die so ungünstig für die Arbeiterklasse ausfällt, dürfen wir niemals die politische Betrachtung vergessen, die beinhaltet: Durch die Verkürzung der Arbeitszeit gewinnt der Arbeiter Zeit zur Organisation und Festigung der Organisation im Kampf gegen das Kapital. Und in diesem Sinne hilft der Kapitalismus seinem Totengräber bei seiner Arbeit.

[57] K. Marx, ebendort, S. 438.

KAPITEL II

ÜBER DIE BESONDERHEIT, DASS DER ENGLISCHE KAPITALISMUS IN DER PERIODE STÄRKSTEN FORTSCHRITTS ZU VERFALLEN BEGINNT

Mit den dreißiger Jahren, mit dem Ende der Industriellen Revolution war England in die Periode stärkster, noch ganz überwiegend fortschrittlicher Entwicklung des Kapitalismus getreten. Noch war das Bürgertum Träger des Fortschritts. Noch konnte die Arbeiterklasse unmittelbar dem Fortschritt nur dienen, indem sie den objektiven Interessen des Bürgertums diente und für die Weiterführung der bürgerlichen Revolution kämpfte. Noch standen die Vollendung der bürgerlichen und die sozialistische Revolution nicht auf der Tagesordnung der Geschichte.

Mit der Pariser Kommune beginnt eine neue Periode in der allgemeinen Geschichte des Kapitalismus, beginnt sein Verfall. Diese erste proletarische Revolution, die zur kurzfristigen Machteroberung des Proletariats führt, ist ein Markstein in der Geschichte des Kapitalismus. Sie erschüttert den Kapitalismus so tief, daß er hinfort zu verfallen beginnt, denn jetzt ist das Proletariat zum Bannerträger des Fortschritts geworden, jetzt sind die Interessen des Fortschritts identisch mit den eigensten Interessen des Proletariats. Erst später treten mit der Bildung von Monopolen die entscheidenden ökonomischen Elemente zu den Verfallserscheinungen des Kapitalismus hinzu. Wobei selbstverständlich die politischen und ökonomischen Faktoren nicht mechanisch getrennt werden dürfen. Denn natürlich ist die Pariser Kommune der Ausdruck heftigster Zuspitzung ökonomischer Widersprüche in der kapitalistischen Gesellschaft.

Die geschichtliche Entwicklung der Rolle der Monopole schildert Lenin so:[58]

„1. In den sechziger und siebziger Jahren des 19. Jahrhunderts – die höchste Stufe der Entwicklung der freien Konkurrenz; kaum merkbare Ansätze zu Monopolen.
2. Nach der Krise von 1873 weitgehende Entwicklung von Kartellen, die aber noch Ausnahmen, keine dauernden, sondern vorübergehende Erscheinungen sind.
3. Aufschwung am Ende des 19. Jahrhunderts und Krise von 1900–1903: die Kartelle werden zu einer der Grundlagen des ganzen Wirtschaftslebens. Der Kapitalismus ist zum Imperialismus geworden."

Eine Sonderentwicklung macht England seit 1850 durch. Jetzt, um die Mitte des 19. Jahrhunderts, hört der englische Kapitalismus auf, das klassische Beispiel der Entwicklung des Kapitalismus überhaupt zu sein.

[58] W. I. Lenin, „Der Imperialismus als höchstes Stadium des Kapitalismus", Berlin 1950, S. 24.

Lenin deutet das auf folgende Weise an, als er die Arbeiteraristokratie in die ersten Anfänge ihrer Entwicklung zurückverfolgt:[59] „Der Imperialismus hat die Tendenz, auch unter den Arbeitern privilegierte Kategorien auszusondern und sie von der Masse des Proletariats abzuspalten.

Es muß bemerkt werden, daß in England die Tendenz des Imperialismus, die Arbeiter zu spalten, den Opportunismus unter ihnen zu stärken und eine zeitweilige Fäulnis der Arbeiterbewegung hervorzurufen, viel früher zum Vorschein kam als Ende des 19. und Anfang des 20. Jahrhunderts. Denn zwei der wichtigsten Merkmale des Imperialismus – großer Kolonialbesitz und Monopolstellung auf dem Weltmarkt – traten in England schon seit Mitte des 19. Jahrhunderts hervor. Marx und Engels verfolgten jahrzehntelang systematisch diesen Zusammenhang des Opportunismus in der Arbeiterbewegung mit den imperialistischen Besonderheiten des englischen Kapitalismus. Engels schrieb z. B. am 7. Oktober 1858 an Marx, ‚... daß das englische Proletariat faktisch mehr und mehr verbürgert, so daß diese bürgerlichste aller Nationen es schließlich dahin bringen zu wollen scheint, eine bürgerliche Aristokratie und ein bürgerliches Proletariat neben der Bourgeoisie zu besitzen. Bei einer Nation, die die ganze Welt exploitiert, ist das allerdings gewissermaßen gerechtfertigt'. Beinahe ein Vierteljahrhundert später, in seinem Brief vom 11. August 1881, spricht er von ‚jenen schlimmsten englischen Trade-Unions, die sich von an die Bourgeoisie verkauften oder zum mindesten von ihr bezahlten Leuten führen lassen', und in einem Brief an Kautsky vom 12. September 1882 schreibt Engels: ‚Sie fragen mich, was die englischen Arbeiter von der Kolonialpolitik denken? Nun, genau dasselbe, was sie von der Politik überhaupt denken ... Es gibt hier ja keine Arbeiterpartei; es gibt nur Konservative und Liberal-Radikale, und die Arbeiter zehren flott mit von dem Weltmarkts- und Kolonialmonopol Englands.' (Dasselbe sagt Engels auch im Vorwort zur zweiten Auflage der ‚Lage der arbeitenden Klasse in England', 1892.)

Hier sind Ursachen und Folgen deutlich aufgezeigt. Ursachen: 1. Ausbeutung der ganzen Welt durch das betreffende Land; 2. seine Monopolstellung auf dem Weltmarkt; 3. sein Kolonialmonopol. Folgen: 1. Verbürgerlichung eines Teils des englischen Proletariats; 2. ein Teil des Proletariats läßt sich von Leuten führen, die von der Bourgeoisie gekauft sind oder wenigstens bezahlt werden."

In England also, wo die Arbeiterbewegung um 1850 wahrhaftig keine großen revolutionären Taten vorbereitete, wo, wie Marx und Engels bemerkten, der Prozeß ihrer Verbürgerlichung begann, setzte also der Prozeß des Verfalls des Kapitalismus nicht nur früher als anderswo ein, sondern auch auf ganz andere Weise: mit dem Monopolismus und den ersten Fäulniserscheinungen, die jedes kapitalistische Monopol beinhaltet – und nicht, wie in Frankreich, Deutschland und anderswo: mit dem Schlag, den das Proletariat dem Kapitalismus 1871 versetzte, als von irgendeinem stärkeren monopolistischen Einfluß auf die Wirtschaft dieser Länder noch nicht die Rede sein konnte.

[59] W. I. Lenin, ebendort, S. 113 f.

Zugleich mit diesem Verfall beobachten wir jedoch, wie Engels bemerkt, anknüpfend an den Sieg der Industriebourgeoisie über alle anderen Kapitalisten im Kampf um die Abschaffung der Kornzölle:[60] „Die Wirkungen dieser Herrschaft der industriellen Kapitalisten für England waren anfangs staunenerregend. Das Geschäft lebte wieder auf und dehnte sich aus in einem Grade, unerhört selbst in dieser Wiege der modernen Industrie. Alle frühern gewaltigen Schöpfungen des Dampfes und der Maschinerie verschwanden in nichts, verglichen mit dem gewaltigen Aufschwung der Produktion in den zwanzig Jahren von 1850 bis 1870, mit den erdrückenden Ziffern der Ausfuhr und Einfuhr, des in den Händen der Kapitalisten sich aufhäufenden Reichtums und der sich in Riesenstädten konzentrierenden menschlichen Arbeitskraft. Der Fortschritt wurde freilich unterbrochen, wie vorher durch die Wiederkehr einer Krisis alle zehn Jahre; 1857 so gut wie 1866; aber diese Rückschläge galten nun als natürliche unvermeidliche Ereignisse, die man eben durchmachen muß, und die schließlich doch auch wieder ins Gleise kommen."

Und weiter: Zur Kennzeichnung einer dritten Linie der Entwicklung sei die von Marx verfaßte Inauguraladresse der I. Internationale zitiert[61]: „Geblendet von der Fortschrittsstatistik des Nationalreichtums, die vor seinen Augen tanzt, ruft der Schatzkanzler in wilder Ekstase: ‚Von 1842 bis 1852 wuchs das steuerbare Landeseinkommen um 6 Prozent; in den acht Jahren von 1853 bis 1861 ist es, ausgehend von der Basis von 1853, um 20 Prozent gewachsen. Die Tatsache ist bis zum Unglaublichen erstaunlich! – Dieser berauschende Zuwachs von Reichtum und Macht', fügt Herr Gladstone hinzu, ‚ist ganz und gar auf die besitzenden Klassen beschränkt.' Wenn ihr wissen wollt, unter welchen Bedingungen gebrochener Gesundheit, befleckter Moral und geistigen Ruins jener ‚berauschende Zuwachs von Reichtum und Macht, ganz und gar beschränkt auf die besitzenden Klassen', produziert wurde und produziert wird durch die arbeitenden Klassen, betrachtet die Schilderung der Arbeitslokale von Druckern, Schneidern und Kleidermacherinnen in dem letzten ‚Bericht über den öffentlichen Gesundheitszustand'! Vergleicht den ‚Bericht der Kommission von 1863 über die Beschäftigung von Kindern', wo ihr unter andrem lest: ‚Die Töpfer als eine Klasse, Männer und Weiber, repräsentieren eine entartete Bevölkerung, physisch und geistig entartet'; ‚die ungesunden Kinder werden ihrerseits ungesunde Eltern, eine fortschreitende Verschlechterung der Rasse ist unvermeidlich'."

Und weiter: Unter der Einwirkung des Gesetzes der Ungleichmäßigkeit der ökonomischen und politischen Entwicklung des Kapitalismus machen wir folgende Beobachtung:

Weltindustrieproduktion
(Anteile in Prozent)

Jahr	England	Deutschland	USA
1840	45	12	11
1870	32	13	23

[60] Fr. Engels, „Die Lage der arbeitenden Klasse in England", Berlin 1952, S. 23.
[61] K. Marx und Fr. Engels, „Ausgewählte Schriften", Bd. I, Berlin 1951, S. 353 f.

Trotz des Aufschwungs, den Engels mit Recht als gewaltig schildert – ein starker Positionsverlust Englands im internationalen Rahmen als Industrieproduzent.

Wie aber steht es mit dem Handel?

Welthandel
(in Prozent)

Jahr	England	Deutschland	USA
1840	21	12	9
1870	22	10	8

Englands Position hat sich eher verstärkt!

Welch unklassische, durch das frühe Monopol verzerrte Entwicklung nimmt doch der englische Kapitalismus in diesen Jahren!

Und schließlich ein Blick auf den Überbau: anknüpfend an die Feststellung, daß „die Urheimat alles modernen Materialismus vom 17. Jahrhundert an" in England gewesen sei, bemerkt Engels[62]: „Aber seitdem ist England ‚zivilisiert' worden. Die Ausstellung von 1851 läutete die Totenglocke der englischen insularen Ausschließlichkeit. England internationalisierte sich allmählich, in Essen und Trinken, in Sitten, in Vorstellungen; so sehr, daß ich mehr und mehr wünsche, gewisse englische Sitten fänden auf dem Kontinent dieselbe allgemeine Annahme, wie andre kontinentale Gebräuche in England. Soviel ist sicher: die Ausbreitung des (vor 1851 nur der Aristokratie bekannten) Salatöls war begleitet von einer fatalen Ausbreitung des kontinentalen Skeptizismus in religiösen Dingen; und dahin ist es gekommen, daß der Agnostizismus zwar noch nicht für ebenso fein gilt wie die englische Staatskirche, aber doch, was Respektabilität anlangt, fast auf derselben Stufe steht wie die Baptistensekte und jedenfalls einen höheren Rang einnimmt als die Heilsarmee. Und da kann ich mir nicht anders vorstellen, als daß für viele, die diesen Fortschritt des Unglaubens von Herzen bedauern und verfluchen, es tröstlich sein wird zu erfahren, daß diese neugebacknen Ideen nicht ausländischen Ursprungs, nicht mit der Marke: Made in Germany, deutsches Fabrikat, versehen sind, wie so viele andre Artikel alltäglichen Gebrauchs, daß sie im Gegenteil altenglischen Ursprungs sind, und daß ihre britischen Urheber vor zweihundert Jahren ein gut Stück weiter gingen als ihre Nachkommen heutigen Tags."

Ja, unter solchen Umtänden darf man es zulassen, daß Rationalismus, Agnostizismus u. ä. sich weit und breit oberhalb der Arbeiterklasse ausbreiten. Wo alles vom Fett des Profits trieft – ja einige Spritzer sogar auf die Oberschicht des Proletariats fallen –, da bedarf es nicht unbedingt des Weihrauchnebels für die Mittelschichten der Bourgeoisie.

Und auch Teile der Arbeiterklasse wenden sich, zutiefst erbittert durch den Gegensatz von Rede und Tat der Kirche oder überdrüssig der Versprechungen auf einen

[62] Fr. Engels, „Die Entwicklung des Sozialismus von der Utopie zur Wissenschaft", Berlin 1945, S. 10 f.

Himmel, von dem man auf Erden nichts hat, ebenfalls von der Religion ab. Hatte doch ein Pfarrer, der Sozialreformer Kingsley, in seiner „Politik für das Volk" richtig festgestellt: „Wir haben die Bibel wie ein Handbuch des Polizisten benutzt - wie eine Dosis Opium, um Lasttiere ruhig zu halten, während sie beladen werden - wie ein Buch, um für Disziplin unter den Armen zu sorgen." Kein Wunder dann, daß ein religiöser Zensus für 1851 zu dem Resultat kommt, daß nur 25 Prozent der Bevölkerung zur Kirche gingen. Und entsprechend stellt Le Play in seinen Untersuchungen des Lebens englischer Arbeiterfamilien für das gleiche Jahr voll Staunen „die beinahe völlige Abwesenheit des religiösen Gefühls" fest, über die er unter der Überschrift „Über die ungenügende Erziehung, die den englischen Arbeitern gegeben wird"[63] berichtet.

Welch eine Zusammenstellung von Widersprüchen der Entwicklung, die doch alle zusammen eine dialektische Einheit bilden!

Aufstieg ohnegleichen verbunden mit starker Sicherheit der herrschenden Klasse, und erste Züge des Verfalls verbunden mit weit verbreiteten bürgerlichen Erscheinungen des religiösen Skeptizismus. Monopolstellung auf dem Weltmarkt und ein Kolonialmonopol - wie Lenin ganz scharf formuliert - und gleichzeitig spricht die Geschichte Großbritanniens in der Großen Sowjet-Enzyklopädie mit Recht davon, daß in diesen Jahren „der vormonopolistische ‚freie' Kapitalismus in Großbritannien seinen größten Aufstieg erlebte".[64] Und alle Entwicklungen nähren sich von dem Schweiß und Blut der Arbeiterklasse, die absolut und relativ verelendet!

Wie aber können Monopol und freie Konkurrenz in dieser Weise zusammengehen?

Nur so, daß England als Ganzes dem Rest der Welt gegenüber ein Monopol hatte, während innerhalb Englands wie auf dem Weltmarkt freie Konkurrenz herrschte. Die industrielle Position Englands, die Qualität seiner Waren und die Quantität der hergestellten Güter waren so bedeutend, daß es zur „Werkstatt der Welt" geworden und gerade durch das System der freien Konkurrenz, durch die Politik des freien Handelsverkehrs, seine Monopolposition auf dem Weltmarkt halten und stärken konnte.

Da England gleichzeitig über ein Kolonialreich verfügte, das nicht nur sehr groß, sondern überwältigend an Ausmaß war, spricht man ebenfalls mit vollem Recht von einem englischen Kolonialmonopol. Aber auch hier handelt es sich in gewisser Weise um ein Monopol im Rahmen der freien Konkurrenz - insofern, als die Welt noch nicht aufgeteilt war, als auch andere Länder sich noch Kolonien erobern konnten. Wenn England auch als Kolonialmacht eine Monopolstellung hatte, so eben deswegen, weil es nicht nur als Produzent und Verkäufer von Industriewaren, sondern auch als Räuber von Land und Betrüger zurückgebliebener herrschender Klassen hervorragte.

[63] F. Le Play, „Les ouvriers Européens", Tome troisième, „Les ouvriers du Nord", Tours 1877, S. 315.

[64] Große Sowjet-Enzyklopädie, ebendort, Berlin 1953, S. 37.

Natürlich bringt das Monopol stets Verfallserscheinungen – aber „Monpol unter den Bedingungen der freien Konkurrenz", wie wir es in England beobachten können, bringt noch keine Hemmungen im Tempo der Steigerung der Produktion und des Außenhandels, oder in der Entwicklung der Technik: erst recht nicht dann, wenn gleichzeitig der Übergang vom Stadium der vornehmlich extensiven Produktion zum Stadium der vornehmlich intensiven Produktion im Zuge einer schnellen Eroberung neuer Industriezweige durch die Maschine, verbunden mit breiter Entfaltung einer Schicht gelernter Arbeiter, beschleunigt vor sich geht.

Verfall – wir hatten schon Lenin zitiert über die Fäulniserscheinungen, die sich in der Arbeiterbewegung zeigen. Dazu kommt ein für diese Zeit und an sich enormer Kapitalexport, der das Investitionsvolumen in England relativ herabdrückt:

Exportiertes Kapital

1825	2 Milliarden Mark
1855	10 Milliarden Mark
1875	22 Milliarden Mark

Aber neben dem Verfall, neben den Fäulniserscheinungen noch gewaltige Stärke: Wohl findet, wie wir gesehen haben, eine Schwächung der internationalen Position auf dem Gebiete der industriellen Produktion statt – doch keine Senkung im Wachstumstempo der Produktion[65]:

Industrieproduktion, einschl. Baugewerbe, 1833 bis 1868
(1913 — 100)

Wirtschaftszyklus	Index	Steigerung Prozent
1833—1842	18,8	—
1843—1849	24,5	30
1849—1858	31,5	29
1859—1868	42,9	36

Wir haben ausdrücklich auch die 1850 vorangehenden zwei Zyklen in die Betrachtung eingeschlossen, um anzuzeigen, daß von einer Senkung im Tempo der Steigerung der Produktion trotz der beginnenden Verfallserscheinungen keine Rede sein kann.

Gliedern wir die Zahlen nach der Entwicklung der Produktionsmittel und Konsumgüter auf, so ergibt sich folgendes:

Produktion von Produktionsmitteln und Konsumgütern, 1833 bis 1868
(1913 = 100)

Wirtschaftszyklus	Produktionsmittel		Konsumgüter	
	Index	Steigerung Prozent	Index	Steigerung Prozent
1833—1842	9,3	—	24,4	—
1843—1849	13,7	47	30,3	24
1849—1858	19,3	41	36,6	21
1859—1868	28,6	48	43,3	18

[65] Vgl. zu den folgenden Tabellen über die Entwicklung von Produktion und Arbeitsleistung in England J. Kuczynski, „Die Geschichte der Lage der Arbeiter in England", Dritter Teil, Berlin 1955.

Ganz deutlich ist die schnelle Steigerung der Produktion von Produktionsmitteln, die rund doppelt so hoch ist wie die von Konsumgütern.

Und nun einige nähere Daten über die Entwicklung des Außenhandels, von dem wir bereits wissen, daß er sich auch international gehalten hat.

Setzen wir nach Schlote[66] den Index der Ausfuhr von Industriewaren und den Index der Produktion von Industriewaren 1913 gleich 100, und dividieren wir den zweiten in den ersten, dann ergibt sich folgende „Exportquote":

Exportquote, 1840 bis 1870

Jahr	Exportquote	Jahr	Exportquote
1840	52	1860	84
1850	71	1870	87

Um rund 70 Prozent hat sich die Position des Außenhandels gegenüber der der Produktion gehoben. Ein immer größerer Teil der Industrieproduktion wird ausgeführt.

Dazu kommt, daß England zum Welttransporteur von Waren auf dem Meer geworden ist. Das geht deutlich zum Beispiel aus folgenden Zahlen über die Rolle englischer Schiffe im Außenhandel Frankreichs und der USA hervor[67]:

Anteile der englischen Flagge am Außenhandel Frankreichs und der Vereinigten Staaten, 1855 bis 1869

Jahrfünft	Frankreich Prozent	USA Prozent
1855—1859	29	29
1860—1864	32	30
1865—1869	36	48

In den letzten hier betrachteten Jahren fand über ein Drittel des französischen und fast die Hälfte des amerikanischen Außenhandels auf englischen Schiffen statt.

Natürlich besteht ein enger Zusammenhang zwischen der Entwicklung des Außenhandels und der Kolonialpolitik, zwischen dem Weltmarktmonopol und dem Welttransportmonopol, sowie zwischen diesen Monopolen und dem Kolonialmonopol.

Das „britische Imperium", das heißt die Gesamtheit der der „englischen Krone" unterstehenden Länder, nahm in diesen Jahren zwischen einem Viertel und einem Drittel der in England produzierten Waren auf.

Das „Imperium" selbst nahm von 1820 bis 1860 um ein Viertel in der Fläche und um die Hälfte in der Bevölkerung zu. 1860 hatten weder die USA noch Deutschland Kolonien, während die Fläche des französischen Kolonialreiches 0,2 Mill.

[66] Vgl. dazu W. Schlote, „Entwicklung und Strukturwandlungen des englischen Außenhandels von 1700 bis zur Gegenwart", Jena 1938.

[67] Vgl. „Statistical tables and charts relating to British and foreign trade and industry", Cd. 1954, London 1909.

Quadratmeilen gegenüber 2,5 Mill. Quadratmeilen des englischen betrug, und die französische Kolonialbevölkerung nur die Zahl von 3,4 Millionen gegenüber 145,1 Millionen der englischen erreichte.

★

Diese außerordentliche Entwicklung auf allen Gebieten der Wirtschaft fand statt, obgleich zwei zyklische Krisen und eine Sonderkrise der Baumwollindustrie im Zusammenhang mit dem amerikanischen Bürgerkrieg über die englische Wirtschaft in diesen Jahrzehnten hereinbrachen.

Die Krise von 1857 war sehr scharf und umfassend – ging aber relativ schnell vorüber. Marx und Engels beobachteten sie sehr genau und ihr Briefwechsel ist voll von entsprechenden Bemerkungen, wobei sie auf kleinste Einzelheiten eingehen. So berichtet Engels aus Manchester, dem Zentrum der Baumwollindustrie, an Marx am 7. Dezember 1857: „Hier sieht es noch immer aus wie früher. Vor acht bis zehn Tagen kamen plötzlich die indischen und levantinischen Käufer in den Markt, versahen sich zu den niedrigsten Preisen mit ihrem Bedarf und halfen dadurch einigen schwer mit Baumwoll-, Garn- und Stoffvorräten belasteten Fabrikanten aus dem ärgsten Pech. Seit Dienstag (4. November? – von Marx hinzugefügt) ist wieder alles still. Die Kosten laufen fort für den Fabrikanten, Kohlen, Ölschmiere usw. bleiben ganz dieselben bei short and full time (Kurzarbeit und Vollarbeit), nur wages (Löhne) sind um ein Drittel bis zur Hälfte reduziert. Dabei wird nicht verkauft, und das floating capital (flüssige Kapital) ist bei den meisten unsrer Spinners and Manufacturers (Spinner und Fabrikanten) sehr knapp, und viele sind durch und durch faul. Acht oder neun kleine sind dieser Tage schon gepurzelt, aber das ist nur das erste Symptom, daß die Krise diese Klasse erreicht. Heute hör ich, daß die Cookes, die Besitzer der kolossalen Fabrik in Oxford Road (Oxford Road Twist Comp.) ihre hunters, foxhounds, greyhounds (Jagdhunde, Fuchshunde, Windhunde) usw. verkauft haben, daß einer seine Dienstboten ent- und seinen Palast verlassen hat, to be let (zu vermieten). Kaputt sind sie noch nicht, werden aber wohl bald fliegen. Noch vierzehn Tage, und der Tanz ist hier vollständig im Gange...

Unter den Philistern hier wirkt die Krisis stark aufs Trinken. Niemand kann es zu Hause allein mit der Familie und den Sorgen aushalten, die Klubs beleben sich, und die Konsumtion von liquor (alkoholischem Getränk) wächst stark. Je tiefer einer drein sitzt, desto gewaltsamer strebt er sich aufzuheitern. Am nächsten Morgen ist er dann das schlagendste Exempel von moralischem und physischem Katzenjammer." (Man vergleiche mit dieser so überaus lebendigen und eingehenden Schilderung der Situation den hohlen Phrasendrusch so mancher Darlegung über Westdeutschland in unseren Zeitungen, Zeitschriften und Broschüren!)

Der Krise von 1857 folgt die durch den amerikanischen Bürgerkrieg hervorgerufene Baumwollkrise – waren doch die USA der entscheidende Lieferant von Baumwolle, und spielte doch in der englischen Ausfuhr die von Baumwollwaren eine überaus bedeutsame Rolle.

Marx macht u. a. folgende Bemerkungen zur Baumwollkrise im „Kapital"[68]: „1860 Zenit der englischen Baumwollindustrie. Indische, australische und andre Märkte so überfüllt, daß sie noch 1863 kaum den ganzen Quark absorbiert haben. Französischer Handelsvertrag. Enormes Wachstum von Fabriken und Maschinerie. 1861 Aufschwung dauert Zeitlang fort, Reaktion, amerikanischer Bürgerkrieg, Baumwollnot. 1862 bis 1863 vollständiger Zusammenbruch ... Was den Umfang der Lähmung betrifft, so standen nach den authentischen Schätzungen im Oktober 1862 60,3 Prozent der Spindeln und 58 Prozent der Webstühle still. Dies bezieht sich auf den ganzen Industriezweig und war natürlich sehr modifiziert in den einzelnen Distrikten. Nur sehr wenige Fabriken arbeiteten volle Zeit (60 Stunden per Woche), die übrigen mit Unterbrechungen. Selbst für die wenigen Arbeiter, die volle Zeit und zu dem gewohnten Stücklohn beschäftigt, schmälerte sich notwendig der Wochenlohn infolge der Ersetzung bessrer Baumwolle durch schlechte ... In einem Aufruf der Baumwollarbeiter, Frühling 1863, zur Bildung einer Emigrationsgesellschaft heißt es u. a.: ‚Daß eine große Emigration von Fabrikarbeitern jetzt absolut notwendig ist, werden nur wenige leugnen'." (Wieder beschämt ein Vergleich der Fülle der beachteten Faktoren der Entwicklung in einer an Statistiken, gemessen am heutigen Zustand, wirklich armen Zeit mit dem oft so kümmerlichen Gestammel von ein paar abgenutzten Daten in den meisten unserer Krisenbetrachtungen!)

Wie sich das Sinken der Baumwollausfuhr aus dem Süden der USA auf den Export von Baumwollfertigwaren aus England auswirkte, zeigt die folgende Tabelle:

Export von Baumwollfertigwaren
(in Millionen Yard)

Jahr	Menge	Jahr	Menge
1860	2776	1864	1752
1861	2563	1865	2014
1862	1681	1866	2576
1863	1711	1867	2832

Kein Wunder, daß die englische Bourgeoisie den reaktionären, sklavenhaltenden, bauwollproduzierenden Süden, mit dem sie engste Handels- und Ausbeutungsbeziehungen verbanden, gegen den fortschrittlichen Norden der USA unterstützte.

Ein Wunder an heroischem Klassenbewußtsein aber war die Haltung der englischen Arbeiter. Man stelle sich vor: im Baumwollzentrum Lancashire arbeiten die Fabriken nur die halbe Woche, manche nur zwei Tage; Zehntausende von Arbeitern sind arbeitslos; ein Berichterstatter aus der Stadt Burnley vermeldet, daß er in einer Straße mit 40 Häusern nur ein halbes Laib Brot gefunden hätte. In dieser Situation tritt ein Baumwollhändler in Glossop auf einer Versammlung auf und erklärt, daß der Süden Lincoln und den Norden schlagen würde. „Er konnte seine Rede nicht beenden. Die zum Wahnsinn gereizten Menschen fielen wie wütige Ameisen über

[68] K. Marx, „Das Kapital", Bd. I, Berlin 1947, S. 479 und 483.

ihn her. Für den Rest seines Lebens trug er eine Narbe im Gesicht davon, auf die noch die Kinder der folgenden Generation als ‚die Lincoln-Narbe' hinwiesen."[69]

1866 brach eine neue zyklische Krise aus. Sie war jedoch schwächer als die vorangehende, und es ist erstaunlich zu sehen, wie „mißtrauisch" Marx und Engels von vornherein dieser Krise gegenüberstehen. Marx schreibt an Engels am 17. Mai 1866: „Die jetzige Krise scheint mir bloß verfrühte finanzielle Sonderkrise. Wichtig könnte sie nur werden, wenn die Geschichte in den United States (Vereinigten Staaten) faul, wozu wohl kaum noch die Zeit hinreichte. Wie wirkt's auf Euch cottonlords (Baumwollmagnaten)? Und wie hat das Sinken der Baumwollpreise gewirkt?", worauf Engels am 25. antwortet: „Der panic ist jedenfalls viel zu früh gekommen und kann uns möglicher Weise eine gute solide Krisis, die sonst 1867 oder 1868 gekommen wäre, verderben." Entsprechend erreichte die Arbeitslosigkeit ihren Höhepunkt 1868 mit 7,9 Prozent gegenüber 11,9 Prozent im Jahre 1858.

★

Abschließend zur Charakteristik des englischen Kapitalismus in dieser Zeit noch einige Zeilen zur Entwicklung der Arbeitsleistung in einzelnen Industrien:

Wenn wir die Entwicklung der Leistung pro Arbeiter pro Jahr und die Zahl der Arbeitsstunden pro Woche in Beziehung setzen, erhalten wir den folgenden rohen Index der Arbeitsleistung pro Stunde:

Arbeitsleistung pro Stunde in Fabriken und Bergbau, 1843 bis 1868
(1900 = 100)

Wirtschaftszyklus	Index	Prozentsatz der Steigerung
1843—1849	45	—
1849—1858	49	10
1859—1868	61	24

In den sechziger Jahren lag die Arbeitsleistung um rund ein Viertel höher als in den fünfziger Jahren – für kapitalistische Verhältnisse eine enorme Steigerung!

Außer den oben gegebenen allgemeinen Zahlen haben wir Statistiken für zwei Industrien, für die Baumwollindustrie und den Bergbau.

Die folgende Tabelle gibt einen Index der Zahlen der pro Woche gearbeiteten Stunden und der Produktion pro Beschäftigten in der Baumwollindustrie; eine zweite Tabelle gibt die Zahlen der Beschäftigung pro Spindel und die Zahlen der Stühle pro Woche[70]:

[69] J. Monaghan, „Diplomat in carpet slippers, Abraham Lincoln deals with foreign affairs", Indianapolis und New York 1945, S. 232.
[70] Vgl. F. Merttens, „On the hours and cost of labour in the cotton industry at home and abroad", Manchester Statistical Society, 1893/94.

Die Entwicklung der Arbeitsleistung in der Baumwollindustrie

TABELLE 1

Jahre	Arbeitszeit Stunden pro Woche	*Produktion pro Beschäftigten* Baumwollgarne pro Jahr	pro Stunde	Baumwollwaren pro Jahr	pro Stunde
1829—31	100	100	100	100	100
1844—46	87	178	205	323	372
1859—61	87	237	273	615	708

Während die Zahl der pro Woche gearbeiteten Stunden um 13 Prozent zurückging, stieg die Leistung pro Stunde in einzelnen Abteilungen um das Siebenfache. Die neue Ausbeutungspolitik, das Hauptgewicht auf die Produktion von relativem Mehrwert zu legen, die Zahl der Stunden, die von dem einzelnen Arbeiter gearbeitet wurden, herabzusetzen, und weit mehr, als dieser Herabsetzung entspricht, die Leistung pro Stunde heraufzusetzen, wird aus der vorstehenden Tabelle ganz klar. Unglücklicherweise ist es nicht möglich, herauszufinden, wieviel von der gesteigerten Produktion pro Stunde auf eine Steigerung der Intensität der Arbeit und wieviel auf technischen Fortschritt kommt; aber daß die Intensität der Arbeit erheblich gestiegen ist, ist zweifellos.

Die folgende Tabelle ergänzt die in Tabelle I gegebenen Zahlen:

TABELLE 2

Zahl der Beschäftigten auf 1000 Spindeln in einem großen Konzern Jahr	Zahl	Stühle auf einen Weber Jahr	Zahl
1836	10	1820	0,9
1850	7,5	1850	1—2
1865	3,6	1878	2—3

Die Anzahl der Spindeln, an denen ein einzelner Arbeiter beschäftigt war, erhöhte sich also um fast das Dreifache, während die Anzahl der Stühle, an denen der einzelne arbeitete, um etwa das gleiche zunahm – wahrlich eine erstaunliche Steigerung!

Die Entwicklung der Leistung im Bergbau wird in der folgenden Tabelle angezeigt. Unglücklicherweise sind wir nicht in der Lage, diese Leistung pro Stunde zu berechnen oder auch pro Tag, da die notwendigen Unterlagen fehlen. Wir können nur einen Überblick über die Produktion pro Mann und pro Jahr geben. Aber da wir die Leistung als Durchschnitt von Wirtschaftszyklen und nicht für einzelne Jahre geben, kann man annehmen, daß die Schwankungen in der Beschäftigung keine bedeutende Rolle spielen, da diese von einem ganzen Zyklus zum anderen nicht sehr groß sind. Ein ernsterer Fehler bleibt es jedoch, daß die Veränderungen in der Zahl der gearbeiteten Stunden nicht berücksichtigt werden können.

Arbeitsleistung im Kohlenbergbau, 1851 bis 1868
(1900 = 100)

Wirtschaftszyklus	Index
1851—58[71]	92
1859—68	107

Auch im Kohlenbergbau ist die Arbeitsleistung nicht unbeachtlich gestiegen – stärker noch als unsere Tabelle anzeigt, eben wegen der Nichtberücksichtigung der Verkürzung der Arbeitszeit.

Niemand hat größeren Wert darauf gelegt zu zeigen, welche Rolle bei der Arbeitsleistung in dieser Zeit, also in den ersten Jahrzehnten des zweiten Stadiums des Kapitalismus, die Erhöhung der Intensität der Arbeit spielt, als Marx. Da sich die klassischen Ausführungen von Marx zur Frage der Intensität der Arbeit auf England und auf die hier behandelte Zeit beziehen, seien sie hier ein wenig ausführlicher zitiert und zugleich die Methode der Darstellung von Marx erläutert.

Marx beginnt mit dem Zitat der Rede eines Unterhausmitgliedes[72]: „Am 27. April 1863 erklärte das Parlamentsmitglied Ferrand im Unterhause: ‚Arbeiterdelegierte von 16 Distrikten von Lancashire und Cheshire, in deren Auftrag ich spreche, haben mir mitgeteilt, daß die Arbeit in den Fabriken infolge der Verbessrung der Maschinerie beständig wachse. Statt daß früher eine Person mit Gehilfen zwei Webstühle bediente, bedient sie jetzt drei ohne Gehilfen und es ist gar nichts Ungewöhnliches, daß eine Person ihrer vier bedient usw. Zwölf Stunden Arbeit, wie aus den mitgeteilten Tatsachen hervorgeht, werden jetzt in weniger als zehn Arbeitsstunden gepreßt. Es ist daher selbstverständlich, in welchem ungeheuren Umfang die Mühen der Fabrikarbeiter sich seit den letzten Jahren vermehrt haben'."

Dazu gibt Marx eine Fußnote, da ihm Ferrand zu allgemein ist: „Mit dem modernen Dampfwebstuhl fabriziert ein Weber jetzt in 60 Stunden per Woche auf zwei Stühlen 26 Stück einer gewissen Art von bestimmter Länge und Breite, wovon er auf dem alten Dampfwebstuhl nur vier fabrizieren konnte. Die Webkosten eines solchen Stücks waren schon Anfang der 1850er Jahre von zwei Schilling 9 Pence auf $5^1/_8$ Pence gefallen."

Auch nach der Veröffentlichung des „Kapital" hat Marx sich gerade mit dieser Frage viel beschäftigt und laufend Material gesammelt. So kann er die soeben gegebene Fußnote in der zweiten Auflage des „Kapital" durch eine weitere ergänzen: „Vor 30 Jahren (1841) verlangte man von einem Baumwollgarnspinner mit drei Gehilfen nur die Überwachung eines Mulepaares mit 300–324 Spindeln. Mit fünf Gehilfen hat er jetzt (Ende 1871) Mules zu überwachen, deren Spindelzahl 2200 beträgt, und produziert mindestens siebenmal mehr Garn als 1841.' (Alexander Redgrave, Fabrikinspektor, im ‚Journal of the Society of Arts', 5. Jan. 1872.)"

[71] Unvollständiger Wirtschaftszyklus.

[72] Für das folgende vgl. K. Marx, „Das Kapital", a. a. O., S. 437 ff.

Aber neben Einzelbeispielen, die, genau wie es uns noch heute geht, eben Produktivität und Intensität statistisch nicht trennen können, bedarf es noch einer, am besten amtlichen, Bestätigung gerade der Steigerung der Intensität, die Marx dann auch in den Berichten der Fabrikinspektoren findet: „Obgleich daher die Fabrikinspektoren die günstigen Resultate der Fabrikgesetze von 1844 und 1850 unermüdlich und mit vollem Recht lobpreisen, gestehn sie doch, daß die Verkürzung des Arbeitstags bereits eine die Gesundheit der Arbeiter, also die Arbeitskraft selbst zerstörende Intensität der Arbeit hervorgerufen habe. ‚In den meisten Baumwoll-, Worsted- und Seidenfabriken scheint der erschöpfende Zustand von Aufregung, nötig für die Arbeit an der Maschinerie, deren Bewegung in den letzten Jahren so außerordentlich beschleunigt worden ist, eine der Ursachen des Überschusses der Sterblichkeit an Lungenkrankheiten, den Dr. Greenhow in seinem jüngsten bewundernswerten Bericht nachgewiesen hat'."

Und während die Kapitalisten gerade auch durch die Steigerung der Produktivität und Intensität der Arbeit immer reicher werden, werden die Arbeiter insbesondere relativ immer ärmer.

Wenn wir die Entwicklung der Produktionsmittelproduktion und der Reallöhne vergleichen, dann können wir den steigenden Teil des Nationalproduktes, der in Form von Kapitalakkumulation, das heißt in Form neuer Ausbeutungsmittel, der herrschenden Klasse zukommt, und die relative Verelendung erkennen. Die folgende Tabelle vergleicht die Reallöhne pro Arbeiter und die Produktionsmittelproduktion pro Kapitalisten und gibt die daraus berechneten Relativlöhne:

Relativlöhne, 1833 bis 1868

(1900 = 100)

Wirtschaftszyklen	Produktionsmittel-produktion pro Kapitalisten	Reallöhne pro Arbeiter	Relativ-löhne
1833—1842	13	51	402
1843—1848	19	53	285
1849—1858	26	57	217
1859—1868	39	63	162

Natürlich sind die Zahlen für die Relativlöhne ganz rohe Annäherungen. Es wäre Unsinn, etwa feststellen zu wollen, daß die Relativlöhne von einem Wirtschaftszyklus zum anderen um 15 Prozent und zum darauffolgenden um 30 Prozent, also um das Doppelte, gesunken sind. Dazu sind die Zahlen viel zu ungenau. Aber sie sind ausreichend, um zu zeigen, daß das Tempo der Relativlohnsenkung in der hier betrachteten Zeit außerordentlich groß war.

Man kann daher sagen, daß sich die Kluft zwischen den „beiden Nationen" immer mehr erweitert hat. Die herrschende Klasse raubte sich einen immer größeren Anteil an der Produktion, akkumulierte mehr und mehr Kapital, mehr und mehr

Produktionsmittel, das heißt mehr und mehr Mittel zu weiterer Ausbeutung und zu erneuter, noch ausgedehnterer Akkumulation für noch weitere Ausbeutung.

Kein Wunder, daß der Fortschritt der Akkumulation von Kapital – trotz des riesigen Kapitalexports! – zum Zentralthema aller bürgerlichen Preisgesänge der Zeit wurde, und daß Gladstone, der typischste Repräsentant des Bürgertums, ihn bei jeder möglichen und unmöglichen Gelegenheit zum Thema seiner Reden wählt.

KAPITEL III

ÜBER DIE BESONDERHEIT, DASS DIE VERSTÄRKUNG DES VERFALLS DES ENGLISCHEN KAPITALISMUS ZUR „GROSSEN DEPRESSION" FÜHRT UND AUCH MIT SCHWACHER MONOPOLISIERUNG, JA, GAR MIT TEILWEISER ENTMONOPOLISIERUNG ZUSAMMENHÄNGT

In den Jahren nach 1870 setzen sich die Verfallserscheinungen des Kapitalismus, die wir in England seit 1850 beobachten konnten, verstärkt fort. Während in anderen großen kapitalistischen Ländern der Verfall des Kapitalismus jetzt erst beginnt, geht er in England weiter und zwar ganz besonders stark, unter ganz besonders auffallenden Erscheinungen.

Die Ursachen für den Verfall und sein besonders großes Ausmaß sind:

Erstens: wie der Kapitalismus in jedem Land, so hat auch der Kapitalismus in England durch die erste (noch nicht siegreiche) proletarische Revolution, die „Kommune", einen schweren Schlag erlitten.

Zweitens: wachsen wie in allen kapitalistischen Ländern alle möglichen Organisationen (Kartelle, Syndikate, Truste und Konzerne) sowie das Finanzkapital mit allen den Kapitalismus erschütternden Verschärfungen der Widersprüche, die ihnen eigentümlich sind, heran – jedoch weit weniger ausgeprägt in England als in den anderen großen kapitalistischen Ländern.

Drittens: verliert England, als einziges kapitalistisches Land, ein entscheidendes Monopol – seine monopolistische Stellung auf dem Weltmarkt und die diesem Monopol zugrunde liegende Position in der Industrieproduktion, was zu einer besonderen Beschleunigung des Verfalls führen muß.

Viertens: behält England (und das wirkt ebenfalls verschärfend auf den Niedergang) sein Kolonialmonopol.

Fünftens: all dies trifft den englischen Kapitalismus unter den Bedingungen heftigsten internationalen Konkurrenzkampfes und in einer Zeit, in der der deutsche Kapitalismus durch die Wegräumung von feudalen Hemmnissen im Gefolge der nationalen Einigung und der amerikanische Kapitalismus durch die Beseitigung der Sklaverei, die den allgemeinen Verfallserscheinungen des Kapitalismus wenigstens etwas entgegenwirken können, besonders begünstigt sind.

So wird es nicht erstaunen, daß der englische Kapitalismus nach der ersten zyklischen Krise in der hier betrachteten Zeit in eine lange Depressionsperiode, die Zeit der „Großen Depression" (Great Depression) verfällt, die bis spät in die achtziger Jahre dauert.

Betrachten wir Englands Position als industrielle Weltmacht, so zeigt sich folgendes:

Weltindustrieproduktion, 1870 bis 1900

(Anteile in Prozent)

Jahr	England	Deutschland	Frankreich	USA	Rußland	Japan
1870	32	13	10	23	4	0
1880	28	13	9	28	3	0
1890	22	14	8	31	3	0
1900	18	16	7	31	6	1

England verliert mit rapider Geschwindigkeit an Position. Schon 1880 haben die Vereinigten Staaten England eingeholt; 1900 hat Deutschland England fast erreicht. In jedem Fall ist es völlig zu Ende mit Englands Position als „Werkstatt der Welt".

Vergleichen wir die Position Englands in der Produktion von Kohle, Roheisen und Stahl am Anfang und Ende eines Halbjahrhunderts, so ergibt sich folgendes:

Produktion von Kohle, Roheisen und Stahl, 1850 (1870) und 1900

Land	1850 Kohle (Mill. t)	1900 Kohle (Mill. t)
England	49	225
Deutschland	7	150
USA	6	241
Welt	83	769

Land	1850 Roheisen (Mill. t)	1900 Roheisen (Mill. t)
England	2,2	9,0
Deutschland	0,2	8,5
USA	0,6	13,8
Welt	4,3	40,5

Land	1870 Stahl (Mill. t)	1900 Stahl (Mill. t)
England	0,2	4,9
Deutschland	0,2	6,6
USA	0,1	10,2
Welt	0,5	28,3

Während England 1850 von diesen für die erweiterte Reproduktion so entscheidend wichtigen Produkten noch 50 Prozent und mehr der Weltproduktion herstellte, war Englands Anteil, je wichtiger die Produkte sind, um so geringer im Jahre 1900: bei Kohle betrug er etwa ein Drittel, bei Roheisen etwa ein Viertel, bei Stahl nur etwas mehr als ein Sechstel! und beim wichtigsten Fabrikat, beim Stahl, lagen um 1900 nicht nur die USA auf doppelt so hohem Niveau, sondern auch Deutschland übertraf England um rund ein Drittel!

Und jetzt – nachdem man sich diese Tatsachen scharf eingeprägt hat – gilt es, die Entwicklung des Außenhandels zu untersuchen, und wir werden eine merkwürdige Beobachtung machen:

Außenhandel der Welt, 1870 bis 1900

(Anteile in Prozent)

Jahr	England	Deutschland	Frankreich	USA
1870	22	13[73]	10	8
1880	20	11	11	11
1890	20	11	9	10
1900	19	13	9	12

Im Gegensatz zu seiner Industrieposition hat der englische Kapitalismus seine Handelsposition relativ gut gehalten. Noch immer überragte er bei weitem alle anderen Länder der Welt als Händler. Noch immer ist seine Position um etwa 50 Prozent stärker als die der nachfolgenden Länder Deutschland und die USA.

Das heißt: der Zusammenbruch der englischen „Werkstatt der Welt" hat natürlich auch den Zusammenbruch des englischen Weltmarktmonopols zur Folge. Doch zeigen sich die Folgen des Bankrotts der „Weltwerkstatt" erst langsam auf dem Weltmarkt.

Aber auch im Außenhandel, wo England noch so stark erscheint, gehen bereits Veränderungen vor, die den Verfall anzeigen. Noch steigt die Exportquote von 87 im Jahre 1870 auf 100 im Jahre 1886[74] – noch kann sich der Außenhandel dadurch bis 1886 relativ halten, daß die Ausfuhr stärker steigt als die Produktion –, aber von 1886 bis zum Ende des Jahrhunderts zeigt die Exportquote eine abfallende Tendenz und liegt bei 83 im Jahre 1900, was zur Folge hat, daß sich, wie die obige Tabelle anzeigt, der Anteil am Welthandel von seiten Deutschlands und der USA gegenüber England erhöhen kann. Das Weltmarktmonopol ist trotz einer weit weniger ungünstigen Entwicklung des Außenhandels als der Industrieproduktion gebrochen. Das stärkste Monpol, das die Geschichte kennt, die Beherrschung des Weltmarktes durch das englische Monopolkapital, ist zerstört.

[73] 1872.

[74] Vgl. zu dieser Berechnung das vorangehende Kapitel.

Und weiter dürfen wir nicht übersehen, daß, wenn der Außenhandel sich trotz des Endes des Welthandelsmonopols einigermaßen hielt, das nicht zum wenigsten an der Verstärkung des Monopols innerhalb des Empire lag. Die Ausfuhr in das britische Empire wurde so forciert, daß diese von rund einem Viertel zu Beginn der siebziger Jahre auf rund ein Drittel in der Zeit vom Ende der siebziger Jahre bis zum Ende des Jahrhunderts stieg, während das Empire selbst enorm wuchs.

Untersuchen wir nun im Zusammenhang mit der Entwicklung des Außenhandels noch die Rolle der englischen Schiffahrt, dann sehen wir, daß diese nicht nur nicht kleiner, sondern sogar noch größer geworden ist. Während der Anteil Englands am Außenhandel der Welt zurückgegangen ist, ist der Anteil der englischen Flotte am Welthandel gestiegen:

Anteil der englischen Flagge am Außenhandel (1865 bis 1899)
Englands, Frankreichs und der Vereinigten Staaten
(Prozent)

Jahrfünft	England	Frankreich	USA
1865—1869	68	36	48
1870—1874	67	37	51
1875—1879	68	41	52
1880—1884	72	40	58
1885—1889	73	41	57
1890—1894	72	45	55
1895—1899	71	45	55

Die Zahlen zeigen ganz eindeutig die große, ja die dominierende Rolle der englischen Flotte im Welthandel.

Mit einem Wort: während Englands Position in der Weltproduktion schnell geschwächt wurde, ging dieser Prozeß in der Weltzirkulation sehr viel langsamer vorwärts — wobei jedoch kein Zweifel mehr blieb, daß England seine Monopolstellung auf dem Weltmarkt (bei gleichzeitiger Verstärkung der Position im Empire) verloren hatte.

Natürlich hängt die Entwicklung seines Außenhandels wie stets auf das engste mit Englands Position als größter kapitalistischer Kolonialmacht und als größtem Exporteur von Kapital zusammen.

Beginnen wir mit einer Untersuchung des letzteren Faktors. In der hier betrachteten Zeit betrug das außerhalb Großbritanniens vorhandene englische Kapital im Rahmen der internationalen Entwicklung:

Ausländische Kapitalanlagen, 1875 und 1900
(Milliarden Mark)

Land	1875	1900
England	22	40
Deutschland	2	15
Frankreich	11	25
USA	0	2

England verfügte um 1900 immer noch über fast die Hälfte der gesamten kapitalistischen Auslandsanlagen – war jedoch gegenüber 1875 relativ in seiner Position gedrückt, denn damals gehörten ihm fast zwei Drittel allen exportierten Kapitals.

Lenin sagt über den Kapitalexport:[75] „Die Notwendigkeit der Kapitalausfuhr wird dadurch geschaffen, daß in einigen Ländern der Kapitalismus ‚überreif' geworden ist und dem Kapital (unter der Voraussetzung der Unentwickeltheit der Landwirtschaft und der Armut der Massen) ein Spielraum für ‚rentable' Betätigung fehlt."

Bedenken wir diese Feststellung Lenins und betrachten nun das Verhältnis von Kapitalbildung in England selbst und englischem Kapitalexport. Stamp gibt dazu folgende Schätzungen:[76]

Anlagen von englischem Kapital, 1885 und 1895

Jahr	Im eigenen Land Mill. Mark	Im Ausland Mill. Mark	Auslandsanlagen vom Gesamtkapital
1885	174 700	26 040	13 %
1895	181 260	32 000	15 %

Die Zahlen für die ausländischen Kapitalanlagen sind zu niedrig; aber auch sie zeigen den großen Anteil dieser Anlagen an den gesamten Anlagen des englischen Kapitals – und den wachsenden Anteil der ausländischen Anlagen an den Gesamtkapitalanlagen!

Cairncross[77] schätzt, daß (ausschließlich Land) der Wert des Kapitals in England von 1875 bis 1914 um 80 Prozent, der Wert des im Ausland angelegten Kapitals aber in der gleichen Zeit um 250 Prozent gestiegen sei.

Lenin weist darauf hin, daß, wenn man das Volkseinkommen und das Einkommen aus Investitionen im Ausland vergleicht, das erstere zwischen 1865 und 1898 sich etwa verdoppelt, das letztere aber etwa verneunfacht hat.[78]

★

In dieser Zeit, in der das englische Weltmarktmonopol zusammenbricht, machen wir eine merkwürdige Beobachtung betreffend den speziellen, durch qualitativen

[75] W. I. Lenin, ebendort, S. 67.

[76] J. Stamp, „British incomes and property", London 1920, S. 404 f.

[77] Vgl. A. K. Cairncross, „Home and foreign investment, 1870—1913", Cambridge 1953, S. 4.

[78] W. I. Lenin, ebendort, S. 111.

Umschlag der Konzentration von Produktion und Kapital bewirkten Monopolbildungsprozeß in England:

Die mächtige Entfaltung der englischen Wirtschaftsmacht nach 1850 war nur möglich auf der Basis starker Konzentration von Produktion und Kapital. Die Betriebe in Industrie und Handel, Verkehr und Banken wurden immer größer, verfügten über eine immer mächtigere Konzentration von Kapital, von Maschinen und Arbeitskräften – ohne daß wir jedoch in all den folgenden Jahrzehnten wie in den Vereinigten Staaten, Deutschland oder Frankreich von einem beachtlichen Monopolisierungs- oder Kartellisierungsprozeß sprechen können. Ja, Lenin schrieb noch 1917:[79] „Es ist außerordentlich wichtig, daß im Lande des Freihandels, in England, die Konzentration ebenfalls zum Monopol führt, wenn auch etwas später und vielleicht in anderer Form" – also sogar noch 1917 ist der Monopolisierungsprozeß in England so zurück, daß selbst ein so genauer Beobachter wie Lenin nicht die Form des Prozesses genauer charakterisieren kann.

Typisch ist auch, daß Clapham in dem ausführlichen Index zu seiner Wirtschaftsgeschichte Englands 1850–1886[80] die Wörter Monopol oder Trust nicht erwähnt.

Das heißt jedoch nicht, daß nicht ein beachtlicher Zentralisationsprozeß stattfand, daß nicht große Konzerne entstanden. 1886 kontrollierte der Bridgewater Kohlenkonzern etwa 15 Zechen, der des Earl of Durham 13, der des Eearl of Granville acht und der von Lord Londonderry fünf sehr große. Neben diesen in der Hand adliger Landbesitzerfamilien befindlichen Großunternehmungen sind bereits einige moderne echt monopolistische Organisationen zu nennen, wie der Nähgarnkonzern der Firma Coats u. a. Daneben gab es echte Kartelle, zum Beispiel das Kartell der Cotton Spinners and Doublers Association in der Baumwollindustrie, das Schienenkartell, das dem internationalen Kartell angeschlossen war, sowie Truste wie den Sodatrust, den Tabaktrust usw. Natürlich gab es Rüstungsfirmen wie Vickers u.a., die Krupp und Schneider-Creusot entsprachen. Ferner sind hier zu erwähnen Unternehmervereinigungen wie die der Schiffbauergesellschaften an der Clyde, die Cleveland Roheisenproduzenten-Vereinigung und die Handelskammer von Bradford, die Preisregulierungen versuchen. Und doch ist die Monopolisierung der Industrie in England weit hinter der anderer Länder zurückgeblieben. Warum?

Man hat das auf die Beibehaltung des Systems der Handelsfreiheit, des Fehlens eines Schutzzollsystems zurückgeführt. Lenin hat diese Erklärung abgelehnt. Tatsächlich hat sich der Monopolisierungsprozeß in England wohl deswegen später entwickelt, da er in anderer Weise, als Weltmonopol, schon so viel früher entwickelt worden war, als Weltmonopol auf die Produktion zahlreicher Waren und darum auch als Absatzmonopol. Und als das Produktionsmonopol seit der Mitte des Jahrhunderts mehr und mehr zu schwinden begann, da behielt England weiterhin auf Grund seiner alten Handelsbeziehungen und vor allem im Empire noch so vorzügliche Absatzverbindungen, daß ein Spezialmonopolisierungsprozeß für einzelne

[79] W. I. Lenin, ebendort, S. 21.

[80] J. H. Clapham, „An economic history of modern Britain, free trade and steel, 1850—1886", Cambridge 1932.

Branchen und ganze Industrien nicht so notwendig zur Gewinnung von Extraprofiten war wie in anderen Ländern. Darum ist es wichtig, sich immer wieder daran zu erinnern, daß, wie Lenin scharf betont, auch nach dem Zusammenbruch des englischen Industriemonopols das Kolonialmonopol, und das schließt eben auch eine besondere Absatzposition mit ein, erhalten blieb.[81] Monopole und Truste sind doch im Grunde Gebilde der Schwäche, sind vergebliche Versuche, die Schwierigkeiten des Marktes zu überwinden. Ist der Markt relativ gesichert, so ist der Druck zur Monopolbildung relativ schwächer. Und als auch das Absatzmonopol, das als Weltmarktmonopol schon mit dem Zusammenbruch der Stellung Englands als „Werkstatt" geschwunden war, und allgemein nur noch als begünstigte Position auf Grund alter Handelsbeziehungen erschien, auch in den von England wirtschaftlich beherrschten Ländern, in seinen Kolonien und Dominions, wie auch in Argentinien und Brasilien bedroht wurde, da setzte neben der natürlich stets vorhandenen Tendenz zur Monopolbildung eine Tendenz zur Monopolisierung des Imperiumsmarktes durch einen das gesamte Imperium umfassenden Schutzzoll ein. Wie Disraeli schon 1847 in seinem Roman „Tancred" empfahl, Cypern zu erobern und Englands Königin zur Kaiserin von Indien zu machen, so hatte er bereits 1872 die Frage eines imperialistischen Zollvereins berührt. Sie wurde energisch auf der ersten Kolonialkonferenz 1887 von dem Vertreter der Kapkolonie, Hofmeyr, wieder aufgebracht[82] und beschäftigte die englische herrschende Klasse in den nächsten Jahrzehnten, zunächst am stärksten durch Joseph Chamberlain propagiert.

Aber natürlich bedeutete die mangelhafte Ausbildung von Monopolen in England überall dort, wo englisches Kapital, wie außerhalb des Empire, mit den Monopolen der anderen kapitalistischen Länder zusammenstößt, eine Schwächung der Position Englands, die dann auch in seiner relativen Verdrängung auf so manchen Teilen des Weltmarktes durch deutsches oder amerikanisches Kapital zum Ausdruck kommt.

★

Unsere kurze, die wichtigsten Züge der Entwicklung hervorhebende Betrachtung der allgemeinen wirtschaftlichen Verhältnisse wäre jedoch unvollständig, wenn wir nicht noch auf zwei Faktoren eingingen: auf die „Great Depression", die Große Depression, die die siebziger Jahre seit der Krise von 1873 und die achtziger Jahre umfaßt – manche schließen auch noch die erste Krise der neunziger Jahre mit ein[83] –, und auf die zyklischen Krisen selbst.

Unsere Wissenschaft hat noch keine umfassende, allseitige Erklärung der „Großen Depression" gegeben. Auch Dobb schließt seine Untersuchung mit der Vermutung, daß noch „einige Dunkelheit" über den Ursachen der „Großen Depression" schwebe.[84]

[81] W. J. Lenin, „Der Imperialismus und die Spaltung des Sozialismus", Ausgewählte Werke, Bd. 11, Moskau 1938, S. 492 f.

[82] „Proceedings of the Colonial Conference", 1887, Bd. I, S. 465.

[83] Vgl. z. B. W. W. Rostow, „British economy of the nineteenth century", Oxford 1952.

[84] W. I. Lenin, „Der Imperialismus und die Spaltung des Sozialismus", Ausgewählte

Engels gibt jedoch wichtige Hinweise in der Einleitung zur 2. deutschen Auflage der „Lage der arbeitenden Klasse in England"[85] sowie in einer Fußnote zum „Kapital" im Zusammenhang mit Bemerkungen über Zins und zyklische Krise:[86]

„... wir leben seit 1876 in einem chronischen Versumpfungszustand aller herrschenden Industriezweige. Weder will der vollständige Zusammenbruch kommen, noch die langersehnte Zeit der Geschäftsblüte, auf die wir ein Recht zu haben glaubten, sowohl vor wie nach dem Krach. Ein tödlicher Druck, eine chronische Überfüllung aller Märkte für alle Geschäfte, das ist der Zustand, den wir seit beinahe zehn Jahren durchmachen. Woher das?

Die Freihandelstheorie hatte zum Grund die eine Annahme: daß England das einzige große Industriezentrum einer ackerbauenden Welt werden sollte, und die Tatsachen haben diese Annahme vollständig Lügen gestraft. Die Bedingungen der modernen Industrie, Dampfkraft und Maschinerie, sind überall herstellbar, wo es Brennstoff, namentlich Kohlen gibt, und andre Länder neben England haben Kohlen: Frankreich, Belgien, Deutschland, Amerika, selbst Rußland. Und die Leute da drüben waren nicht der Ansicht, daß es in ihrem Interesse sei, sich in irische Hungerpächter zu verwandeln, einzig zum größeren Ruhme und Reichtum der englischen Kapitalisten. Sie fingen an zu fabrizieren, nicht nur für sich selbst, sondern auch für die übrige Welt, und die Folge ist, daß das Industriemonopol, das England beinahe ein Jahrhundert besessen hat, jetzt unwiederbringlich gebrochen ist.

Aber das Industriemonopol Englands ist der Angelpunkt des bestehenden englischen Gesellschaftssystems. Selbst während dies Monopol dauerte, konnten die Märkte nicht Schritt halten mit der wachsenden Produktivität der englischen Industrie; die zehnjährigen Krisen waren die Folge. Und jetzt werden neue Märkte täglich seltner, so sehr, daß selbst den Negern am Kongo die Zivilisation aufgezwungen werden soll, die aus den Kattunen von Manchester, den Töpferwaren von Staffordshire und den Metallartikeln von Birmingham fließt. Was wird die Folge sein, wenn kontinentale und besonders amerikanische Waren in stets wachsender Masse hervorströmen, wenn der jetzt noch den englischen Fabriken zufallende Löwenanteil an der Versorgung der Welt von Jahr zu Jahr zusammenschrumpft? Antworte, Freihandel, du Universalmittel!

Ich bin nicht der Erste, der darauf hinweist. Schon 1883, in der Versammlung der British Association in Southport, hat Herr Inglis Palgrave, Präsident der ökonomischen Sektion, geradezu gesagt, daß die Tage großer Geschäftsprofite in England vorbei seien, und eine Pause eingetreten sei in der Weiterentwicklung verschiedener großer Industriezweige. Man könne fast sagen, daß England im Begriffe sei, in einen nicht länger fortschreitenden Zustand überzugehen.

Aber was wird das Ende von alledem sein? Die kapitalistische Produktion kann nicht stabil werden, sie muß wachsen und sich ausdehnen, oder sie muß sterben. Schon jetzt, die bloße Einschränkung von Englands Löwenanteil an der Versorgung

[85] Fr. Engels, ebendort, S. 25.
[86] K. Marx, „Das Kapital", Bd. III, Berlin 1949, S. 533 f.

des Weltmarkts, heißt Stockung, Elend, Übermaß an Kapital hier, Übermaß an unbeschäftigten Arbeitern dort. Was wird es erst sein, wenn der Zuwachs der jährlichen Produktion vollends zum Stillstand gebracht ist? Hier ist die verwundbare Achillesferse der kapitalistischen Produktion. Ihre Lebensbedingung ist die Notwendigkeit fortwährender Ausdehnung, und diese fortwährende Ausdehnung wird jetzt unmöglich. Die kapitalistische Produktion läuft aus in eine Sackgasse. Jedes Jahr bringt England dichter vor die Frage: Entweder die Nation geht in Stücke, oder die kapitalistische Produktion. Welches von beiden muß dran glauben?

Die akute Form des periodischen Prozesses mit ihrem bisherigen zehnjährigen Zyklus scheint in eine mehr chronische, länger gezogene, sich auf die verschiednen Industrieländer verschiedenzeitig verteilende Abwechslung von relativ kurzer, matter Geschäftsbesserung mit relativ langem entscheidungslosem Druck gewichen zu sein. Vielleicht aber handelt es sich nur um eine Ausdehnung der Dauer des Zyklus. In der Kindheit des Welthandels, 1815 bis 47, lassen sich annähernd fünfjährige Zyklen nachweisen; von 1847 bis 67 ist der Zyklus entschieden zehnjährig; sollten wir uns in der Vorbereitungsperiode eines neuen Weltkrachs von unerhörter Vehemenz befinden? Dahin scheint manches zu deuten. Seit der letzten allgemeinen Krise von 1867 sind große Änderungen eingetreten. Die kolossale Ausdehnung der Verkehrsmittel – ozeanische Dampfschiffe, Eisenbahnen, elektrische Telegraphen, Suezkanal – hat den Weltmarkt erst wirklich hergestellt. Dem früher die Industrie monopolisierenden England sind eine Reihe konkurrierender Industrieländer zur Seite getreten; der Anlage des überschüssigen europäischen Kapitals sind in allen Weltteilen unendlich größere und mannigfaltigere Gebiete eröffnet, so daß es sich weit mehr verteilt, und lokale Überspekulation leichter überwunden wird. Durch alles dies sind die meisten alten Krisenherde und Gelegenheiten zur Krisenbildung beseitigt oder stark abgeschwächt. Daneben weicht die Konkurrenz im innern Markt zurück vor den Kartellen und Trusts, während sie auf dem äußeren Markt beschränkt wird durch die Schutzzölle, womit außer England alle großen Industrieländer sich umgeben. Aber diese Schutzzölle selbst sind nichts als die Rüstungen für den schließlichen allgemeinen Industriefeldzug, der über die Herrschaft auf dem Weltmarkt entscheiden soll. So birgt jedes der Elemente, das einer Wiederholung der alten Krisen entgegenstrebt, den Keim einer weit gewaltigeren künftigen Krise in sich." –

Wenn wir heute zurückblicken, dann erkennen wir, daß es in erster Linie England war, das von der „Großen Depression" ergriffen war, daß diese „Große Depression" in erster Linie, wie auch Engels andeutet, mit Besonderheiten in der englischen Entwicklung zusammenhängt: mit der Schließung der „Werkstatt der Welt" und mit der Schwächung der Außenhandelsposition Englands.

Das heißt, die Besonderheiten des Verfalls des englischen Kapitalismus haben zu einem Zustand geführt, der in einer „Depression besonderer Art", in einer Art chronischer Krise seinen Ausdruck findet. Unter diesen Umständen verschwindet die übliche Zyklizität der Krisen vor dem bloßen Auge, lassen sich die zyklischen Krisen selbst kaum von den Indizes ablesen.

Betrachten wir zunächst die Entwicklung der Produktion, die 1874 ihren Höhepunkt erreichte – in einer Reihe wichtiger Produktionszweige schon 1873. Was die Produktion von Konsumgütern betrifft, so wurde der Höchststand von 1874, der um mehr als 20 Prozent über dem Höchststand des vorangehenden Zyklus lag, erst 1880 wieder überschritten – ein einzigartiges Phänomen in der Geschichte der englischen Fabrikproduktion. Dazu kommt die Unregelmäßigkeit der Bewegung: 1913 gleich 100 gesetzt, stand der Index 1874 auf 60,6, fiel bis 1876 auf 58,5, stieg 1877 auf 59,3, fiel bis 1879 auf 52,7, stieg im nächsten Jahr auf 62,2, schwankte bis 1886 um dieses Niveau herum, stieg dann von 62,5 im Jahre 1886 bis auf 75,3 im Jahre 1891, fiel auf 70,7 bis 1893 und stieg dann auf 84,0 am Ende des Jahrhunderts. Weit günstiger war die Entwicklung in der Produktion von Produktionsmitteln, bei der sich trotz aller Depressionserscheinungen eine viel stärkere Steigerung der Produktion durchsetzte; aber auch sie wies zwischen 1870 und 1900 11 Jahre des Sinkens oder der Stagnation auf.

Die Preise zeigten seit 1873 eine sinkende Tendenz, die erst 1896 zum Ende ihrer Entwicklung kam.

Eigentlich hat sich in diesem Vierteljahrhundert nur die Ausgabe von Auslandsanleihen, der Kapitalexport, „normal" bewegt. Und das ist nicht verwunderlich, da mit der Verstärkung des Verfalls und des Parasitismus mehr und mehr Kapital nach draußen drängt, die allgemeine „Versumpfung" hier also gerade den Entwicklungsprozeß vor einer Depression bewahrt.

Kann man diese Übersicht über die allgemeine Entwicklung des englischen Kapitalismus in diesen Jahren besser schließen als mit der Feststellung: Nur seine parasitären Züge, nur seine Verfallserscheinungen verhalten sich „normal"!

★

Wie entwickelt sich unter solchen Umständen des Verfalls – und bei gleichzeitiger Ausbeutung des größeren Teiles der Welt! – die Lage der Arbeiter?

Es ist bekannt, daß die Reallöhne in England in der zweiten Hälfte des 19. Jahrhunderts stark gestiegen sind. Auch die „Große Depression" hat daran nichts Entscheidendes geändert. Vergleichen wir die Entwicklung in England im internationalen Rahmen:

Bruttoreallohnsteigerungen

England		Deutschland		Frankreich		USA	
Zyklus	Prozent	Zyklus	Prozent	Zyklus	Prozent	Zyklus	Prozent
1868—1879	17	1868—1878	7	1868—1878	6	1868—1878	21
1880—1886	9	1879—1886	6	1879—1886	14	1878—1885	6
1887—1895	13	1887—1894	10	1887—1895	13	1885—1897	10
1895—1903	6	1894—1902	6	1895—1903	9	1897—1908	1

Niemand kann sagen, daß die Entwicklung der durchschnittlichen Bruttoreallöhne vollbeschäftigter Arbeiter in England aus dem internationalen Rahmen fällt, und da die Arbeitslosigkeit, soweit wir das beurteilen können, in England ebenfalls nicht eigenartig verläuft, so gilt das Gesagte wohl auch für den Durchschnitt der Nettoreallöhne.

Und nun vergleichen wir die Reallöhne in England, in dem Gesamtherrschaftsbereich des englischen Finanzkapitals, also auch in den Kolonien, mit den Reallöhnen in Deutschland, das in dieser Zeit praktisch über kein Kolonialreich von Bedeutung verfügte, bei dem also der (durch Mangel an statistischen Daten bedingte) Fortfall der Berücksichtigung der in den Kolonien gezahlten Löhne nicht ins Gewicht fällt:

Reallöhne, 1880 bis 1903
(1900 = 100)

England und Imperium			Deutschland	
Zyklus	England	Gesamtreich Index	Zyklus	Index
1880—1886	80	104	1879—1886	84
1887—1895	91	103	1887—1894	92
1895—1903	99	105	1894—1902	97

So ähnlich die Entwicklung der Reallöhne in England und Deutschland ist, so verschieden ist sie, wenn wir die vom gesamten englischen Kapital und vom gesamten deutschen Kapital gezahlten Reallöhne betrachten: bei England Stagnation, bei Deutschland eine Steigerung (allerdings wegen Nichtberücksichtigung des – im Vergleich zu England jedoch kaum ins Gewicht fallenden – außerhalb Deutschlands Mehrwert heckenden deutschen Kapitals relativ nicht ganz so groß, wie die Tabelle anzeigt).

Hier erkennen wir, daß, wenn die „Große Depression" sich nicht merklich auf die Reallohnentwicklung in England auswirkte, wenn die Reallöhne sich in England nicht sehr verschieden von denen in anderen großen kapitalistischen Ländern entwickelten, das nur auf Kosten der Kolonialbevölkerung möglich war. Nur die Extraausbeutung der Kolonialbevölkerung ermöglichte es dem englischen Finanzkapital, Reallöhne, die wie in den übrigen kapitalistischen Ländern stiegen, zu zahlen, ohne deswegen in Nachteil gegenüber der kapitalistischen Konkurrenz in Rücksicht auf den Grad der Ausbeutung, auf die Profitanhäufung zu geraten. Das heißt, gerade die Besonderheit der englischen Situation, die außerordentliche Höhe der Extraprofite des englischen Kapitals war die Basis für die „normale" Entwicklung der Reallöhne in England.

Doch genügen die allgemeinen Lohnzahlen noch nicht, um uns ein ausreichendes Bild der Lohnentwicklung zu machen. Wir müssen auch unterscheiden zwischen der Lohnentwicklung der Großen Masse der Arbeiter und der Arbeiteraristokratie, über deren embryonale Herausbildung wir schon am Eingang des vorigen Kapitels sprachen. In diesen frühen Jahren nahm jedoch gewissermaßen die ganze englische

Arbeiterklasse eine privilegierte Stellung ein. Seit den siebziger Jahren ändert sich das aber und zwar aus zwei Gründen: Einmal verliert England seine privilegierte Weltmarkt-Position. Und sodann beginnen andere Länder imperialistische (monopolistische) Züge zu entwickeln; ihre Großkapitalisten nehmen ebenfalls Extraprofite ein – aus Kolonien, aus Kapitalexport, aus Monopolen, aus der Beschäftigung ausländischer Arbeiter usw. Und damit beginnt auch in anderen Ländern die Herausbildung einer Arbeiteraristokratie.

Ganz großartig und trotz der Kürze im Grunde sehr detailliert schildert Lenin in „Der Imperialismus und die Spaltung des Sozialismus" die neue Situation, sie zugleich der vorangehenden gegenüberstellend[87]: „Das letzte Drittel des 19. Jahrhunderts war der Übergang zur neuen, imperialistischen Epoche. Nutznießer des Monopols ist das Finanzkapital nicht eines Landes, sondern einiger, sehr weniger Großmächte. (In Japan und Rußland wird das Monopol des heutigen, modernen Finanzkapitals zum Teil ergänzt, zum Teil ersetzt durch das Monopol der militärischen Macht, eines unermeßlichen Gebietes oder besonders günstiger Umstände für die Ausplünderung der innerhalb des Staates lebenden fremden Völker, für die Ausplünderung Chinas usw.) Aus diesem Unterschied geht hervor, daß die Monopolstellung Englands jahrzehntelang unumstritten sein konnte. Die Monopolstellung des modernen Finanzkapitals ist heiß umstritten; das Zeitalter der imperialistischen Kriege hat begonnen. Damals konnte man die Arbeiterklasse eines Landes bestechen, für Jahrzehnte korrumpieren. Jetzt ist das unwahrscheinlich, vielleicht sogar unmöglich, dafür aber kann jede imperialistische ‚Groß'macht kleinere (als in England in den Jahren 1848 bis 1868) Schichten der ‚Arbeiteraristokratie' bestechen und tut es auch. Damals konnte eine ‚bürgerliche Arbeiterpartei', um den außerordentlich scharfsinnigen Ausdruck von Engels zu gebrauchen, nur in einem Lande entstehen, denn dieses allein hatte eine Monopolstellung, dafür aber für lange Zeit. Jetzt ist die ‚bürgerliche Arbeiterpartei' unvermeidlich und typisch für alle imperialistischen Länder, doch in Anbetracht des verzweifelten Kampfes dieser Länder um die Teilung der Beute ist es unwahrscheinlich, daß eine solche Partei in einer Reihe von Ländern für lange Zeit hinaus siegreich sein könnte. Denn die Trusts, die Finanzoligarchie, die Teuerung usw., die die Bestechung einer dünnen Oberschicht ermöglichen, unterdrücken, unterjochen, ruinieren, quälen die Masse des Proletariats und des Halbproletariats immer mehr und mehr."

Zugleich verringert sich der Kreis der Arbeiteraristokratie so, daß er in England nicht einmal mehr die „beschützte Abteilung" der Fabrikarbeiter (Engels), sondern nur noch die gelernten Fabrikarbeiter umfaßt. (Wie auch Lenin in seinem Artikel über Harry Quelch feststellt: „... die Arbeiteraristokratie, d. h. die gelernten Fabrikarbeiter"[88].) Und da die Gewerkschaftsbewegung auch unter den ungelernten Arbeitern an Bedeutung gewinnt, gehören auch nicht mehr einfach „die Gewerkschaftler" zur beschützten, privilegierten Sektion unter den Arbeitern, sondern nur

[87] W. I. Lenin, Sämtliche Werke, Bd. XIX, Wien—Berlin 1930, S. 389 f.

[88] W. I. Lenin, Werke, 4. Aufl., Bd. 19, S. 332 (russ.); vgl. auch aus der gleichen Zeit, Herbst 1913, den Aufsatz von Lenin „Klassenkrieg in Dublin".

noch die Gewerkschaften der gelernten Arbeiter bzw. die gelernten Arbeiter in den Gewerkschaften, die allerdings immer noch die große Mehrheit der gewerkschaftlich organisierten Arbeiter darstellen.

Wenn wir, ganz grob gesehen, die Arbeiteraristokratie und die gelernten Arbeiter identifizieren, dann ergibt sich in der hier betrachteten Zeit folgende Entwicklung der Löhne der Arbeiteraristokratie und der Großen Masse der Arbeiter in England und Deutschland[89]:

Reallöhne der Arbeiteraristokratie und der Großen Masse der Arbeiter in England und Deutschland, 1869 bis 1903

England (1869—1879 = 100)			Deutschland (1879—1886 = 100)		
Wirtschaftszyklus	Arbeiteraristokratie	Große Masse der Arbeiter	Wirtschaftszyklus	Arbeiteraristokratie	Große Masse der Arbeiter
1895—1903	100	100	1868—1878	—	—
1886—1895	109	97	1879—1886	100	100
1879—1886	115	107	1887—1894	118	108
1869—1879	125	112	1894—1902	136	111

Ganz deutlich zeigt sich, wie eine Arbeiteraristokratie, eine privilegierte Schicht von Arbeitern heranwächst.

Der Unterschied in der Bewegung der Reallöhne der Arbeiteraristokratie und der Großen Masse der Arbeiter ist zugleich der Unterschied zwischen absoluter Verbesserung der Lage und absoluter Verelendung. Die Steigerung der Reallöhne der Großen Masse der Arbeiter reicht nicht aus, um die Wirkungen der steigenden Arbeitsintensität auszugleichen – im Gegensatz zur größeren Steigerung der Reallöhne der Arbeiteraristokratie.

Wenn in England 1879/86 bis 1886/95 keine weitere Differenzierung hinsichtlich der Entwicklung der Reallöhne stattfindet, so darf man nicht vergessen, daß die Reallohndifferenzierung keineswegs die einzige Methode der ökonomischen Differenzierung ist. Zu ihr kommt zum Beispiel noch eine sehr erhebliche Differenzierung durch Verkürzung der Arbeitszeit für die Arbeiteraristokratie, die im Falle der Großen Masse der Arbeiter entweder überhaupt nicht eintritt (Landarbeiter, Heimindustrie) oder viel geringer ist.

(Auf den ersten Blick mag die schnelle Herausbildung einer Arbeiteraristokratie in Deutschland in Erstaunen setzen. Aber wenn in Deutschland die Extraprofite in weit geringerem Maße aus den Kolonien kommen, als in England, so hat das deutsche Kapital den Vorteil, eine wachsende Zahl von ausländischen Arbeitern, vor allem Polen und Italiener, im eigenen Lande auszubeuten, wozu noch die fran-

[89] Vgl. dazu J. Kuczynski, „Die Entwicklung der Lage der Arbeiterschaft in Europa und Amerika, 1870—1933", Basel 1934, sowie die entsprechenden Bände seiner „Geschichte der Lage der Arbeiter".

zösische Kriegskontribution nach 1871 kam.) Umgekehrt wie bei den Reallöhnen im allgemeinen können wir bei der Untersuchung der Reallöhne der Großen Masse der Arbeiter und der Arbeiteraristokratie feststellen, daß es ein Prozeß der Normalisierung der Position des englischen Kapitals – es ist nicht mehr das einzige mit monopolistischen Zügen – ist, der zu einer „Normalisierung" der Lage der englischen Arbeiter, zur Herausbildung einer „normalen" Arbeiteraristokratie führt.

Werfen wir abschließend noch einen Blick auf die Entwicklung der Produktivkräfte, auf die Entwicklung der Arbeitsleistung während dieser Zeit der „Großen Depression" im Vergleich zu den vorangehenden Jahren:

Arbeitsleistung pro Stunde in Fabriken und Bergbau, 1843 bis 1903
(1900 = 100)

Wirtschaftszyklus	Index	Prozentsatz der Steigerung	Wirtschaftszyklus	Index	Prozentsatz der Steigerung
1843—1849	79	30	1880—1886	93	18
1849—1858	61	24	1887—1895	94	1
1859—1868	49	10	1895—1903	99	5
1869—1879	45	—			

Die Wachstumsrate der Arbeitsleistung beschreibt gewissermaßen einen Bogen, beginnend mit einem Wirtschaftszyklus, der noch von den Schwierigkeiten des Überganges vom ersten zum zweiten Stadium der Ausbeutung beeinflußt ist, und endend mit zwei Zyklen, die den Übergang zu einem neuen Stadium mit allen seinen Problemen anzeigen. Die „Große Depression" ist gekennzeichnet durch einen steilen Abfall im Entwicklungstempo der Arbeitsleistung – was sich natürlich auch wieder auf Englands wirtschaftliche Position im Weltmaßstab auswirken muß.

Erstaunlich in ihrer Vielfalt sind die Auswirkungen der eingangs in diesem Kapitel angezeigten Besonderheiten der Entwicklung des englischen Kapitalismus im letzten Drittel des 19. Jahrhunderts. Da England ein Weltmonopol (auf dem Weltmarkt) verliert, da England ein Weltmonopol (auf Kolonien) behält, da England im Monopolisierungsprozeß (Truste, etc.) zurückbleibt, aus all diesen drei Gründen verfällt seine Wirtschaft in eine „Große Depression", die unter anderem auch dazu führt, daß sich die Entwicklung seiner Produktivkräfte, ausgedrückt in der Arbeitsleistung pro Arbeiter, sehr verlangsamt und die englische Arbeiterklasse ihrer im Rahmen der europäischen Arbeiter privilegierten Stellung verlustig geht.

KAPITEL IV

AUFSTIEG UND NIEDERGANG DES VORMONOPOLISTISCHEN KAPITALISMUS IN FRANKREICH UND DAS PROBLEM DES GESELLSCHAFTLICHEN GEWICHTS DER ZIRKULATION IN DIESEM LANDE

Die Industrielle Revolution sowie das erste Stadium der Entwicklung des Kapitalismus wurden in Frankreich mit der Revolution 1848/49 abgeschlossen.

Doch schon in der vorangehenden Zeit, lange vor der entsprechenden Entwicklungsstufe in England, finden wir merkwürdige Züge der Dekadenz in der kapitalistischen Gesellschaft Frankreichs.

1830 war das Ende der völligen Übereinstimmung der Produktionsverhältnisse mit dem Charakter der Produktivkräfte, „die ein für allemal entscheidende Krise"[90] des Kapitalismus, die bis heute währt, gekommen. In diesem Jahr beginnt aber auch ein kleinerer Abschnitt, der die Zeit von 1830 bis 1848 dauert, und der gekennzeichnet ist durch die dominierende Position, die eine bestimmte Schicht innerhalb der herrschenden Klasse Frankreichs einnimmt.

„Nach der Julirevolution, als der liberale Bankier Laffitte seinen Compère, den Herzog von Orléans, im Triumph auf das Hotel de Ville geleitete, ließ er das Wort fallen: ‚Von nun an werden die Bankiers herrschen.' Laffitte hatte das Geheimnis der Revolution verraten."[91]

Die „Beleidigung der Million"[92] wird ein ebenso großes Verbrechen wie die Majestätsbeleidigung. Das „Land ist soweit, daß es in jeder Sache nur einen Geldwert sieht".[93]

Die Julirevolution stellte den Sieg der Finanzbourgeoisie über die großgrundbesitzenden Kapitalisten dar. Doch hat Stendhal nicht ganz recht, wenn er bemerkt:[94] „Öffnet man den Königlichen Almanach von 1829, so sieht man, daß der Adel alle Positionen besetzt hält; jetzt aber lebt er auf dem Lande ..." Denn die großen Finanzleute, die Laffitte und Pèrier, Humann und Rothschild, beherrschen den Staat, nachdem sie zum Teil schon vorher sich dem Adel im wahrsten Sinne des Wortes vermählt hatten – Ney, ein napoleonischer Herzog und Fürst, hatte die Tochter von Laffitte geheiratet, sein „napoleonischer Kollege", der Herzog von Ragusa, die Tochter des Bankiers Perregaux, während der altadlige Graf von Roche-

[90] K. Marx, „Das Kapital", Bd. I, Berlin 1947, S. 13.

[91] K. Marx, „Die Klassenkämpfe in Frankreich 1848—1850", Berlin 1951, S. 29 f.

[92] „Lèse-Million" ist ein Ausdruck, den Balzac in seinem Roman „Modeste Mignon" bringt.

[93] H. de Balzac, „Sur les ouvriers", Oeuvres complètes, Bd. 40, Paris 1940, S. 407.

[94] F. Stendhal, „Mèmoires d'un touriste", 19. April 1837.

chouart sich in die Familie des Spekulanten Ouvrard hineinmanövriert hatte und die Tochter des Bankiers Desteyères als Herzogin von Osmond sogar einen Heiligen zu ihren Vorfahren zählte.

In den folgenden 18 Jahren, bis 1848, herrschte die Finanzbourgeoisie in Frankreich und ordnete die Interessen der übrigen Kapitalisten ihren eigenen unter. Sie schloß ein Bündnis mit den Eisenbahnkönigen, ja, sie übernahm zum Teil selbst großen Eisenbahnbesitz. Und Désiré Nisard bemerkt: „Gegenwärtig beschäftigt sich unsere ganze Poesie mit dem Bug von Dampfschiffen und den Schienen der Eisenbahn."[95]

Zum Teil verbündeten sich die großen Bankherren auch mit einzelnen Sektionen der Eisen- und Kohlenindustrie – eine Verbindung, die durch die schnelle Entwicklung der Einrichtung der Aktiengesellschaften ermöglicht wurde. Diese Industriezweige brauchten viel Kapital. In ihnen spielten die Kosten der fixen Produktionsmittel (Fabrikgebäude, Hochöfen und Maschinen) gegenüber den Lohnkosten eine besonders große Rolle, und so waren sie auf die Banken besonders stark angewiesen, während umgekehrt die Banken ein bedeutendes Interesse an ihrer Entwicklung hatten. Auch mit einzelnen Kreisen ihrer unterlegenen Gegner, den Großgrundbesitzern, unterhielten sie gute Beziehungen .Marx sagt:[96] „Nicht die französische Bourgeoisie herrschte unter Louis Philippe, sondern eine Fraktion derselben, Bankiers, Börsenkönige, Eisenbahnkönige, Besitzer von Kohlen- und Eisenbergwerken und Waldungen, ein Teil des mit ihnen ralliierten Grundeigentums – die sogenannte Finanzaristokratie. Sie saß auf dem Throne, sie diktierte in den Kammern Gesetze, sie vergab die Staatsstellen vom Ministerium bis zum Tabaksbüro."

Die Börse wird zum Mittelpunkt des wirtschaftlichen Lebens. Die Zahl der in Paris gehandelten Papiere steigt wie folgt:

1830	50
1836	88
1841	258

Von den 1836 gehandelten 88 Papieren waren nur die Hälfte Aktien, 1841 aber standen 54 Renten bereits 204 Dividendenpapiere gegenüber. Der Wert aller Papiere wird von Bonnet[97] 1830 auf 4,8 und 1847 auf 8 Milliarden Francs geschätzt. (Unter diesen Papieren ist keines „Patriotismus" genannt – denn damit wird nicht an der Börse, sondern im Parlament gehandelt, weshalb auch Mérimée vom Parlament sagt: „In dieser Bude gehört der Patriotismus dem Höchstbietenden.") Ideologisch spiegelt sich die Rolle der Börse sehr klar darin wider, daß, wie Sée klug bemerkt[98], „nach 1830 die Satiren auf die Börse seltener werden, weil die Finanziers in leitenden Stellungen waren und ihren Einfluß geltend machen konnten".

[95] D. Nisard, „Melanges", Ausgabe 1833, S. 370.
[96] K. Marx, ebendort, S. 30.
[97] P. Bonnet, „La commercialisation de la vie française du Premier Empire á nos jours", Paris 1929, S. 98.
[98] H. Sée, „Französische Wirtschaftsgeschichte", Bd. II, Jena 1936, S. 207.

Während die Finanziers mit anderen Kapitalisten in sehr verschiedenen Wirtschaftszweigen zusammenarbeiteten, kamen sie jedoch zu der Majorität der industriellen Kapitalisten in eine immer feindlichere Oppositionsstellung – insbesondere zu denen der Textilindustrie, der stärksten einzelnen Industrie dieser Zeit, auf die etwa die Hälfte des Gesamtwertes der Produktion von Industrie und Bergbau kam.[99]

Marx illustriert die Opposition der „industriellen Bourgeoisie“:[100] „Die eigentlich industrielle Bourgeoisie bildete einen Teil der offiziellen Opposition, das heißt, sie war in den Kammern nur als Minorität vertreten. Ihre Opposition trat um so entschiedener hervor, je reiner sich die Alleinherrschaft der Finanzaristokratie entwickelte und je mehr sie selbst nach den in Blut erstickten Emeuten 1832, 1834 und 1839 ihre Herrschaft über die Arbeiterklasse gesichert wähnte. Grandin, Fabrikant von Rouen, in der konstituierenden wie in der legislativen Nationalversammlung das fanatischste Organ der bürgerlichen Reaktion, war in der Deputiertenkammer der heftigste Widersacher Guizots. Léon Faucher, später durch seine ohnmächtigen Anstrengungen bekannt, sich zum Guizot der französischen Konterrevolution aufzuschwingen, führte in den letzten Zeiten Louis Philippes einen Federkrieg für die Industrie gegen die Spekulation und ihren Schleppträger, die Regierung. Bastiat agitierte im Namen von Bordeaux und des ganzen weinproduzierenden Frankreichs gegen das herrschende System.“ Faucher und Bastiat waren führende „Wirtschaftstheoretiker“ im damaligen Frankreich. Bastiat, bekannt als „Der Optimist“, ist einer der ersten Chefapologeten des Kapitalismus und prägte den Satz: „Wenn ich das Unglück hätte, in dem Kapital nur den Vorteil des Kapitalismus zu sehen, würde ich Sozialist werden.“ Da er nicht dieses „Unglück“ hatte, schrieb er nach dem Sieg der Industriebourgeoisie 1849 seine „Wirtschaftliche Harmonienlehre“[101], in der er nachwies, daß Gott ganz recht hatte, als er die Welt betrachtete und sie gut fand – wozu noch hinzuzufügen wäre, daß sie inzwischen, nämlich durch den Sieg der industriellen Bourgeoisie 1848, noch weiter verbessert worden war.

In diesen Jahren gewinnt also mit der Finanzbourgeoisie ein Teil der „Zirkulations-Kapitalisten“ eine geradezu beherrschende Position in der Gesellschaft. Es ist offenbar, daß es sich hier, in diesem Stadium des Kapitalismus, dabei um eine besondere Erscheinung handelt – grundverschieden von der Erscheinung der relativ starken Stellung der Handelskapitalisten in einer viel früheren Zeit des Kapitalismus.

Es ist offenbar, daß sich aus dieser Position der Finanzbourgeoisie, aus dieser spezifischen Rolle der „Zirkulations-Kaptalisten“, die keinen „eigenen“ sondern nur „abgeleiteten“ Profit einstecken, eine gewisse Neigung zum Parasitismus und damit eine gewisse Dekadenz in der kapitalistischen Gesellschaft Frankreichs schon

[99] Vgl. dazu J. H. Schnitzler, „Statestique générale methodique et complète de la France“, Paris 1846. — Über die die industrielle Produktion teilweise hemmende Rolle der Finanziers vgl. auch den Aufsatz v. F. W. Potjomkin über „Die Baumwollindustrie in Frankreich vor der Revolution von 1848“ in der „Zeitschrift der Akademie der Wissenschaften der UdSSR“, Bd. IV, Nr. 1, Moskau 1947.

[100] K. Marx, ebendort.

[101] C. F. Bastiat, „Les harmonies économiques“.

in dieser Zeit, in der der Kapitalismus vorwiegend fortschrittliche Züge trägt, in der das Bürgertum noch der Bannerträger des Fortschritts ist, erklärt.

Als die Revolution im Februar 1848 in Frankreich ausbrach, da – schrieb Engels in der Einleitung zu „Die Klassenkämpfe in Frankreich 1848 bis 1850" – „standen wir alle, was unsere Vorstellungen von den Bedingungen und dem Verlauf revolutionärer Bewegungen betraf, unter dem Bann der bisherigen geschichtlichen Erfahrung, namentlich derjenigen Frankreichs. Diese letztere war es ja gerade, die die ganze europäische Geschichte seit 1789 beherrscht hatte, von der auch jetzt wieder das Signal zur allgemeinen Umwälzung ausgegangen war. So war es selbstredend und unvermeidlich, daß unsere Vorstellungen von der Natur und dem Gang der in Paris, im Februar 1848, proklamierten ‚sozialen' Revolution, der Revolution des Proletariats, stark gefärbt waren durch die Erinnerungen der Vorbilder von 1789 bis 1830. Und vollends, als die Pariser Erhebung ihr Echo fand in den siegreichen Aufständen von Wien, Mailand, Berlin, als ganz Europa bis an die russische Grenze in die Bewegung hineingerissen war; als dann im Juni in Paris die erste große Schlacht um die Herrschaft zwischen Proletariat und Bourgeoisie geschlagen wurde; als selbst der Sieg ihrer Klasse die Bourgeoisie aller Länder so erschütterte, daß sie wieder in die Arme der eben erst gestürzten monarchisch-feudalen Reaktion zurückfloh, da konnte unter damaligen Umständen für uns kein Zweifel sein, daß der große Entscheidungskampf angebrochen sei, daß er ausgefochten werden müsse in einer einzigen langen und wechselvollen Revolutionsperiode, daß er aber nur enden könne mit dem endgültigen Sieg des Proletariats." So schrieb Engels rückblickend am 6. März 1895 in der Einleitung zu „Die Klassenkämpfe in Frankreich 1848 bis 1850". Aber, fügte er hinzu: „Die Geschichte ... hat unsere damalige Ansicht als eine Illusion enthüllt." Ach, noch lange nicht waren die Tage der Entscheidung gekommen.

Im Gegenteil!

Während der hier zu betrachtenden Periode beobachten wir ein schnelles Wachstum des Kapitalismus. Es ist richtig, daß selbst am Ende dieser Periode die Landwirtschaft noch der größte einzelne Zweig der gesamten Volkswirtschaft ist. Aber Industrie und Bergbau stehen nicht weit dahinter, und zusammen mit dem Handel, dem Verkehr und anderen Diensten stellen sie mehr als die Hälfte der volkswirtschaftlichen Aktivität in Frankreich.

Dem entspricht auch die relativ schnelle Zunahme der Stadtbevölkerung. Von 1851 bis 1871 nahm die ländliche Bevölkerung um mehr als 1½ Millionen ab und sank von 26,6 auf 24,9 Millionen, während die Stadtbevölkerung um 2,1 Millionen auf 11,2 Millionen anstieg. Statt eines Viertels lebte jetzt fast ein Drittel der Bevölkerung in den Städten.

Das schnelle Wachstum der Großindustrie und des Fabriksystems überhaupt, sowie die beachtliche Konzentration in der Industrie, die in dieser Zeit stattfand, sind vor allen Dingen der Überwindung gewisser Schwierigkeiten in den Methoden der Produktion und Ausbeutung, die in der vorangehenden Zeit entstanden waren, zuzuschreiben, und in dem Maße, in dem diese Schwierigkeiten vermindert wurden, festigte sich auch wieder die Herrschaft der Bourgeoisie.

1848 war ein Stadium erreicht worden, in dem es für die Bourgeoisie unmöglich geworden war, mit den bisherigen Produktions- und Ausbeutungsmethoden weiterzuarbeiten. Es war unmöglich, den Arbeitstag zu verlängern. Es war äußerst schwer, die Reallöhne weiter zu senken und die Produktion weiter durch ausgedehntere Beschäftigung von Kindern und Frauen in den Fabriken und Bergwerken zu erhöhen. Die Periode, in der extensive Ausbeutungsmethoden als eines der wichtigsten Mittel der Anhäufung von Profiten und der Steigerung der Produktion angewandt wurden, war an ihr Ende gekommen. Von jetzt an mußte die Bourgeoisie sich mehr und mehr darauf konzentrieren, die Ausbeutung durch Anwendung intensiver Methoden zu steigern. Sie mußte versuchen, mehr und mehr aus dem Arbeiter pro Stunde und pro Tag herauszuholen, während sie gleichzeitig den Arbeitstag verkürzte. Sie mußte die Reallöhne erhöhen, um mehr und mehr aus dem Arbeiter durch Steigerung der Intensität der Arbeit herauszupressen.

★

Die Arbeiter wurden vier Monate nach der Februarrevolution geschlagen. „Als in Frankreich in dem Riesenkampfe vom Juni 1848 die Pariser Arbeiter besiegt waren, hatte sich zugleich die Bourgeoisie an diesem Siege vollständig erschöpft. Sie war sich bewußt, keinen zweiten solchen Sieg ertragen zu können. Sie herrschte noch dem Namen nach, aber sie war zu schwach zur Herrschaft. An die Spitze trat die Armee, der eigentliche Sieger, gestützt auf die Klasse, aus der sie sich vorzugsweise rekrutierte, die kleinen Bauern, welche Ruhe haben wollten vor den Städtekrawallern. Die Form dieser Herrschaft war selbstredend der militärische Despotismus, ihr natürlicher Chef der angestammte Erbe desselben, Louis Bonaparte."[102]

So entstand also eine Situation des „Gleichgewichts der Kräfte", die es einer Gruppe von Abenteurern um Napoleon III. herum ermöglichte, eine Herrschaft zwischen der Arbeiterklasse und dem Bürgertum, gestützt auf die Bauern und dann auf Lumpenproletariat und Lumpenbourgeoisie, zu errichten. „Bonaparte weiß sich vor allem als Chef der Gesellschaft vom 10. Dezember, als Repräsentanten des Lumpenproletariats", schreibt Marx.[103]

Dieser „Lumpengeist", gehoben auf hohes ästhetisches Niveau, gemischt mit tiefster Tragik, die sich gleichermaßen aus der Verbindung von „lumpenhaftem" Nihilismus und wilder Lebensgier wie aus dem ihm wohl bewußten Abstand edelster Form und unreinsten Inhalts ergibt, spiegelt sich im Werk des größten Dichters jener Epoche, Baudelaire, wider. Oder sollten wir Zola vor Baudelaire nennen? Zola behandelt in seinem großen Romanwerk Rougon-Macquart die Geschichte des kaiserlichen Frankreich. Es ist falsch, wie es oft geschieht, ihn einen Naturalisten (einen Photographen der Wirklichkeit) im Gegensatz zum Realisten (der die „Physiognomie" der gesellschaftlichen Verhältnisse schildert) zu nennen. Denn bei allem äußeren Gewicht, das Zola auf die Photographie legt, werden die gesellschaftlichen

[102] Fr. Engels, „Die Preußische Militärfrage und die deutsche Arbeiterpartei" in Marx, Engels, Lenin, Stalin, „Zur deutschen Geschichte", Bd. II, 1. Halbband, Berlin 1954, S. 832.

[103] K. Marx, „Der Achtzehnte Brumaire des Louis Bonaparte", Berlin 1953, S. 126.

Dimensionen des Lebens überaus deutlich. Aber eines ist richtig: So brutal oft seine Darstellung, so verfallen oft die Existenzen, die er schildert, so verworfen ihre Leidenschaften sind – es gelingt Zola nicht, die jeder Großartigkeit entbehrende, die kleinliche Verwesung der Gesellschaft, eben das lumpenhaft Verkommene dieser Nachgeburt einer „Napoleonischen Ära", so zu vermitteln wie Baudelaire in sich selbst, seinem Leben und Werk. Denn Zola, der saubere und kritische Realist, kann sein Werk den Pesthauch des Verfalls nicht so natürlich ausatmen lassen, wie es Baudelaire tut, der selbst der Pest verfallen ist.

Doch bildet natürlich die dekadent-parasitäre Lumpanei um Napoleon nicht den „Kern der Gesellschaft".

Kaum war Napoleon III. an die Macht gelangt, als die Lumpen, die ihm sehr real zur Macht verholfen hatten, nur noch „ein Ornament des Staates", eine bloße „Zierde der Gesellschaft" darstellen, während Napoleon zum Vertreter der gesamten Großbourgeoisie wird – vor allem aber der Fabrikherren, die die neuen Methoden der Ausbeutung erfolgreich gegen die Arbeiter anwenden, die Massen der Werktätigen stärker denn je ausbeuten und wieder auf ihre Position der Unterdrückten zurückführen.

Ganz deutlich spiegelt sich die neue, und man kann sagen stärkere Sicherheit der Position des Bürgertums unter Napoleon III. gegenüber der Julimonarchie wider in der Gestalt des Millionärs in den Detektivgeschichten von Gaboriau, die so ganz anders sind, als die Millionäre in den Romanen von Balzac. Während in den Romanen von Balzac aus den Jahren der Julimonarchie, aus den Jahren der Herrschaft des Finanziers, der Millionär bald reich, bald arm ist, in der einen Woche bettelt und in der anderen durch geschickte Spekulation sich ein Vermögen erwirbt, ist der Millionär der doch soviel mehr auf Spannung angelegten Detektivgeschichten Gaboriaus in der Zeit Napoleons III. in einer gesicherten Position von Anfang bis zum Ende des jeweiligen Romans.

So wird für den französischen Kapitalismus dieser Jahre charakteristisch der Lump, und zwar der Lump in einer gesicherten Position. Das Schlimmste, was den größten Spekulanten geschehen konnte – im Roman und in der Wirklichkeit – war, daß ihnen von ihren Riesenvermögen nur ein paar Milliönchen übrigblieben und sie nicht mehr hoffähig waren.

Charakteristisch für den französischen Kapitalismus ist das parasitäre, dekadente Element in seiner Konstitution. Dieses kommt auch recht deutlich in der Entwicklung der internationalen Lage des französischen Kapitalismus zum Ausdruck.

Untersuchen wir zum Beispiel die Entwicklung der Mechanisierung der Produktion, so zeigt sich folgendes:

Dampfmaschinen in Pferdestärken in Frankreich, England und Deutschland, 1840 bis 1870

Jahr	Frankreich	England	Deutschland
1840	90 000	620 000	40 000
1850	370 000	1 290 000	260 000
1860	1 120 000	2 450 000	850 000
1870	1 850 000	4 040 000	2 480 000

Die Tabelle zeigt sehr deutlich, daß das Jahrzehnt nach 1850 den entscheidenden Prozeß der Mechanisierung der französischen Industrie und des Verkehrs brachte, und daß erst in den fünfziger Jahren Frankreich das Niveau erreichte, das England in den dreißiger Jahren geschafft hatte, während in Deutschland die entscheidende Entwicklung erst gegen Ende der fünfziger und zu Beginn der sechziger Jahre lag; in den sechziger Jahren übertraf der Grad der Mechanisierung in Deutschland den in Frankreich, womit die industrielle Überlegenheit des kapitalistischen Deutschland gegenüber Frankreich geschaffen wurde.

Entsprechend war auch die Entwicklung der internationalen Position Frankreichs als Industriemacht. Entfielen 1850 noch rund 15 % der Weltindustrieproduktion auf Frankreich, so waren es 1860 nur noch 12 % und 1870 gar nur noch 10 %.

Ganz anders aber gestaltete sich sein Anteil am Kapitalexport – kennzeichnend für den Parasitismus des Wirschaftsverlaufs! Frankreichs Anteil am exportierten Kapital betrug 1855 20 % und 1875 30 % – größtenteils Anleihen, relativ wenig direkt in Betrieben oder Eisenbahnen angelegtes Kapital!

Die Finanzbourgeoisie war nicht mehr die entscheidende Schicht der Bourgeoisie an der Herrschaft – aber immer wieder erstaunt die Rolle der Zirkulation.

Der Lump in gesicherter Position und die mächtige Entwicklung des fiktiven Kapitals, das über die Grenzen des Landes eilt, sind einander ebenso verwandt, wie die Abenteuer Louis Napoleons im festgezimmerten Hurenbett und jenseits der Grenzen in Rußland, Mexiko und anderswo.

★

In England hatten wir beobachtet, daß die monopolistischen parasitären Züge, die der Kapitalismus seit 1850 aufzuweisen begann, sich zunächst relativ günstig auf die Arbeiterklasse auswirkten: das koloniale Monopol führte, wie man sagen könnte, zu einer im Rahmen der internationalen absoluten Verelendung ökonomisch privilegierten Stellung des englischen Proletariats; und als sich später eine starke Arbeiteraristokratie zu bilden begann, deren Lage sich absolut verbesserte, war der Grad der absoluten Verelendung für die übrige Arbeiterklasse zumindest nicht größer als in anderen Ländern.

In Frankreich dagegen tragen die bereits vorhandenen parasitären Züge des Kapitalismus zu einer besonderen Verschlechterung der Lage der Arbeiter bei. Die Herrschaft der Finanziers nach 1830 hat zweifellos die industrielle Entwicklung etwas gehemmt und den Übergang vom ersten zum zweiten Stadium der Entwicklung des Kapitalismus verzögert. Jede Verzögerung in der Entwicklung des Kapitalismus, in der Entwicklung jeder Ausbeuter-Gesellschaftsformation geht aber auf Kosten der Ausgebeuteten vor sich.

Und in den Jahren der zweiten, wesentlich verschlechterten Ausgabe des Kaiserreichs?

Wie lebte der Arbeiter faktisch, absolut? Was aß er, wie oft hatte er Fleisch? Le Play hat unter anderem die Lebenshaltung eines Bergarbeiters in der Auvergne, also eines Arbeiters, der besonders schwere Arbeit tut, untersucht.[104] Einleitend spricht er von den Ackerbauern, die mit den Bergarbeitern die Bevölkerung dieser Gegend ausmachen, und stellt fest: „Der Ackerbauer geht mit wenig Energie, oft gleichgültig an seine Arbeit. Dieser Zustand der Trägheit kann ohne Zweifel zum Teil der ungenügenden Ernährung, bei der Fleisch und alkoholische Getränke fast völlig fehlen, zugeschrieben werden."

Und nun hören wir vom Leben der Bergarbeiter:

„Suppe ist im Orte Barbecot, wie in dem größeren Teil Frankreichs, das Hauptnahrungsmittel der Familien. Sie setzt sich in der Hauptsache aus Brot und etwas Wasser zusammen; man würzt sie mit etwas Butter und Salz; man fügt, je nach der Saison, verschiedene Gemüse, besonders Zwiebeln, Kartoffeln oder Kohl hinzu ... Um 5 Uhr morgens, bevor er zu dem vier Kilometer vom Hause entfernten Schacht geht, ißt der Arbeiter seine Suppe und dann ein Stück Brot. Die anderen Familienmitglieder frühstücken etwas später. Der Arbeiter nimmt ein Stück Brot für sein zweites Frühstück um 8 Uhr mit; Suppe, Brot, ein Stück Käse oder Eier für sein Mittagessen. Nach Hause gekommen, nimmt der Arbeiter um 7 Uhr zusammen mit der ganzen Familie wieder Suppe zu sich, dazu Brot und ein wenig Käse; manchmal gibt es abends auch statt der Suppe Kartoffeln oder Eier oder Salat. Während des Sommers und Herbstes gibt es auch noch Früchte. Sonntags kocht man einen Brei aus Eiern und Buchweizenmehl. Fleisch ißt man an den Feiertagen, also etwa sechsmal im Jahr."

So lebt ein Schwerstarbeiter, der überdies, wie alle von Le Play mit seinen Schülern untersuchten Arbeiterfamilien, zu den besser situierten Arbeitern gehört – verfügt die Familie, deren Ernährung hier geschildert wird, doch über Möbel im Werte von über 200 frs, und der Mann hat sowohl eine Mütze wie auch einen Hut, während die Frau sogar ein Wollkleid mit eingenähtem Korsett und zwei Halstücher besitzt. Das heißt, der Lebensstandard dieser Familie liegt weit über dem Durchschnittsstandard des französischen Arbeiters! Überdies ist er „nur" knapp 14 Stunden von zu Hause abwesend, obwohl er morgens und abends 4 Kilometer zur Arbeit zu laufen hat.

Und doch wie eintönig ist das Essen: Suppe, Suppe und wieder Suppe – ein Stück trocken Brot zum zweiten Frühstück für einen Bergarbeiter! Sechsmal im Jahr Fleisch für einen Bergarbeiter: und all das in einer Familie mit einem gehobenen Lebensstandard! So sieht die Ernährung eines „Arbeiteraristokraten" des zweiten Kaiserreichs aus!

★

Als am 18. März 1871 die Arbeiter von Paris aufstanden, da begann ein neuer Abschnitt in der Geschichte der Menschheit.

[104] F. Le Play, „Les ouvriers Européens" (2e ed), 5. Bd., Tours und Paris 1877, S. 153, 158 ff.

Tief begründet in den Produktionsverhältnissen und ihrem Verhältnis zu den Produktivkräften liegt die Ursache für die Kommune. Die historischen Umstände ihrer Schaffung schildert Lenin so:[105]

„Die Kommune entstand spontan; niemand hatte sie bewußt und planmäßig vorbereitet. Die Niederlage im Krieg gegen Deutschland, die Leiden während der Belagerung, die Arbeitslosigkeit unter dem Proletariat und der Ruin des Kleinbürgertums; die Entrüstung der Massen über die oberen Klassen und über die Behörden, die ihre völlige Unfähigkeit erwiesen hatten; das dumpfe Gären in den Reihen der Arbeiterklasse, die mit ihrer Lage unzufrieden war und eine andere soziale Ordnung anstrebte; die reaktionäre Zusammensetzung der Nationalversammlung, die für das Schicksal der Republik fürchten ließ – all das und noch vieles andere traf zusammen, um die Pariser Bevölkerung zur Revolution des 18. März zu treiben, die die Macht unerwartet in die Hände der Nationalgarde gab, in die Hände der Arbeiterklasse und des Kleinbürgertums, das sich der Arbeiterklasse angeschlossen hatte.

Das war ein in der Geschichte noch nie dagewesenes Ereignis ...

Nur die Arbeiter blieben der Kommune bis zum Ende treu. Die bürgerlichen Republikaner und die Kleinbürger fielen bald von ihr ab: die einen wurden abgeschreckt durch den revolutionär-sozialistischen, proletarischen Charakter der Bewegung; die anderen zogen sich zurück, als sie sahen, daß die Bewegung zu einer unabwendbaren Niederlage verurteilt war. Nur die französischen Proletarier unterstützten furchtlos und unermüdlich ihre Regierung, nur sie kämpften und starben für sie, das heißt für die Sache der Befreiung der Arbeiterklasse, für eine bessere Zukunft aller Werktätigen ...

So blieb Paris, das zuerst das Banner des proletarischen Aufstandes erhoben hatte, sich selbst überlassen und war dem sicheren Untergang geweiht ..."

Doch diese Niederlage des französischen Proletariats war im Grunde ein Sieg ungeheuren Ausmaßes.

Nie wieder wird sich die Bourgeoisie von diesem Schlag erholen – nie wieder der Widerspruch zwischen den Produktionsverhältnissen und dem Charakter der Produktivkräfte auf das Ausmaß von vor 1871 zurückgeschraubt werden. Seit 1871 beginnt, wie J. W. Stalin als erster festgestellt hat, der Verfall des Kapitalismus, der um 1900, mit dem Eintritt des Stadiums des Imperialismus, so intensiv wird, das wir mit Lenin von sterbendem Kapitalismus sprechen.

Und jetzt, seit 1871, werden auch die parasitären Verfallserscheinungen des französischen Kapitalismus noch viel deutlicher, viel ausgeprägter und führen direkt zu der gewissermaßen doppel-parasitären Erscheinung, die Lenin mit dem Wort „Wucher-Imperialismus" charakterisiert.

[105] W. I. Lenin, „Über die Pariser Kommune", Berlin 1952, S. 7 ff.

Vergleichen wir die folgende Entwicklung:

Anteil Frankreichs an der Weltindustrieproduktion:

1870	10 %
1900	7 %

Anteil Frankreichs am Weltkapitalexport:

1875	ca. 30 %
1900	ca. 30 %

Schnell sinkt der Anteil Frankreichs an der Weltindustrieproduktion. „Stolz" hält es seine nach England bei weitem stärkste Position als Exporteur von Kapital! Wuchern kann das französische Kapital wahrhaftig! Denn – und das wird mehr und mehr eine Besonderheit des französischen Kapitalexports: der ganz überwiegende Teil des Kapitalexports geschieht in Form von Anleihen und nicht in direkten produktiven Investitionen im Ausland. Gerade mit einem Hinweis auf diese Besonderheit des französischen Kapitalexports kommt Lenin auch zu seiner Formulierung „Wucher-Imperialismus" für Frankreich.

Zugleich steigt der Kolonialbesitz Frankreichs, so daß nur England – allerdings mächtig – seine koloniale Macht der Plünderung überragt. Vergleichen wir, um gerade den parasitär-räuberischen Charakter der französischen Entwicklung in diesen das Jahrhundert abschließenden Jahrzehnten zu unterstreichen, die Bevölkerungsentwicklung in Frankreich selbst und in seinem gewaltig an Umfang wachsenden Kolonialreich:

Bevölkerung
(Millionen)

Jahr	Frankreich	Kolonialreich
1860	36,5	3,4
1880	37,5	7,5
1899	38,9	56,4

Jeder Kommentar erübrigt sich.

*

Und wie die parasitären Erscheinungen in der Basis gewaltig zunehmen, so wiederholt sich im Überbau die Ära Napoleon III. auf das Niveau des Gigantisch-Korrupten gehoben.

Symbolisch für die Korruption dieser Zeit ist der Panama-Skandal, der die Bestechung von Ministern und Abgeordneten, von Beamten und Zeitungen, von Huren und Priestern, je entsprechend ihrer Taxe mit Millionen oder auch nur ein paar Zehnfrancs-Scheinen enthüllte.

Und wie die Geschäftswelt, so werden auch die Schöne Literatur und die Wissenschaft immer stärker von den Erscheinungen des Verfalls erfaßt. Flaubert, den Gorki den „Größten Meister des Stils" nennt, verspinnt sich in tiefstem Pessimismus.

Verlaine, ein schöpferischer Herrscher im Reich der Sprache, ist dem Symbolismus verfallen. Frankreichs große Kulturträger Taine und Renan verlassen den Pfad vernunftgemäßen Denkens, wobei Taine sich in national-religiösen Gefühlen, Renan in „gaukelndem Zweifel" verliert.

Ja, auch die Arbeiterklasse bringt eine Gestalt hervor, die die ganze Besonderheit der gesellschaftlichen Entwicklung in Frankreich noch einmal scharf beleuchtet: Jean Jaurès, den wir den führenden Reformisten dieser Jahrzehnte nennen, der sich durch tausend taktische und strategische Fehler an der französischen Arbeiterklasse verging, und der ihr doch teuer, der näher ihrem Herzen ist, als irgendein anderer Arbeiterführer Frankreichs in jener Zeit. Hören wir, was das sowjetische Lehrbuch der Geschichte der Neuzeit über ihn zu sagen hat:[106] „Immer mehr französische Arbeiter wurden Sozialisten. Aber außer den Arbeitern erschienen während der neunziger Jahre immer häufiger Überläufer aus der Partei der Radikalen in den Reihen der Sozialisten. Der größte Teil dieser Überläufer aus dem bürgerlichen Lager bekannte sich nur mit den Lippen zur sozialistischen Weltanschauung. Sie wurden durch die parlamentarischen Erfolge der Sozialisten angelockt. Die Zahl der für die Kandidaten der Arbeiterpartei abgegebenen Stimmen wuchs: Immer mehr Arbeiter und Handwerker, die von der Politik der Radikalen enttäuscht waren, entschieden sich für die Sozialisten. Damals trat in die Reihen der sozialistischen Partei auch der bekannte Politiker Jean Jaurès (1859–1914) ein. Zu derselben Zeit, in der die Reaktion in Frankreich stärker wurde und sich die Monarchisten zu rühren begannen, nahmen die gemäßigten Republikaner, durch die Erfolge der Sozialisten erschreckt, eine immer reaktionärere Haltung ein. In dem Kampf, der für ein demokratisches Frankreich geführt wurde, trat die Ohnmacht und Doppelzüngigkeit der Radikalen zutage, und das veranlaßte Jaurès, diese Partei zu verlassen. Er gewann die Erkenntnis, daß nur die Arbeiter die wahren Verteidiger der Republik seien.

Ein gewaltiges Rednertalent und das Temperament eines politischen Kämpfers sicherten Jaurès die Popularität unter den Sozialisten. Wie einst Robespierre, erwarb er sich den ruhmvollen Namen des ‚Unbestechlichen'. Aber als er Sozialist wurde, wurde er damit noch keineswegs zugleich ein proletarischer Revolutionär. Als überzeugter Reformist, als Anhänger der Idee einer friedlichen Umgestaltung der Gesellschaft mit Hilfe parlamentarischer Reformen, glaubte Jaurès aufrichtig daran, daß die Versöhnung der Klassen und nicht der Klassenkampf zum Sozialismus führe.

Im Gegensatz zu Jaurès erwies sich ein anderer Überläufer aus dem bürgerlichen Lager, Millerand, als ein unmittelbarer Agent des Bürgertums innerhalb der Arbeiterklasse. Millerand nahm an der sozialistischen Bewegung teil, weil er glaubte, so leichter einen Ministerposten erringen zu können. Bald bot sich ihm Gelegenheit dazu. 1899 wurde Waldeck-Rousseau, ein gewandter Politiker und erfahrener Geschäftemacher, einer der Führer der gemäßigten Republikaner, an die Spitze der Regierung berufen. Um seine Stellung zu festigen, erklärte er, daß er ohne Ansehen

[106] W. M. Chwostow und L. Subok, „Geschichte der Neuzeit 1870—1918", Berlin 1949, S. 77 f.

der Partei alle vereinigen wolle, die für die Republik einträten. Er forderte Gallifet, den Henker der Kommune, und auch den ‚Sozialisten' Millerand auf, in sein Kabinett einzutreten.

Millerand nahm seinen Vorschlag ohne Zögern an ...

Die Teilnahme Millerands an der reaktionären Regierung führte zu einer Spaltung innerhalb der Sozialisten. Guesde und Lafargue tadelten Millerand, Jaurès dagegen verteidigte ihn eifrig. Er beging damit einen Fehler. Aufrichtig davon überzeugt, daß die Republik durch die Monarchisten bedroht sei, hielt er es für notwendig, sowohl Millerand als auch Waldeck-Rousseau zu unterstützen, die nach seiner Meinung gegen die Monarchisten kämpften. In dem Block der Anhänger des Reaktionärs Waldeck-Rousseau und der des ‚Sozialisten' Millerand sah er eine Form der Zusammenarbeit der Klassen. In Wirklichkeit bestand damals nicht die geringste Gefahr einer Restauration der Monarchie. Waldeck-Rousseau schuf eine einheitliche Kampffront des Bürgertums gegen die Werktätigen, und Millerand half ihm dabei."

Welch eine Fülle von Widersprüchen spezifischer Art auf Grund der Besonderheiten des Niedergangs des französischen Kapitalismus! Eines Niedergangs, den wir in den ersten Anfängen der Herausbildung seiner spezifischen Züge bis weit zurück in die Zeit der noch fortschrittlichen Entwicklung des Kapitalismus, bis 1830, zurückverfolgen können. Wie erstaunlich ist es, die Urelemente dessen, was Lenin den französischen „Wucher-Imperialismus" nennt, so weit zurückverfolgen zu können!

Schon Fourier richtet seinen ganzen Haß gegen den Handel, gegen die Zirkulation – und schon zu seiner Zeit, zu Beginn des 19. Jahrhunderts, verblüfft die Dekadenz in Benjamin Constants „best-seller" „Adolphe" – und so geht es weiter durch das Jahrhundert, wie wir gesehen haben: fast immer hat die Zirkulation in der Geschichte des französischen Kapitalismus ein besonderes Gewicht und diesem Faktum entspricht ein besonderes Gewicht parasitärer, Verfall verkündender Elemente in der französischen Kultur – bis zur Erscheinung von Jaurès, so teuer dem Herzen der französischen Arbeiterklasse, der sie als Reformist verriet und für sie den edlen Tod des Friedenskämpfers starb.

KAPITEL V

DER AMERIKANISCHE KAPITALISMUS – EIN KAPITALISMUS OHNE ERBLICHES PROLETARIAT UND MIT ALLGEMEIN „GEHEMMTEN" KONSEQUENZEN

Wie Marx die Darstellung der ersten Entwicklung des Kapitalismus in England mit der Analyse des Werdens einer kapitalistischen Landwirtschaft begann, so müssen wir bei der Analyse der Besonderheiten der Entwicklung des Kapitalismus in den Vereinigten Staaten in seinem zweiten Stadium ebenfalls von der Lage in der Landwirtschaft ausgehen.

Die Entwicklung der amerikanischen Landwirtschaft ist durch zwei völlig verschiedene Tatsachen gekennzeichnet:

einmal durch die immer demokratischer sich gestaltende Landbesitznahme;

sodann durch die immer stärkere Ausbreitung der Sklaverei.

Unaufhörlich drängten die Menschen nach dem Westen. Noch bevor Louisiana gekauft worden war, waren Siedler dort eingedrungen, und auch im Süden, nach Florida zu, hatten sie keine Grenzen anerkannt oder waren Spanier geworden. Die Möglichkeit, selbständig zu werden, auf eigenem Grund und Boden zu wirtschaften, erlaubte den einfachen Menschen alle gesellschaftlichen, alle Staats- und Klassenbarrieren zu durchbrechen, und erzwang von der herrschenden Klasse eine Landpolitik, die die schönen Stunden der französischen Bauern in den Jahren 1789 und 1793 zu Jahrzehnten, ja zu einem Jahrhundert ausdehnte. Wohl darum spricht Lenin auch als Gegensatz zum preußischen nicht vom französischen, sondern vom amerikanischen Weg der Landwirtschaft.

Diese glückliche Entwicklung fand im stärksten Kampf der Klassen statt – ein Kampf jedoch, in dem die Geographie auf seiten der Unterdrückten war, die sich nicht selten auch durch Ausweichen vor dem Klassengegner in hartem Kampf mit der Natur ein freies Leben sicherten. Durch die schon aus der kolonialen Zeit bekannten Methoden der „einfachen Inbesitznahme", des „squatting", wurde die herrschende Klasse immer wieder vor die Tatsache gestellt, daß, wo kein Bodenmonopol herrscht, der ökonomische Zwang, der im Kapitalismus eine so große Rolle gegenüber dem außerökonomischen Zwang spielt, nur eine recht beschränkte Wirksamkeit hat.

Mehr und mehr mußte die herrschende Klasse die Idee der Schaffung eines Bodenmonopols aufgeben. Seit der Befreiung vom englischen Kolonialjoch konnten auch die einheimischen Großgrundbesitzer kaum noch Bodenrente („quit rent") erheben. Kentucky verkaufte Staatsland fast zu einem nominellen Preis: jeder konnte 400 Acres (160 ha) zum Preis von 25 Cents (1 Mark) pro Acre als Eigentum erwerben.

Die Zentralregierung versuchte auf ihren Ländereien eine reaktionäre Politik durchzuführen. Typisch dafür war ihre Linie in Louisiana nach dem Kauf dieses Gebietes von Frankreich (1803). Zunächst wurde jede Siedlung verboten und auch Vorkaufsrechte („pre-emption“-Rechte) auf schon bearbeitetes Land, das zuvor durch squatting „erworben“ war, wurden nicht anerkannt. Aber schon nach 10 Jahren galten die Bestimmungen praktisch als erledigt, weil die Regierung sich einfach nicht durchsetzen konnte. 1820 wurde für die gesamten Vereinigten Staaten eine Regelung getroffen, die den Siedlern sehr entgegenkam, die pre-emption-Rechte und damit auch „einfache Inbesitznahme“ von Land als vorläufige Maßnahme zumindest teilweise anerkannte, und als Minimumpreis für Regierungsland 1,25 Dollar pro Acre festsetzte. 1841 wurde das pre-emption-Recht noch günstiger geregelt. Jetzt hatte jeder das Recht, von ihm kultiviertes Land in einer Gesamtfläche von 160 Acres, vorausgesetzt, daß er anderswo nicht Land im Umfang von mehr als 320 Acres besaß, endgültig als Eigentum für einen Minimumpreis von 1,25 Dollar pro Acre zu erwerben.

Den Höhepunkt dieser Gesetzgebung stellt der sogenannte Homestead Act von 1862 dar, der jeden über 21 Jahre alten Einwohner nach Zahlung einer Anerkennungsgebühr von 10 Dollar und fünfjähriger Bearbeitung ohne weitere Abgaben 160 Acres Land frei als Eigentum übergab.

Betrachten wir nun zunächst einige Folgen dieses Weges der Entwicklung der amerikanischen Landwirtschaft, bevor wir auf die Bedeutung und die Folgen des anderen Weges, den der Errichtung und Vernichtung einer Sklavenhalter-Landwirtschaft im Süden der USA eingehen.

Doch vorher müssen wir noch kurz auf die Einwanderung zu sprechen kommen. Zunächst einige Zahlenangaben für die Jahre 1819 bis 1861:

Jährliche Einwanderung nach den Vereinigten Staaten, 1819/22 und 1838 bis 1861

Dreijahresabschnitt	Tausend	Dreijahresabschnitt	Tausend
1819—1822[107]	8,1	1850—1852	373,7
1838—1840	63,7	1853—1855	332,5
1841—1843	79,1	1856—1858	191,6
1844—1846	115,8	1859—1861	122,3
1847—1849	252,8		

Von Dreijahresabschnitt zu Dreijahresabschnitt stieg die Zahl der Einwanderer, bis sie in der Zeit von 1850 bis 1852 einen Höhepunkt von mehr als einer Drittelmillion im Jahr erreichte.

Eine beträchtliche Anzahl dieser Einwanderer drang nicht weit in das Land hinein, sondern blieb in den östlichen Städten, während diejenigen, die weiter nach Westen gingen, zumeist eine ähnliche Art von Beschäftigung fanden wie die, die im Osten blieben, nämlich in der Fabrikindustrie. Obwohl die landwirtschaftlichen Gebiete der Vereinigten Staaten auch weiterhin eine große Anzahl von Industriearbeitern lieferten, wäre es nicht erstaunlich, für diese Zeit zu finden, daß mehr

[107] Oktober bis September jeden Jahres.

zusätzliche Industriearbeiter von Übersee kamen als aus der amerikanischen Landwirtschaft.

Jedoch stieg nicht nur die Zahl der Einwanderer. Auch der Berufstypus des Einwanderers wandelte sich. Diese Wandlung interessiert uns hier in der Hauptsache insofern, als sie die Arbeitsbedingungen in der Industrie beeinflußte. Sie besteht darin, daß statt der früher so zahlreichen gelernten mehr und mehr ungelernte Arbeiter in die Vereinigten Staaten kamen. Dieses Phänomen können wir am besten auf Grund der Angaben, die uns W. J. Bromwell in seiner Geschichte der Einwanderung für die so wichtige Periode von 1847 bis 1853 gibt, studieren.[108] Diese sieben Jahre sind eine entscheidende Phase, weil sie die kombinierten Auswirkungen der Hungerjahre in Irland und der Unterdrückung der Revolutionen auf dem europäischen Kontinent in bezug auf den Charakter der Einwanderung nach den Vereinigten Staaten zeigen. In diesen sieben Jahren stieg die Zahl der jährlich einwandernden Bauern und Landarbeiter um wenig mehr als 25 Prozent von 44 000 auf 56 000 – von 1838 bis 1842 war sie um annähernd 100 Prozent heraufgegangen, von 6700 auf 13 000. Gleichzeitig stieg die Zahl der eingewanderten ungelernten Arbeiter um über 100 Prozent von 36 000 auf 83 000, während die Zahl der einwandernden gelernten Arbeiter um etwa ein Drittel, von 25 000 auf 17 000, zurückging.

Der ungelernte Arbeiter war in die Vereinigten Staaten als Einwanderer gekommen. Aber nicht als ungelernter Arbeiter, der in ein freies Land kommt, um gelernter Arbeiter zu werden und hinfort glücklich in einem kleinen Haus außerhalb der Stadt zu leben. Dieses Traumbild vieler einwandernder ungelernter Arbeiter wurde nur für ganz wenige Wirklichkeit. Sie wurden in das Land aufgenommen und beglückt von den Unternehmern begrüßt, da man von ihnen erwartete, daß sie ungelernt blieben und auf dem niedrigen Lebensstandard, an den sie in ihrem Heimatland gewöhnt waren, wenn irgend möglich weiterlebten – während sie doch zumeist aus ihrem Land geflohen waren, um ihren Lebensstandard zu verbessern! Man erwartete von ihnen, bewußt oder unbewußt so zu leben, daß sie die amerikanischen Unternehmer in die Lage versetzten, Löhne und Lebensstandard der amerikanischen Arbeiter zu senken. Man erwartete von ihnen, daß sie als Streikbrecher dienen würden sowie als Schrittmacher für eine beschleunigte Verelendung der amerikanischen Arbeiter.

Die Tatsache, daß viele von ihnen faktisch ihren Lebensstandard gegenüber dem ihrer ursprünglichen Heimat verbesserten, und daß viele von ihnen treue Mitglieder amerikanischer Arbeiterorganisationen wurden, ist auf die Aktivität der amerikanischen Arbeiter zurückzuführen und auf die Solidarität, die sich zwischen den amerikanischen und den eingewanderten Arbeitern entwickelte. Und doch: es kann kein Zweifel darüber bestehen, daß der Plan der Unternehmer sich zumindest zu einem Teil verwirklichte, so daß die Forderung des „closed shop", des Betriebes, in dem nur organisierte Arbeiter beschäftigt sein durften, noch intensiver – und

[108] Vgl. W. J. Bromwell, „History of immigration to the United Staates", New York 1856, S. 135 und 163.

eben auch wegen der großen Einwanderung mit noch weit mehr Berechtigung als in Europa – von den Gewerkschaften erhoben und verfolgt wurde.

In den folgenden Jahren stieg die Einwanderung mit Unterbrechungen weiter, bis sie in dem Jahrzehnt 1881–1890 mit insgesamt 5,2 Millionen einen Höhepunkt erreichte. In diesen Jahren nach dem Bürgerkrieg wurde die Einwanderung auch immer stärker von den amerikanischen Kapitalisten forciert. Es wurden Einwanderergesellschaften von den Unternehmern gegründet, deren eine ihre Leistungen so anpries:

„1. Sie (die Gesellschaft – J. K.) beschafft die verschiedenen Arten von Arbeitskräften, die notwendig sind, um die verschiedenen Wirtschaftsquellen unseres Landes zu entwickeln und jede Art von Industrie aufzubauen.

2. Sie gibt großen Gesellschaften oder besonderen industriellen Interessenten die Möglichkeit, eine genügend große Anzahl von Spezialarbeitern, derer sie bedürfen, einzuführen.

3. Sie gibt jedem einzelnen Unternehmer die Möglichkeit, sich genau die Zahl von Arbeitern und Arbeiter von genau der Art, die er wünscht, zu beschaffen.

4. Die Gesellschaft trägt dazu bei, den Wert der Arbeit in Europa und Amerika gleichmäßiger zu gestalten, so daß auf diese Weise die Löhne in der Alten Welt gehoben werden, deren industrielle Überlegenheit so unterminiert und schließlich zerstört wird.“[109]

Besonders unverschämt sind die letzten Ausführungen. Die Einwanderung soll angeblich durch Abzug von Arbeitskraft die Löhne und damit den Lebensstandard in Europa erhöhen und die „Tyrannei“ der industriellen Überlegenheit Europas, die offenbar auf der Ausbeutung besonders billiger Arbeitskraft beruht, brechen.

Tatsächlich haben diese Spekulanten mit menschlicher Arbeitskraft und die hinter ihnen stehenden Großkapitalisten in den USA nur ein Ziel: durch Organisierung einer möglichst starken Einwanderung den Lohn in den USA und damit den Lebensstandard so sehr wie möglich zu drücken, um möglichst hohe Profite zu machen. –

Aus diesen beiden Tatsachen: Ausweichmöglichkeiten auf das Land, da lange praktisch kein Bodenmonopol vorhanden war, und starke Einwanderung aus Ländern mit einem niedrigen Lebensstandard, ergaben sich die Charakterzüge des amerikanischen Kapitalismus, die Engels so kennzeichnete[110]: „Es gab zwei Umstände, die lange Zeit verhinderten, daß die unvermeidlichen Konsequenzen des kapitalistischen Systems sich in Amerika in ihrem vollen Lichte zeigten. Das waren der Zugang zum Besitz billigen Bodens und der Einwandererzustrom. Sie ermöglichten es viele Jahre hindurch der großen Masse der einheimischen amerikanischen Bevölkerung, sich in frühem Mannesalter von der Lohnarbeit ‚zurückzuziehen‘ und Farmer, Händler oder selbst Unternehmer zu werden, während das harte Los der Lohnarbeit, die Stellung eines Proletariers auf Lebenszeit, meist dem Einwanderer zufiel.“

[109] Zitiert in „A documentary history of American industrial society“, Bd. IX, S. 78.
[110] Fr. Engels, „Die Lage der arbeitenden Klasse in England“, Berlin 1952, S. 375.

Wiederholen wir noch einmal die entscheidende Bemerkung: Lange Zeit zeigten sich die unvermeidlichen Konsequenzen des kapitalistischen Systems nicht in ihrem vollen Lichte.

★

Und nun zurück zur Landwirtschaft und zwar zu den Gebieten, in denen nicht der amerikanische Weg gegangen wurde, in denen zunächst die Sklavenhalterwirtschaft herrschte und dann der preußische Weg gegangen wurde. (Wenn Lenin ursprünglich im „Agrarprogramm"[111] den amerikanischen Weg an der Entwicklung im Süden illustrierte, so beruhte das auf einer Unkenntnis der Tatsachen, die er in seinen späteren Untersuchungen korrigierte.)

Bis zum Ende der Industriellen Revolution war die Entwicklung die folgende:

Die Bevölkerung gliederte sich in Weiße und Schwarze, aus welch letzteren sich die Sklaven rekrutierten:

Bevölkerung nach Weißen und Negern, 1790 bis 1840

Jahr	Weiße (Millionen)	Neger
1790	3,2	0,8
1800	4,3	1,0
1810	5,9	1,4
1820	7,9	1,8
1830	10,5	2,3
1840	14,2	2,9

1790 waren 19,3 Prozent der Gesamtbevölkerung Neger, 1840 waren es 16,8 Prozent. In den Südstaaten jedoch, in denen die Sklaverei herrschte und die überwiegende Mehrzahl der Neger lebte, stieg der Prozentsatz der Neger an der Gesamtbevölkerung von 35,2 Prozent im Jahre 1790 auf 38 Prozent im Jahre 1840.

Die übergroße Mehrzahl der Neger waren Sklaven, wenn auch im Laufe der Zeit die Zahl der Freien zunahm.

Neger nach Sklaven und Freien, 1790 bis 1840

Jahr	Sklaven	Freie
1790	697 681	59 527
1800	893 602	108 435
1810	1 191 362	186 446
1820	1 538 022	233 634
1830	2 009 043	319 599
1840	2 487 355	386 293

1790 betrug der Prozentsatz der Freien 7,9; 1840 waren 13,4 Prozent aller Neger frei. Im Süden jedoch waren 1790 nur 4,7 Prozent der Neger frei; 1840 waren es

[111] W. I. Lenin, „Das Agrarprogramm der Sozialdemokratie in der ersten russischen Revolution von 1905—1907", Berlin 1950, S. 71.

8,1 Prozent. In den nordöstlichen Staaten gab es 1840 unter 142 324 Negern nur noch 765 Sklaven.

Bis 1860 stieg dann die Gesamtbevölkerung auf 31,4 Millionen, von denen 26,9 Millionen Weiße und 4,4 Millionen Neger waren; von den 4,4 Millionen Negern waren 4,0 Millionen Sklaven!

Die Gesamtzahl der Sklavenhalter betrug 1860 an 400 000, einschließlich der Familienmitglieder etwa ein Viertel der Bevölkerung im Süden. Aber weniger als 7 Prozent der Weißen besaßen 75 Prozent aller Sklaven, und die wirkliche Macht war in den Händen von rund 1700 Sklavenhaltern, die jeder mindestens 100 Sklaven besaßen. Die große Mehrzahl der Weißen lebte dagegen, wie Marx bemerkt, in einer Position, die mit der der römischen Plebejer zur Zeit des rapiden Verfalls der römischen Gesellschaft verglichen werden konnte, ohne rechte Arbeit – das ist Sklavensache –, Drohnen, die bereit waren, auf Abenteuer, wie Eroberung neuer Sklavengebiete im Westen, auszugehen, deklassiert, ohne Wurzeln in einer stagnierenden Wirtschaft und Gesellschaft.

Während aber die Sklavenhalter ihr Eigentum im Süden besaßen, wo 1860 weniger als ein Drittel der weißen Bevölkerung in den USA lebten, wo nur ein Drittel des Eisenbahnnetzes der USA lag, wo die Zahl der Fabrikarbeiter noch nicht ein Sechstel der Gesamtzahl in den USA betrug und auch der Anteil an den industriellen Kapitalinvestitionen nur etwa 16 Prozent ausmachte – war ihre Position im Staatsapparat der USA eine überaus starke und ihre Position dominierte die der Kapitalisten. In seinem Artikel für „Die Presse" (25. Oktober 1861) stellte Marx fest: sowohl auf dem Gebiete der Außenpolitik wie auch auf dem der Innenpolitik waren Leitstern die Interessen der Sklavenhalter.

Die starke Position der Sklavenhalter im Staat kommt auch schon darin rein äußerlich zum Ausdruck, daß in den 72 Jahren zwischen Washington und Lincoln der Süden 50 Jahre lang den Präsidenten und 20 von den 35 obersten Richtern des Landes stellte, sowie auch darin, daß allgemein die Mehrzahl der Regierungsbeamten aus dem Süden kamen. Richtig schildert der New-Yorker Bankier Clews die Lage in Washington beim Ausbruch des Bürgerkrieges: „Etwa sieben Achtel der Bevölkerung von Washington kamen damals aus dem Süden. Die Regierungsbeamten waren in der Hauptzahl aus dem Süden und erwarteten, von einem Tag zum anderen aus dem Amte geworfen zu werden."[112]

Die Überlegenheit des Südens im staatlichen Teil des Überbaus sei noch an einer letzten Tatsache illustriert. Auch wenn der Staat als gesetzgebende Organisation in einer Reihe von Fällen dem Süden nicht dienen konnte, diente er ihm in solchen Fällen häufig durch sein Versagen als für Gesetzesübertretung strafendes Organ. Obgleich zum Beispiel die Sklaveneinfuhr zur See verboten war, kamen 1859, also unmittelbar vor Ausbruch des Bürgerkrieges, mehr Sklaven als je (vor allem zur See) nach den Südstaaten – 15 000 in diesem einzigen Jahre!

[112] H. Clews, „Twenty-eight years in Wall Street", New York 1888, S. 75.

(So entschieden überlegen aber die Position der Sklavenhalter im staatlichen Teil des Überbaus war, so unterlegen war sie in den übrigen Teilen des Überbaus, vor allem in Literatur und Wissenschaft.)

Wenn sich die Produktivkräfte in den USA weiter entwickeln sollten, so mußte jetzt die zuvor keineswegs so schädliche Sklavenhaltergesellschaft des Südens vernichtet werden. Den fundamentalen Konflikt in seinem zweiten Artikel für „Die Presse“ (7. November 1861) herausarbeitend, sagte darum Marx ganz klar: es handelt sich um einen Kampf zwischen dem System der Sklaverei und dem System der freien Arbeit. Der Kampf ist ausgebrochen, weil diese beiden Systeme nicht länger friedlich nebeneinander auf dem amerikanischen Kontinent existieren können. Es kommt zum Bürgerkrieg und der kapitalistische Norden siegt über den sklavenhaltenden Süden – in den Jahren 1861 bis 1864. Mächtig entwickeln sich nun die Produktivkräfte unter dem Schutz von Produktionsverhältnissen, aus denen die Hemmungen der Sklavenhalterverhältnisse gewaltsam entfernt worden sind.

Untersuchen wir die Entwicklung der amerikanischen Produktion im Rahmen der Weltproduktion, so ergibt sich folgendes:

Weltindustrieproduktion, 1860, 1880, 1900
(Anteile in Prozent)

Jahr	USA	England	Deutschland	Frankreich
1860	17	36	16	12
1880	28	28	13	9
1900	31	18	16	7

1860 produzieren die USA noch nicht halb soviel wie England – etwa ebensoviel wie Deutschland. 1880 haben sie England erreicht und produzieren mehr als Deutschland und Frankreich zusammengenommen. Um 1900 betrug ihr Anteil fast ein Drittel der Weltproduktion, lag nur wenig unter dem Anteil von England und Deutschland zusammengenommen, mehr als viermal so hoch wie der Anteil Frankreichs.

Schon 1864 und gerade im Zusammenhang mit dem Bürgerkrieg hatte Engels an Weydemeyer (am 24. 11. 1864) geschrieben: „Euer Krieg drüben ist doch eins der großartigen Dinger, die man erleben kann. Trotz der vielen Dummheiten, die in den nördlichen Armeen vorfallen (im Süden auch genug), wälzt sich die Woge der Eroberung doch langsam und sicher voran, und im Laufe 1865 muß wohl jedenfalls der Moment eintreten, wo der organisierte Widerstand des Südens zusammenknackt wie ein Taschenmesser und der Krieg sich in Banditenwirtschaft auflöst wie im Carlistenkrieg in Spanien und neuerdings in Neapel. Solch ein Volkskrieg auf beiden Seiten ist noch nie dagewesen, seitdem große Staaten bestehen, und er wird jedenfalls der Zukunft von ganz Amerika, auf Hunderte von Jahren hinaus, die Richtung anweisen. Ist einmal mit der Sklaverei die größte Fessel der politischen und sozialen Entwicklung der Vereinigten Staaten gesprengt, so muß das Land einen Aufschwung nehmen, der ihm binnen kürzester Frist eine ganz andere

Stellung in der Weltgeschichte anweist, und die Armee und Flotte, die der Krieg ihm schafft, wird dann bald ihre Verwendung finden..."

Kein anderes Volk kann sich zweier großer bürgerlich-demokratischer Revolutionen rühmen. Kein anderes Volk kann berichten von einer bürgerlich-demokratischen Revolution zu Ende des 18. und nach Mitte des 19. Jahrhunderts.

Und daraus ergibt sich als Schlußfolgerung:

Für den Kapitalismus allgemein beginnt der Verfall mit dem Schlag, den ihm die Kommune versetzt hatte, also mit dem Jahre 1871. Das gilt für Frankreich, für England, für Deutschland.

Aber für die USA gilt das nicht. Wie sollte man auch 1871 von einem beginnenden Verfall sprechen, wenn gerade erst, 1865, eine bürgerlich-demokratische Revolution zum siegreichen Ende geführt worden war! Wenn gerade erst, wie Lenin formuliert, die Vertreter der Bourgeoisie begriffen hatten, „daß die Abschaffung der Negersklaverei, der Sturz der Sklavenhalterherrschaft es wert war, daß das ganze Land lange Jahre des Bürgerkrieges, eine Unmenge von Zerstörung, Verwüstung und Terror, die mit jedem Krieg verbunden sind, durchmachte."[113] Eine Bourgeoisie wie die amerikanische, die als Bannerträger des Fortschritts solche Einsicht in geschichtliche Notwendigkeiten zeigt, steht natürlich nicht direkt vor dem Verfall ihrer Herrschaft.

★

Das heißt, wenn wir die Besonderheiten der Entwicklung des amerikanischen Kapitalismus im 19. Jahrhundert untersuchen, dann können wir als die wichtigsten nennen:

1. Bis in die achtziger Jahre kein Bodenmonopol.
2. Bis in die achtziger Jahre kein erbliches Proletariat.
3. Bis in die achtziger Jahre kein Verfall des Kapitalismus.

So wichtig es aber auch ist, diese Besonderheiten herauszuarbeiten – so darf man auf der anderen Seite niemals vergessen, daß die Gesetze des Kapitalismus, darunter das Gesetz der absoluten Verelendung, in den USA genau so galten, wie in allen anderen kapitalistischen Ländern.

War es doch ein führendes Mitglied der herrschenden Klasse, ein Vertreter des Großkapitals, der sich 1865 in dem amtlichen „Bericht von Senator Martin Griffin aus Boston im Namen des Rechtskomitees, das aufgefordert war, den Nutzen einer Regelung und Beschränkung der Zahl der täglichen Arbeitsstunden zu beraten", so äußerte:

„Es gibt etwas, das noch wichtiger für uns als Volk ist als das reine Wachsen des Reichtums oder die Vollendung der Technik – und das ist der Schutz, die Erhaltung und die Förderung des Menschen. In dieser Beziehung haben wir das Gefühl, daß auf uns eine heilige Pflicht und Verantwortung ruht und daß wir verpflichtet sind, unsere Apathie in der Vergangenheit durch schnelles und ernsthaftes Handeln in der Zukunft wieder gutzumachen. Wir sind erstaunt über die Entwicklungen, die diese Untersuchung herbeigeführt hat. Kein Thema, das von diesem Komitee der

[113] W. I. Lenin, „Brief an die amerikanischen Arbeiter", Berlin 1948, S. 10.

gesetzgebenden Versammlung untersucht worden ist, hat wichtigere Tatsachen an das Licht gebracht oder ein lebhafteres und allgemeineres Interesse hervorgerufen – ein Interesse für die zahlreichste Klasse unserer Gesellschaft und eines, das unserer Ansicht nach nur allzu selten die Aufmerksamkeit der gesetzgebenden Verammlung erregt hat – die Lage der werktätigen Klasse. Ohne uns darin von der großen Mehrheit der Gesellschaft zu unterscheiden, sind wir an dieses Thema mit einer völligen Ignoranz herangegangen, und zugleich in dem Glauben, daß eine Untersuchung und erst recht eine Verbesserung der Lage derer, deren Arbeit uns reich gemacht hat und deren technische Fertigkeit und Begabung uns an die Spitze der Nation gestellt haben, nicht notwendig wäre oder sein könnte. Die Untersuchung hat unsere Ignoranz vertrieben, und ihr Komitee muß Zeugnis ablegen für die dringende Notwendigkeit, etwas zu tun und die Lage zu verbessern. Die Tatsachen, die wir gefunden haben, sind beinahe unglaubwürdig. Wahrlich, das Komitee war erstaunt, daß mitten in einem Fortschritt und in einer Prosperität, die keine Parallele haben, während Kunst und Wissenschaft blühen, arbeitsparende Maschinen entwickelt werden, immer neue Erfindungen aufkommen und Reichtum und Prosperität im Wachsen sind, daß unter solchen Umständen der Mensch, der all das produziert, ‚die erste große Ursache von allem', der geringste und am wenigsten verstandene war. Diese Prosperität, deren wir uns rühmen und die ein Segen für uns sein sollte, hat die Tendenz, aus dem Arbeiter wenig mehr als eine Maschine zu machen, ohne hochfliegende Gedanken, in der Sprache eines der Zeugen ‚einen Sklaven'; ‚denn', fügte dieser hinzu, ‚wir sind Sklaven, überarbeitet, erschöpft und geschwächt von unseren Mühen, ohne Zeit, unseren Geist oder unsere Seele zu pflegen. Ist es erstaunlich, daß wir verkommen und unwissend sind?"

Dies ist wirklich eines der würdigsten Dokumente, das je von einem Parlamentskomitee unter dem Kapitalismus herausgebracht worden ist. Es gibt ein klares Bild der Reaktion unwissender aber humaner Männer, wenn sie sich über die Lage der Arbeiter informierten.

Und nicht minder human schrieben 1870 über das Leben der Arbeiter die beiden trefflichen Chefs des Arbeitsstatistischen Büros von Massachusetts, Henry K. Oliver und George E. McNeill: „Wie Tantalus vor Durst inmitten tiefer Wasser vergeht, so leben sie inmitten von Segnungen, welche sie niemals segnen können."

Nicht minder human – und doch falsch! Falsch, denn die Arbeiterklasse ist nicht wie Tantalus für immer und ewig des Genusses der Früchte des Lebens beraubt. Nein – wie Prometheus kämpft sie gegen die „Götter" des Kapitalismus und holt sich, anders als er, siegreich durch die Revolution das Feuer ewiger Lebensfreude.

Doch grausam sind die Kämpfe. So wurden im Eisenbahnerstreik in Chicago und Umgebung an bewaffneter Macht gegen die Arbeiter eingesetzt:

Unionstruppen	1 936
Staatstruppen	4 000
Extra Deputy Marshals etwa	5 000
Extra Deputy Sheriffs	250
Polizei von Chicago	3 000
Insgesamt	14 186

Und nach einem amtlichen Bericht ergibt sich:[114]

„Während des Streiks betrugen Todesfälle, Verhaftungen, Anklagen und Freisprüche von Anklagen wegen Streikvergehen:

Erschossen und tödlich verwundet	12
Verhaftet von der Polizei	515
Erfolgreiche Anklageerhebungen[115]	71
Erfolglose Anklageerhebungen[115]	119“

Die englischen Kapitalisten wüteten grausamer und brutaler gegen die unterdrückten Völker in den Kolonien – aber kein Land besaß Kapitalisten, die „Bei sich zu Hause“ so terroristisch gegen die Arbeiterklasse vorgingen wie die amerikanischen Kapitalisten.

Und doch, so laut man den schon im 19. Jahrhundert so ausgesprochenen Terrorismus der amerikanischen Kapitalisten anprangern muß, so gilt doch für die Geschichte Amerikas im vormonopolistischen Kapitalismus die Feststellung Lenins:[116] „Die Vereinigten Staaten haben keinen gleichwertigen Rivalen, weder in der Raschheit der Entwicklung des Kapitalismus gegen Ende des XIX. und zu Beginn des XX. Jahrhunderts, noch in der von ihnen bereits erreichten Höhe seiner Entwicklung, noch in der gewaltigen Ausdehnung der Bodenfläche, auf der eine nach dem letzten Wort der Wissenschaft vervollkommnete Technik unter Berücksichtigung der sehr unterschiedlichen naturgeschichtlichen Bedingungen angewandt wird, noch auch schließlich in der politischen Freiheit und der kulturellen Höhe der Bevölkerungsmassen. Dieses Land ist in vieler Beziehung das Vorbild und Ideal unserer bürgerlichen Zivilisation.“

Ein Land kann nicht durch zwei bürgerlich-demokratische Revolutionen im Abstand von fast neunzig Jahren gehen, ohne sich insgesamt, als Gesellschaft, fortschrittlicher zu entwickeln als andere kapitalistische Länder. Die herrschenden Ideen einer Gesellschaft sind die Ideen der herrschenden Klasse. Die Ideen der herrschenden Klasse aber sind auf gegebener Basis, im Rahmen von Ausbeuterverhältnissen, fortschrittlicher, wenn sie die Führung in bürgerlich-demokratischen Revolutionen, wie in dem Befreiungskrieg von der englischen Kolonialherrschaft und in dem Bürgerkrieg gegen die Sklavenhalter, gehabt hat. Die Basis bestimmt den Überbau. Und eine Basis, die kein bzw. nur beschränktes Bodenmonopol kennt, eine Basis, die nicht aus dem Schoße einer veralteten Gesellschaft herauswuchs und die nicht noch lange Fesseln und Narben dunkler Vergangenheit mit sich herumzutragen brauchte, bringt einen fortschrittlicheren Überbau hervor.

[114] U. S. Strike Commission, „Report and testimony on the Chicago strike of 1894“, Washington D. C. 1895.

[115] Erfolgreich und erfolglos vom Regierungs-, das heißt Unternehmerstandpunkt — J. K.

[116] W. I. Lenin, „Sämtliche Werke“, Bd. XVII, Moskau 1935, S. 739.

KAPITEL VI

MISERE UND „GLÜCK" DES DEUTSCHEN KAPITALISMUS – FORTSCHRITT MITTEN IM VERFALL

Die Revolution von 1848/49 brachte keine entscheidende Wendung in der Entwicklung des deutschen Kapitalismus. Die Mechanisierung der Industrie ging qualvoll weiter, das erste Stadium der Entwicklung des Kapitalismus war nicht überwunden worden. Am Ende der Revolutionsperiode hatten Marx und Engels festgestellt:[117]

„Eine schwerere Niederlage als die, welche die Revolutionspartei – oder besser die Revolutionsparteien – auf dem Kontinent an allen Punkten der Kampflinie erlitten, ist kaum vorstellbar ...

Die ‚Mächte der Vergangenheit' vor dem Sturm von 1848 sind wieder die ‚Mächte der Gegenwart'." Und speziell für Deutschland bemerken sie:[118] „Die Klasse der Industrie- und Handelskapitalisten erlitt in Deutschland eine schwerere Niederlage als in irgendeinem anderen Lande; sie wurde zuerst in jedem einzelnen deutschen Staat niedergeworfen, gedemütigt und aus den Ämtern gejagt und dann im zentralen deutschen Parlament aufs Haupt geschlagen, mit Schmähungen überhäuft und dem Spotte preisgegeben."

Natürlich stieg die Produktion weiter an, und allgemein verbreiterte sich die kapitalistische Basis in Deutschland. Ja, in mannigfacher Beziehung war die Entwicklung des Kapitalismus in Deutschland nach 1850 eine besonders starke.

Aber nicht diese Entwicklung ist kennzeichnend für den deutschen Kapitalismus in den Jahren nach 1850. Kennzeichnend ist vielmehr das Gestrüpp feudaler Fesseln, das dieses Wachstum des Kapitalismus in zahlreicher Beziehung behinderte.

Engels schrieb:[119] „Infolge des kalifornischen und australischen Goldregens und anderer Umstände trat eine Ausdehnung der Weltmarktsverbindungen und ein Aufschwung der Geschäfte ein wie noch nie vorher; es galt, hier anzufassen und sich seinen Anteil zu sichern. Die Anfänge großer Industrien, die seit 1830 und namentlich seit 1840 am Rhein, in Sachsen, in Schlesien, in Berlin und in einzelnen Städten des Südens entstanden, wurden jetzt rasch fortgebildet und erweitert, die Hausindustrie der Landbezirke dehnte sich mehr und mehr aus, der Eisenbahnbau wurde beschleunigt, und die bei alledem enorm steigende Auswanderung schuf eine deutsche transatlantische Dampfschiffahrt, die keiner Subvention bedurfte.

[117] K. Marx – Fr. Engels, „Revolution und Konterrevolution in Deutschland", Berlin 1949, S. 19.

[118] K. Marx – Fr. Engels, ebendort, S. 130 f.

[119] Fr. Engels, „Über die Gewaltstheorie", Berlin 1946, S. 14 ff.

Mehr als je vorher setzten sich deutsche Kaufleute in allen überseeischen Handelsplätzen fest, vermittelten einen immer größeren Teil des Welthandels und fingen allmählich an, den Absatz nicht nur englischer, sondern auch deutscher Industrieprodukte zu vermitteln.

Dieser sich mächtig hebenden Industrie und dem sich an sie knüpfenden Handel aber mußte die deutsche Kleinstaaterei mit ihren vielfachen verschiedenen Handels- und Gewerbegesetzgebungen bald eine unerträgliche Fessel werden. Alle paar Meilen weit ein anderes Wechselrecht, andere Bedingungen bei Ausübung eines Gewerbes, überall, aber überall andere Schikanen, bürokratische und fiskalische Fußangeln, ja oft noch Zunftschranken, gegen die nicht einmal eine Konzession half! Und dazu die vielen verschiedenen Heimatgesetzgebungen und Aufenthaltsbeschränkungen, die es den Kapitalisten unmöglich machten, disponible Arbeitskräfte in genügender Zahl auf die Punkte zu werfen, wo Erz, Kohle, Wasserkraft und andere Naturbegünstigung die Anlage von industriellen Unternehmungen gebot! Die Fähigkeit, die massenhafte Arbeitskraft des Vaterlandes ungehindert auszubeuten, war die erste Bedingung der industriellen Entwicklung; überall aber, wo der patriotische Fabrikant Arbeiter von allen Enden zusammenzog, stemmte sich Polizei und Armenverwaltung gegen die Niederlassung der Zuzügler. Ein deutsches Reichsbürgerrecht und volle Freizügigkeit für alle Reichsbürger, eine einheitliche Handels- und Gewerbegesetzgebung, das waren nicht mehr patriotische Phantasien überspannter Studenten, das waren jetzt notwendige Lebensbedingungen der Industrie.

Dazu in jedem Staat und Stätchen anderes Geld, anderes Maß und Gewicht, oft genug zweierlei und dreierlei im selben Staat. Und von allen diesen zahllosen Gattungen von Münze, Maß oder Gewicht wurde keine einzige auf dem Weltmarkt anerkannt. Was wunder also, daß Kaufleute und Fabrikanten, die auf dem Weltmarkt verkehrten oder mit importierten Artikeln zu konkurrieren hatten, zu all den vielen Münzen, Maßen und Gewichten auch noch ausländische anwenden mußten, daß baumwollene Garne nach englischen Pfunden gehaspelt, seidene Zeuge nach Meterlänge angefertigt, Rechnungen fürs Ausland in Pfund Sterling, Dollars, Francs ausgestellt wurden? Und wie sollten große Kreditinstitute zustande kommen auf diesen beschränkten Währungsgebieten, mit Banknoten in Gulden hier, in preußischen Talern dort, daneben Taler Gold, Taler ‚neue Zweidrittel', Mark Banko, Mark Courant, Zwanzig Guldenfuß, Vierundzwanzig Guldenfuß, bei endlosen Kursberechnungen und Kursschwankungen?

Und wenn es gelang, dies alles schließlich zu überwinden, wieviel Kraft war bei allen diesen Reibungen draufgegangen, wieviel Geld und Zeit war verloren! Und man fing endlich auch in Deutschland an zu merken, daß heutzutage Zeit Geld ist."

★

In solchen Verhältnissen tritt der deutsche Kapitalismus nach der Krise von 1857 aus dem Stadium der vornehmlich extensiven Ausbeutung – Konzentration auf die Schaffung von absolutem Mehrwert durch Verlängerung der Arbeitszeit, Hereinpressen von Frauen und Kindern in die Fabriken, bei allgemein sinkenden Reallöhnen – in das Stadium der vornehmlich intensiven Ausbeutung – Konzentration auf die Schaffung von relativem Mehrwert durch Erhöhung der Produktivität der Arbeit, verbunden mit einer gewissen Qualifizierung des Arbeiters im kapitalistisch beschränkten Sinne, bei gleichzeitiger Steigerung der Intensität der Arbeit, sinkender Arbeitszeit und steigenden Reallöhnen.

Weiter gilt das Gesetz der absoluten Verelendung der Arbeiterklasse. Verändert sind aber die Methoden der zunehmenden Ausbeutung – oder richtiger: verändert ist das Schwergewicht der Methoden, denn selbstverständlich wurden im ersten Stadium auch intensive Methoden der Ausbeutung verwandt, zum Beispiel in der Textilindustrie, und ebenso selbstverständlich dauert im zweiten Stadium der Gebrauch extensiver Methoden (zum Beispiel in der Landwirtschaft und in der Heimindustrie) weiter an.

Entscheidend ist die Steigerung der Arbeitsleistung im Verfolg der neuen Ausbeutungsmethoden – insbesondere in den verschiedenen Zweigen der Schwerindustrie. Dafür einige Beispiele:

Die Entwicklung der Arbeitsleistung im Steinkohlenbergbau, 1787 bis 1867
(1850 = 100)

Zeitabschnitt	Dortmund	Preußen
1787—1796	90	—
1797—1806	104	—
1807—1816	88	—
1817—1826	90	—
1825—1832	93	—
1832—1843	94	—
1844—1852	93	96
1852—1859	98	104
1860—1867	141	139

Es zeigt sich, daß nach mehr als einem halben Jahrhundert Stagnation in den sechziger Jahren eine grundlegende Wandlung der Arbeitsleistung eintritt: mit einem Male schnellt sie steil empor. Und fast ebenso erstaunlich wie dieses Hochschnellen der Leistung ist die Tatsache, daß die Gesamtmenge der Produktion kaum von dieser Leistungssteigerung berührt wurde, wie die folgenden Zahlen für den Dortmunder Bezirk, dessen Gebiet in diesen Jahren unverändert blieb, anzeigen:

Produktion und Arbeitsleistung im Steinkohlenbergbau des Dortmunder Gebietes

Jahr	Produktion	Arbeitsleistung
1850	100	100
1860	262	114
Steigerung	162 Prozent	14 Prozent

Jahr	Produktion	Arbeitsleistung
1860	100	100
1870	271	152
Steigerung	171 Prozent	52 Prozent

Während die Arbeitsleistung 1860 bis 1870 rund viermal so stark stieg wie von 1850 bis 1860, blieb das Tempo der Erhöhung der Produktion in der gleichen Zeit fast unverändert. Es ist anzunehmen, daß der in der ersten auf deutschem Boden entstandenen und nicht nur von außen importierten zyklischen Krise von 1857 offen ausgebrochene Widerspruch zwischen den Produktionsverhältnissen und dem Charakter der Produktivkräfte trotz der enormen qualitativen Steigerung der Produktivkräfte eine entsprechende oder praktisch überhaupt eine weitere Steigerung im Tempo der Zunahme der Produktion verhinderte.

Die Entwicklung im Kupferbergbau war die folgende:

Arbeitsleistung im Kupferbergbau, 1792 bis 1867

Zeitabschnitt	Tonnen	Zeitabschnitt	Tonnen
1792—1801	15	1832—1843	13
1802—1811	12	1844—1852	13
1812—1821	12	1852—1859	17
1822—1831	13	1860—1867	21
1825—1832	12		

Hier beobachten wir schon seit den fünfziger Jahren eine gewisse Steigerung der Arbeitsleistung, die dann in den sechziger Jahren fortdauert.

Was die Entwicklung der Arbeitsleistung in der Eisen- und der Eisendrahtindustrie betrifft, so machen wir die folgende Beobachtung für Preußen:

Arbeitsleistung pro Jahr und Arbeiter in der Eisen- und Eisendrahtindustrie, 1837 bis 1867
(Zollzentner)

Zyklus	Roheisen	Eisendraht
1837—1843	538	112
1844—1852	467	135
1852—1859	648	218
1860—1867	1107	245

Während die Drahtindustrie bereits in den fünfziger Jahren einen steilen Aufstieg der Arbeitsleistung anzeigt, folgt die Roheisenindustrie genau wie der Steinkohlenbergbau erst in den sechziger Jahren.

Untersuchen wir in der Roheisenindustrie wieder die Beziehungen in der Entwicklung von Produktion und Arbeitsleistung, dann ergibt sich:

Produktion und Arbeitsleistung in der Roheisenindustrie

Zyklus	Produktion	Arbeitsleistung
1837—1843	100	100
1844—1852	111	87
Steigerung	11 Prozent	13 Prozent
1844—1852	100	100
1852—1859	244	139
Steigerung	144 Prozent	39 Prozent
1852—1859	100	100
1860—1867	208	171
Steigerung	108 Prozent	71 Prozent

Wiederum wie im Steinkohlenbergbau erkennen wir, daß die Steigerung der Arbeitsleistung in den sechziger Jahren keineswegs von einer Steigerung im Tempo der Prokuktion begleitet ist – ganz im Gegenteil, die Steigerung der Produktion läßt nach!

Zusammenfassend können wir über die Entwicklung der Arbeitsleistung sagen: mit den sechziger Jahren beginnt sie allgemein und schnell in der Industrie als Ganzes zu steigen – vorbei sind die Zeiten des scharfen Gegensatzes zwischen der Entwicklung in der Leicht- und in der Schwerindustrie, zwischen der Entwicklung in der Baumwollindustrie auf der einen Seite und im Bergbau und der Roheisenindustrie auf der anderen Seite.

★

Widerspruchsvoll ist die Entwicklung des deutschen Kapitalismus in diesen Jahren.

Vergleichen wir die Gestaltung der internationalen Position des deutschen Kapitalismus an seinem Anteil an der Weltindustrieproduktion, so ergibt sich folgendes:

Anteil an Weltindustrieproduktion

Land	Anteil (Prozent) 1840	1870
Deutschland	12	13
England	45	32
USA	11	23
Frankreich	über 15	10

Deutschlands Anteil an der Weltindustrieproduktion ist 1840 und 1870 praktisch der gleiche. Doch hat sich seine Position in Europa stark gebessert. War ihm Frankreich 1840 noch durchaus merklich überlegen, so hat es Frankreich 1870 überholt. War ihm England 1840 noch um fast das vierfache überlegen, so 1870 nur noch um etwa das Zweieinhalbfache. Nur den Vereinigten Staaten gegenüber, die ihm 1840 etwa gleichstanden, hatte Deutschland bedeutend verloren.

★

So hatte sich Deutschland im Gefolge der Krise von 1857 zu dem schon (wie in Frankreich) 1848/49 fälligen Übergang zum zweiten Stadium des Kapitalismus durchgequält. Aber immer noch hatte der Kapitalismus keine volle Entwicklungsfreiheit. Immer noch stand als Aufgabe die Befreiung von den unentwegt wuchernden Fesseln des Feudalismus, die Engels in der eingangs gegebenen Stelle so eindrucksvoll charakterisiert hat. Diese Befreiung konnte nur die Lösung der nationalen Frage bringen.

Die Bedeutung der nationalen Frage für Deutschland in den sechziger Jahren des 19. Jahrhunderts kann daher gar nicht hoch genug eingeschätzt werden. An ihr erläutert Lenin den wesentlichen Unterschied der Bewegung der Lassalleaner und der von Bebel und Liebknecht geführten Arbeiter:[120] „Die historische Ursache der

[120] „W. I. Lenin, J. W. Stalin über August Bebel", Berlin 1948, S. 8 f.

Spaltung des deutschen Sozialismus lief, kurz gesagt, auf folgendes hinaus. Auf der Tagesordnung stand die Frage der Vereinigung Deutschlands. Sie konnte bei den damaligen Klassenverhältnissen auf zweierlei Art vor sich gehen: entweder durch eine vom Proletariat geführte Revolution mit der Schaffung einer gesamtdeutschen Republik oder aber durch dynastische Kriege Preußens, durch die die Hegemonie der preußischen Junker im vereinigten Deutschland gefestigt wurde.

Lassalle und die Lassalleaner, die die schwachen Chancen des proletarischen und demokratischen Weges sahen, betrieben eine schwankende Taktik und paßten sich der Hegemonie des Junkers Bismarck an. Ihre Fehler bestanden darin, daß sie die Arbeiterpartei auf eine bonapartistisch-staatssozialistische Bahn zu lenken suchten. Bebel und Liebknecht vertraten hingegen konsequent den demokratischen und proletarischen Weg und kämpften gegen die geringsten Zugeständnisse an das Preußentum, an den Geist Bismarcks, an den Nationalismus."

Die Haltung von Bebel und Liebknecht aber, ihr „konsequentes Vertreten des demokratischen und proletarischen Weges" war nicht zum wenigsten auf die Tatsache zurückzuführen, daß Marx und Engels ihnen stets und immer ratend und richtungweisend zur Seite standen.

Wir wissen, die nationale Frage wurde durch eine Revolution von oben gelöst. Revolution von oben! das heißt, die nationale Frage, die entscheidende Frage für die Weiterentwicklung des Kapitalismus in Deutschland, wurde nicht auf revolutionär-demokratischem Wege gelöst – aber sie wurde auf revolutionärem Wege gelöst und mit entsprechenden Folgen! mit entsprechenden Folgen in einer Zeit, in der auch in Deutschland auf Grund des gewaltigen Ereignisses der Kommune der Beginn des Verfalls des Kapitalismus sich abzeichnete!

Die so späte nationale Einigung Deutschlands war von entscheidender Bedeutung – wenn auch natürlich nicht für die Entwicklung des Kapitalismus in Deutschland in ihrer Gesetzmäßigkeit, so doch für die historischen Besonderheiten der Entwicklung des deutschen Kapitalismus.

Die nationale Einigung, die die Lösung eines überaus wichtigen Widerspruchs in der Entwicklung des deutschen Kapitalismus brachte, führte mit ihren fortschrittlichen Konsequenzen zeitweilig zu einer teilweisen Überdeckung seiner Niedergangserscheinungen. Und in der gleichen Richtung wirkte der allgemeine Übergang in den sechziger Jahren von den vornehmlich extensiven zu den intensiven Methoden der Produktion und Ausbeutung, der die Entfaltung der Produktivkräfte kräftig förderte.

Das heißt: Während die Niedergangserscheinungen des Kapitalismus nach 1870 in Frankreich dadurch verstärkt wurden, daß dieses einen Krieg verloren hatte, und während der Verfall des Kapitalismus in England aus weiter oben dargelegten Gründen besonders schnell vor sich ging, trat in Deutschland der Kapitalismus in die Periode des beginnenden Niedergangs, belebt durch zwei hochbedeutsame, dem Verfall entgegenwirkende Faktoren: die nationale Einigung auf Grund dreier siegreicher Kriege und der unmittelbar vorangehende Übergang zu den Methoden der intensiven Produktion und Ausbeutung (ein Übergang, dessen die Produktivkräfte entfaltende Auswirkung in England und Frankreich schon Jahrzehnte zuvor zutage getreten war).

Die Auswirkungen des Übergangs vom ersten zum zweiten Stadium, insbesondere auf die Arbeitsleistung sind schon zuvor dargelegt worden. Die Bedeutung der nationalen Einigung für die Entwicklung der Industrie hebt Engels so hervor: „... unsre große Industrie datiert von den vierziger Jahren, erhielt ihren ersten Aufschwung durch die Revolution von 1848 und konnte sich erst voll entfalten, als die Revolutionen von 1866 und 1870 ihr wenigstens die schlimmsten politischen Hindernisse aus dem Wege geräumt."[121] Die ökonomischen Resultate dieser Revolution hatte Engels schon anläßlich seiner Betrachtung der Folgen der Gründung des Norddeutschen Bundes so zusammengefaßt: „Die Bundesverfassung entzog die ökonomisch wichtigsten Verhältnisse der Gesetzgebung den Einzelstaaten und wies ihre Regelung dem Bunde zu: gemeinsames Bürgerrecht und Freizügigkeit im ganzen Bundesgebiet, Heimatsberechtigung, Gesetzgebung über Gewerbe, Handel, Zölle, Schiffahrt, Münzen, Maß und Gewicht, Eisenbahnen, Wasserstraßen, Post und Telegraphen, Patente, Banken, die ganze auswärtige Politik, Konsulate, Handelsschutz im Auslande, Medizinalpolizei, Strafrecht, Gerichtsverfahren etc. Die meisten dieser Gegenstände wurden nun rasch, und im ganzen in liberaler Weise, durch Gesetze geordnet. Und so wurden denn endlich – endlich! die schlimmsten Auswüchse der Kleinstaaterei beseitigt, diejenigen, die einerseits der kapitalistischen Entwicklung, andererseits dem preußischen Herrschergelüste am meisten den Weg versperrten. Das war aber keine welthistorische Errungenschaft, wie der jetzt chauvinistisch werdende Bourgeois ausposaunte, sondern eine sehr, sehr späte und unvollkommene Nachahmung dessen, was die französische Revolution schon siebzig Jahre früher getan, und was alle anderen Kulturstaaten längst eingeführt. Statt zu prahlen, hätte man sich schämen sollen, daß das ‚hochgebildete' Deutschland hiermit zu allerletzt kam."[122]

Das heißt, es wurden durch die Revolution von oben ganz wesentliche Hemmungen der Entfaltung der Produktivkräfte beseitigt. Das heißt, wenn Lenin darauf hinweist, daß in den sechziger Jahren „die bürgerliche Umgestaltung" Preußens noch keineswegs abgeschlossen war, daß es grundfalsch wäre, von dieser Zeit zu behaupten, daß „von einem feudalen Charakter der Macht" nicht im geringsten mehr gesprochen werden könnte, ist jetzt, nach der nationalen Einigung, die Situation eine grundlegend andere. Die feudalen Hemmnisse zur Entfaltung der Produktivkräfte sind in allem Wesentlichen beseitigt.

Aber diese Beseitigung kam in gewisser Weise zu spät. Sie konnte auf der einen Seite natürlich zu einer schnelleren Entfaltung der Produktivkräfte beitragen. Doch indem sie die Bourgeoisie stärkte, steigerte sie zugleich – was 70 Jahre zuvor nicht der Fall gewesen wäre – den Widerspruch zwischen Arbeit und Kapital in solchem Ausmaß, daß Lenin im Zusammenhang mit der nationalen Einigung von „Reformen" sprach, die „den werktätigen Massen auf Jahre hinaus die Schlinge um den Hals zuschnürten".

[121] Fr. Engels, „Zur Wohnungsfrage", Berlin 1948, S. XVI.
[122] Fr. Engels „Über die Gewaltstheorie", a. a. O., S. 46 f.

Auf der anderen Seite müssen wir, um die Entwicklung in den folgenden Jahren verstehen zu können, noch einer Tatsache von Wichtigkeit gedenken. Ihre Bedeutung wurde von Stalin herausgearbeitet, als er von den verschiedenen Methoden der Industrialisierung sprach. Dort sagte er: „Deutschland beschleunigte seine Industrialisierung im Ergebnis des siegreichen Krieges gegen Frankreich in den 70er Jahren des vergangenen Jahrhunderts, als es den Franzosen eine Kontribution von fünf Milliarden Franken abpreßte und diese seiner Industrie zuführte. Das ist die zweite Methode der Industrialisierung."[123] Das bedeutet, daß die Auferlegung und Zahlung der Kriegskontribution ein Ereignis von so großer wirtschaftlicher Bedeutung war, daß man sie als Musterbeispiel einer kapitalistischen Industrialisierungsmethode anführen kann.

Aber auch hier ist einschränkend festzustellen, daß diese, die Entwicklung des Kapitalismus fördernden Einwirkungen der französischen Kriegskontribution auf die deutsche Wirtschaft unter Umständen geschahen, die dem Beginn des Niedergangs der kapitalistischen Wirtschaft eigentümlich sind, so daß diese Einwirkungen nicht die gewaltigen Erfolge in der Entfaltung der Wirtschaft zeitigen konnten, wie entsprechende Kapitalansammlungen und Investierungen in der frühen Zeit des Industriekapitalismus, sondern den Fäulnis bringenden Monopolismus direkt und energisch vorbereiteten.

Ganz natürlich muß uns unter diesen Umständen die Entwicklung des Anteils Deutschlands an der Weltindustrieproduktion erscheinen:

Anteil Deutschlands an der Weltindustrieproduktion, 1870 und 1900
(Prozent)

Jahr	Deutschland	England	Frankreich	USA
1870	13	32	10	23
1900	16	18	7	31

Sein Anteil an der Weltindustrieproduktion geht von 13 auf 16 Prozent herauf, während der Anteil Englands und der Frankreichs schnell zurückgeht. Um 1900 hat Deutschland nicht nur Frankreich weit hinter sich gelassen, sondern auch England fast eingeholt. Hier zeigen sich die genannten „positiven Seiten" der deutschen Entwicklung, zu denen noch als wichtiger weiterer Faktor die Möglichkeit für Deutschland, sich die technischen Erfahrungen anderer Länder anzueignen, kommt. Aber all das ist nur „Glück" in der Misere des Verfalls – wie allein schon ein Blick auf die Entwicklung in den USA zeigt, hinter denen Deutschland mehr und mehr zurückbleibt.

★

Fassen wir die Besonderheiten der Entwicklung des deutschen Kapitalismus noch einmal zusammen, so ergibt sich:

Zwar beginnt in der Periode von 1871 bis 1917/18 der deutsche Kapitalismus, genau wie der englische und französische, zu verfallen.

[123] J. W. Stalin, Werke, Band 8, Berlin 1952, S. 109.

Dieser beginnende Verfall des deutschen Kapitalismus ist jedoch durch folgende „positiven Besonderheiten" gekennzeichnet:

1. Die Folgen der gerade erst erreichten nationalen Einheit.
2. Die Folgen der gerade erst erzielten Wegräumung der letzten einflußreichen feudalen Hemmnisse der kapitalistischen Entwicklung.
3. Die Folgen des gerade erst vollzogenen Übergangs vom Stadium der vornehmlich extensiven Produktion und Ausbeutung zum Stadium der vornehmlich intensiven Produktion und Ausbeutung.
4. Die Folgen der Möglichkeit der Aneignung der technischen Erfahrung schon fortgeschrittenerer kapitalistischer Länder.
5. Die Folgen der Kriegskontribution, die Frankreich auferlegt worden war.
6. Die Folgen der Industriellen Revolution, die jetzt erst vollendet wird.[124]

Aber keine dieser „positiven Besonderheiten" kann einen größeren Einfluß haben, als die Verfallsperiode zu nuancieren, ihr nationale Besonderheiten zu geben. Nichts von alledem kann die Wirkung der entscheidenden Faktoren des beginnenden Niedergangs des deutschen Kapitalismus „kompensieren". Die entscheidenden Faktoren des beginnenden Niedergangs sind:

1. Die im Gefolge der „Kommune", die den Weltkapitalismus für immer „angeschlagen" hat, stattfindende außerordentliche Zuspitzung des Klassenkampfes. Höhepunkt dieses Klassenkampfes im internationalen Maßstab und mit größter Auswirkung auf Deutschland ist der Sieg des Proletariats der Völker der UdSSR in der Großen Sozialistischen Oktoberrevolution.
2. Der Monopolisierungsprozeß, der „die Bourgeoisie als überflüssige Klasse erweist"[125] und die dem Kapitalismus eigentümlichen Widersprüche enorm verschärft. Höhepunkt dieser Verschärfung ist der offene Ausbruch der allgemeinen Krise des Kapitalismus.

Doch sind es gerade die „positiven Besonderheiten" des deutschen Kapitalismus im zweiten Stadium seiner Entwicklung, die die Ursache dafür sind, daß Lenin den deutschen Imperialismus in der Zeit bis zum ersten Weltkrieg, also den sterbenden deutschen Kapitalismus, mit Recht einen jungen starken Räuber nennen kann.

[124] Vgl. dazu auch S. 16 f dieses Buches.

[125] Fr. Engels, „Die Entwicklung des Sozialismus von der Utopie zur Wissenschaft", Berlin 1945, S. 61.

TEIL III

ÜBER EINIGE PROBLEME DES IMPERIALISTISCHEN STADIUMS DES KAPITALISMUS

Die letzten Jahre haben den Dogmatikern auf dem Gebiete der Politischen Ökonomie und spezieller noch in der Lehre vom monopolistischen Kapitalismus harte Stöße gebracht. Folglich begann die Wissenschaft der Politischen Ökonomie des Kapitalismus aus dem dumpfen Schlaf, in den sie der Dogmatismus zeit- und teilweise versetzt hatte, zu erwachen. In dieser erfrischenden Atmosphäre wurden die folgenden drei Kapitel geschrieben.

Das erste war die Basis eines Vortrags im Institut für Geschichte an der Akademie der Wissenschaften der UdSSR im Herbst 1955 und wurde in „Dokladi i Soobschtschenija" des Historischen Instituts der Akademie der Wissenschaften der UdSSR, Heft 9, Moskau 1956, veröffentlicht.

Das zweite wurde ursprünglich in „Economie et Politique", Oktober 1956 (Paris), und sodann erweitert in „Wirtschaftswissenschaft", Jahrgang 1956, Nr. 6, ver-veröffentlicht; die erweiterte Fassung stellt eine Verbesserung auf Grund eines Vortrags im Institut für Weltwirtschaft und Internationale Beziehungen an der Akademie der Wissenschaften der UdSSR im Herbst 1956 dar.

Das dritte erschien ursprünglich in „Wirtschaftswissenschaft", Jahrgang 1956, Nr. 5.

KAPITEL I

DIE WANDLUNGEN IN DEN BESONDERHEITEN DES DEUTSCHEN IMPERIALISMUS VON 1900 BIS 1955

Lenin hat nicht nur die allgemeinen Merkmale des Imperialismus entdeckt und analysiert. Er hat uns auch darauf hingewiesen, daß die einzelnen Imperialismen, der deutsche, englische, französische usw. ihre Besonderheiten haben.

So bemerkte Lenin, daß der englische Imperialismus sich bereits in einzelnen Elementen ganz außerordentlich früh in der Geschichte, bereits seit 1850 etwa, zeigte und dementsprechende Eigentümlichkeiten aufwies, daß der französische Imperialismus als Wucherimperialismus zu kennzeichnen sei, und daß der deutsche Imperialismus als junkerlich-bürgerlich charakterisiert werden müßte.

Bedenken wir aber eine Grundlehre Lenins, die wir gerade auch seinen zahlreichen Arbeiten zum Imperialismus entnehmen können, nämlich daß die Welt, auch die Welt des Kapitalismus, sich laufend so stark verändert, daß wir unsere sie betreffenden Feststellungen laufend an Hand der Wirklichkeit überprüfen müssen, dann erhebt sich die Frage, ob die Bemerkungen von Lenin über einzelne Besonderheiten der Imperialismen noch heute zutreffen. Die Antwort lautet natürlich: Nein. Wer könnte den französischen Imperialismus zum Beispiel heute noch einen Wucherimperialismus nennen?

Geblieben und immer gültig, solange der Imperialismus noch existiert, sind die von Lenin entdeckten fünf Merkmale des Imperialismus. Geblieben und immer gültig, solange der Imperialismus noch existiert, ist die Tatsache, daß die einzelnen Imperialismen ihre Besonderheiten haben.

Aber die Besonderheiten selbst ändern sich im Laufe der Zeit.

Im folgenden ist es nun unsere Aufgabe, die Wandlungen in den Besonderheiten des deutschen Imperialismus in seiner nun schon mehr als ein halbes Jahrhundert währenden Herrschaftszeit zu untersuchen.

★

Der deutsche Imperialismus entstand, wie der aller anderen kapitalistischen Großmächte, in den letzten Jahrzehnten des 19. Jahrhunderts und war um 1900, wie der aller anderen kapitalistischen Großmächte, so weit ausgebildet, daß die Monopole ihre Herrschaft antreten konnten.

Er entstand jedoch unter für seine Entwicklung in gewisser Weise besonders günstigen und besonders ungünstigen Bedingungen, die seine Besonderheiten bestimmten.

In der Periode von 1871 bis 1917/18 beginnt der deutsche Kapitalismus zu verfallen (genau wie der englische, französische usw.). Der beginnende Verfall des deutschen Kapitalismus ist jedoch, wie schon zuvor gezeigt, durch eine Reihe „positiver Besonderheiten" gekennzeichnet.[126]

Diese „positiven", im Rahmen einer kapitalistischen Gesellschaft fortschrittlichen Erscheinungen – Erscheinungen, die wir in ihrer Mehrheit in England mehr als eine Generation oder, wie die nationale Einigung, Jahrhunderte früher, und auch in anderen kapitalistischen Ländern wie Frankreich und den USA in zurückliegender Zeit finden, geben dem Kapitalismus, der zu verfallen beginnt, gleichzeitig eine gewisse junge Kraft. Und auch der deutsche Imperialismus in seiner ersten Phase, in den der allgemeinen Krise des Kapitalismus vorangehenden Jahren, kann noch von der Frische, die diese „positiven Besonderheiten" brachten, zehren. Es ergibt sich die paradoxe, die groteske Situation, daß ein faulender, sterbender Kapitalismus Elemente jugendlicher Frische enthält.

Kein Wunder darum, daß Lenin den deutschen Imperialismus „frischer, kräftiger, organisierter"[127] als den englischen nennt und ähnliche Ausdrücke gebraucht, um diese „positiven" Besonderheiten des deutschen Imperialismus im Rahmen des international und auch in Deutschland niedergehenden, sterbenden Kapitalismus anzudeuten.

Aus diesen Besonderheiten, die „Vorteile" der Stärke beinhalten, ergaben sich gleichzeitig „Nachteile" für den deutschen Imperialismus. Einige seiner Charakteristiken waren im Vergleich zu anderen Ländern fast überentwickelt, andere waren entschieden unterentwickelt. Lenin stellt öfter die Ungleichmäßigkeit der Entwicklung des deutschen Imperialismus fest. So bemerkt er in seinem „Brief an die amerikanischen Arbeiter":[128] „Die deutschen imperialistischen Räuber waren stärker als alle anderen durch die Organisiertheit und Disziplinertheit ‚ihrer Heere', aber schwächer in bezug auf Kolonien."

Eine solch ungleichmäßige Entwicklung hatte natürlich ihre Einwirkungen auf den Gesamtcharakter des deutschen Monopolkapitalismus. Da Deutschland als nationaler Staat zu spät zur Aufteilung der Welt gekommen war und da auf der anderen Seite der deutsche Imperialismus gerade auch infolge seiner industriellen Stärke das besondere Bedürfnis hatte, hier aufzuholen, so beobachten wir in den Jahren vor 1914 in Deutschland die Herausbildung einer außerordentlichen Agressivität und Aktivität auf außenpolitischem Gebiet. Diese findet ihren Ausdruck einmal in einer schnellen Steigerung der deutschen Kapitalanlagen im Ausland – wenn man schon keine Kolonien von großem Reichtum hat, dann will man wenigstens die halbkolonialen und schwächeren kapitalistischen Länder „friedlich durchdringen", auf „friedliche Weise" dort eine Kapitalsdiktatur errichten. Und neben dieser „friedlichen Durchdringung" finden wir eine starke Bereitschaft, auch mit der Waffe auf Beute auszugehen.

[126] Vgl. dazu S. 105 f. dieses Buches.

[127] W. I. Lenin, „Der Imperialismus als höchstes Stadium des Kapitalismus", Berlin 1950, S. 121.

[128] W. I. Lenin, „Brief an die amerikanischen Arbeiter", Berlin 1948, S. 4.

Zugleich dürfen wir nicht vergessen, daß wir den deutschen Kapitalismus auch noch in diesem Stadium seiner imperialistischen Entwicklung junkerlich-bourgeois nennen, um das besonders große Gewicht - ein größeres Gewicht, als ihrer ökonomischen Basis entspricht -, das die Junker im Staat haben, anzudeuten.

Die Junker besetzen immer noch alle entscheidenden Positionen nicht nur bei Hofe, sondern auch in der Armee, der Regierung und der obersten Staatsverwaltung.

Und schließlich müssen wir noch einer Besonderheit gedenken: Die späte wirtschaftliche Entwicklung Deutschlands hatte dazu geführt, daß die stärkere Entfaltung der Schwerindustrie zu einer Zeit erfolgte, in der bereits die ersten Monopole gebildet wurden. Da überdies die deutsche Schwerindustrie wegen der Prominenz der Rüstungsindustrie in Vorbereitung und im Gefolge dreier siegreicher Kriege (1864, 1866, 1870/71) hinsichtlich der Konzentration von Produktion und Kapital gerade ein besonders günstiges Entwicklungsgebiet für die Monopole darstellte, so war die deutsche Produktionsmittelproduktion fast vom ersten Tag ihrer machtvollen Entfaltung an der Monopolbildung stärker ausgesetzt als die anderer Länder, in denen sich die Schwerindustrie bereits in einer Zeit zu entwickeln begann, als von Monopolbildungen noch nicht gesprochen werden konnte. Und da wiederum die Rüstungsindustrie einen Teil der Schwerindustrie bildet, so gilt das gleichermaßen für die deutsche Rüstungsindustrie.

Das führt dazu, daß die deutsche Schwerindustrie sehr bald nach dem Einsetzen ihrer starken Aufwärtsentwicklung monopolisiert wird, daß sie zu einem gewissen Grade monopolisiert aufwächst und daß sie daher in das Stadium des Imperialismus, in dem die Monopole einen entscheidenden, einen ausschlaggebenden Einfluß auf die Wirtschafts- und allgemeine Politik nehmen, gewissermaßen schon mit der Tradition eines besonders starken Gewichts im deutschen gesellschaftlichen Leben eintritt.

Das heißt, wir stellen in den ersten Zeiten der Entwicklung des deutschen Imperialismus, die in den letzten Jahrzehnten des 19. Jahrhunderts mit dem Entstehen von „stabilen“ Monopolen ihren Anfang nimmt und bis zum ersten Weltkrieg dauert, folgende Besonderheiten des deutschen Imperialismus fest:

1. Eine besondere Aggressivität.
2. Eine relative Frische und Stärke gegenüber dem Imperialismus in England, Frankreich und anderswo.
3. Einen besonders hohen Grad der Monopolisierung der Schwerindustrie (und Rüstungsindustrie), die gewissermaßen monopolisiert in das Stadium ihrer stärksten Entwicklung hereinwächst.
4. Eine besonders ungünstige Stellung hinsichtlich des fünften Merkmals des Imperialismus — Aufteilung der Welt, Kolonien.
5. Eine besonders gewichtige Position der Junker.

★

Im Gefolge des ersten Weltkrieges wandelten sich die Besonderheiten des deutschen Imperialismus.

Erhalten blieb und weiter verstärkt wurde selbstverständlich seine besondere Aggressivität – einmal, um die Kriegsverluste „gut“ zu machen, und sodann, weil die vierte Besonderheit durch die Beschlagnahme der deutschen Kolonien von seiten anderer imperialistischer Großmächte noch mehr ausgeprägt worden war.

Abgeschwächt war – aber verschwand nicht ganz – die fünfte Besonderheit, die „Spezialposition“ der Junker. Daß sie nur abgeschwächt wurde, zeigt die Rolle Hindenburgs, zeigt die Rolle der Junker in Diplomatie und Heer, zeigt die im Vergleich zu den Industriesubventionen relativ große „Osthilfe“ an die Junker in der Weimarer Republik.

Völlig verschwand die zweite Besonderheit – die positiven Auswirkungen der nationalen Einigung, der Wegräumung feudaler Hemmnisse, der französischen Kriegsentschädigung usw. hatten sich völlig erschöpft.

Auch die dritte Besonderheit war in ihrer Auswirkung als Besonderheit verschwunden – einmal, weil die Frühentwicklung jetzt keine Bedeutung mehr hatte, und sodann, weil auch in den anderen Ländern die Monopolisierung der Schwer-(Rüstungs-)Industrie gegenüber den anderen Industrien immer mehr an Gewicht gewann. Wenn in allen großen imperialistischen Ländern die Schwerindustrie unter den monopolisierten Industrien eine Spezialstellung hat, wenn zum Beispiel jetzt auch in England die Textilindustrie stark hinter der Schwerindustrie zurücktritt, dann ist die hervorragende Rolle, die die Schwerindustrie in der Weimarer Republik spielte, nicht mehr eine Besonderheit des deutschen Imperialismus, sondern entspricht der internationalen Entwicklung.

Jedoch verschwanden nicht nur alte Besonderheiten, es kamen in der Weimarer Republik auch neue Besonderheiten hinzu:

Zu dem Fehlen von Kolonien gesellte sich das Verschwinden praktisch allen exportierten Kapitals, das bis 1932 nur zu einem relativ geringen Teil ersetzt wurde.

Vor allem aber gehören zu den Besonderheiten des deutschen Imperialismus von 1919 bis 1932 zwei, die bei der Wegbereitung für den Faschismus durch das Monopolkapital eine sehr große Rolle spielten:

Der deutsche Imperialismus hatte eine durch den Vertrag von Versailles in gewisser Beziehung eingeschränkte Souveränität – im Laufe der Zeit fast nur noch bezüglich auf (und das ist die zweite sehr entscheidende neue Besonderheit) die bewaffnete Staatsmacht.

In dieser Zeit kann man nicht von einer Militarisierung der deutschen Wirtschaft sprechen. Und ein wirklich kleines Heer von 100 000 Mann, das durch illegale Maßnahmen faktisch vielleicht auf 200 000 gebracht worden war, das über keine schwere moderne Bewaffnung verfügte, war keine Armee, mit der man einen zweiten Weltkrieg führen konnte — auch wenn eine solche Armee selbstverständlich ausreichte, um mit brutalstem Terror nach innen gegen die Arbeiterklasse vorzugehen. Aber dafür „genügt“ in den imperialistischen Ländern im allgemeinen auch die Polizei.

Es wäre jedoch ganz falsch, daraus den Schluß ziehen zu wollen, daß man nicht von einer Militarisierung des gesellschaftlichen Lebens in der Weimarer Republik sprechen kann. Ganz im Gegenteil muß man feststellen, daß die Militarisierung des gesellschaftlichen Lebens um so intensiver betrieben wurde. Gerade das Fehlen einer Rüstungsindustrie und das Fehlen einer größeren Armee veranlaßte das Monopolkapital, die Militarisierung des Überbaus, der Anschauungen und Einrichtungen um so intensiver zu betreiben. Was die Einrichtungen betrifft, so braucht man nur daran zu denken, welche Rolle das Reichswehrministerium in der Republik gespielt hat. Was die Militarisierung der Ideologie, einschließlich des Sozialdemokratismus betrifft, so ist diese zu bekannt, als daß man hier noch näher darauf einzugehen braucht.

Auch wäre es falsch, einfach eine sehr geringe Militarisierung der Wirtschaft feststellen zu wollen. Denn so richtig eine solche Feststellung ist, muß sie doch ergänzt werden durch das, was ich die Feststellung einer sehr energischen und intensiven Para-Militarisierung oder Prä-Militarisierung nennen möchte.

Richtig: es gab keine Rüstungsindustrie von Bedeutung in der Weimarer Republik – eine Tatsache, die schon daraus deutlich wird, daß der Faschismus Jahre brauchte, bis er zu einer Serienproduktion von Tanks und Kriegsflugzeugen übergehen konnte.

Aber alle Grundlagen einer Rüstungsindustrie, wie eine starke Eisen- und Stahlindustrie, eine starke chemische, eine starke Elektroindustrie, ein bedeutender Maschinen- und Transportmittelbau waren in der Weimarer Republik geschaffen worden, Grundlagen, auf denen die eigentliche Rüstungsindustrie dann errichtet werden konnte.

Das heißt, der Prozeß der Militarisierung war in der Weimarer Republik weit ungleichmäßiger und komplizierter als in den anderen imperialistischen Ländern.

Jedoch müssen wir abschließend feststellen: das, was am markantesten unter den Besonderheiten des deutschen Imperialismus in der Weimarer Republik ist, das sind die fehlenden oder nur ganz schwach entwickelten Merkmale bzw. Attribute des Imperialismus: Kolonien, Kapitalexport, Militärmacht.

*

Um nun, gleichzeitig mit der Unterdrückung der immer stärker werdenden und daher seine Existenz unmittelbar gefährdenden Arbeiterbewegung, seinen „negativen“ Erscheinungen, das heißt dem Fehlen bestimmter Attribute, abzuhelfen, um sich fehlende Attribute wie eine bewaffnete Macht und Kolonien zu verschaffen, errichtete das Monopolkapital die Diktatur des Faschismus. Die Herrschaft des Faschismus stellt eine Besonderheit des Imperialismus dar, die Dimitroff so charakterisierte: „Der Faschismus an der Macht, Genossen, ist wie ihn das 13. Plenum des EKKI richtig charakterisiert hat, die offene terroristische Diktatur der reaktionärsten, am meisten chauvinistischen, am meisten imperialistischen Elemente des Finanzkapitals.“[129]

[129] G. Dimitroff auf dem VII. Weltkongreß der Kommunistischen Internationale, Bericht, Moskau 1939, S. 126.

Und noch von einer anderen Seite her müssen wir heute den Faschismus charakterisieren. Stalin definiert das ökonomische Grundgesetz des monopolistischen Kapitalismus so:[130] „Sicherung des kapitalistischen Maximalprofits durch Ausbeutung, Ruinierung und Verelendung der Mehrheit der Bevölkerung des gegebenen Landes, durch Versklavung und systematische Ausplünderung der Völker anderer Länder, besonders der zurückgebliebenen Länder, und schließlich durch Kriege und Militarisierung der Volkswirtschaft, die der Sicherung von Höchstprofiten dienen." Der Faschismus aber ist die Herrschaftsform des Finanzkapitals, in der sich dies Grundgesetz des modernen Kapitalismus mit den brutalsten Mitteln gefördert durchsetzt. Ausbeutung, Ruinierung und Verelendung der Mehrheit des gegebenen Landes erreichen einen Höhepunkt. Versklavung und systematische Ausplünderung der Völker anderer Länder werden in unausdenkbar furchtbarem Ausmaß betrieben. Kriege und Militarisierung der Volkswirtschaft finden in größter Zahl bzw. stärkster Intensität statt.

Verlorengegangen war in dieser dritten Phase seiner Entwicklung jede Beschränkung seiner Souveränität, und so gewann der deutsche Imperialismus wieder in den Jahren 1933 bis 1939 das Attribut der aggressiven militärischen Macht und eroberte in den Jahren 1939 bis 1942 mehr Kolonien, als er je besessen hatte.

Vielleicht kann man auch davon sprechen, daß in der Zeit des Faschismus die Militarisierung des gesellschaftlichen Lebens und insbesondere auch der Wirtschaft einen solchen Grad erreichte, daß man dies als eine Besonderheit des deutschen Imperialismus auffassen muß.

Eine solche Auffassung erscheint noch berechtigter, wenn wir daran denken, daß ganz zweifellos die mit der Militarisierung eng verbundene Erscheinung des staatsmonopolistischen Kapitalismus unter dem deutschen Faschismus ein bis dahin und seitdem nicht mehr erreichtes Ausmaß annahm. Ganz zweifellos müssen wir das gewaltige Ausmaß der Herausbildung des staatsmonopolistischen Kapitalismus als eine Besonderheit des deutschen Imperialismus in den Jahren von 1933 bis zum Ende der Herrschaft des Faschismus betrachten.

★

In den Jahren von 1948 bis 1950 waren vom amerikanischen Monopolkapital die Grundlagen des deutschen Imperialismus, einschließlich der überaus wichtigen Einrichtung des Staatsapparates, wieder geschaffen worden. Auf diesen Grundlagen erhob sich jetzt der deutsche Imperialismus von neuem.

Welches sind die Besonderheiten des deutschen Imperialismus in Westdeutschland?

Geblieben ist ihm durch alle Wandlungen hindurch, und stets verstärkt, die Besonderheit der speziellen Aggressivität. Das ist nur „natürlich" so, denn ein Monopolkapital verliert nicht zwei Weltkriege und wird dann saturiert.

[130] J. W. Stalin, „Ökonomische Probleme des Sozialismus in der UdSSR", Berlin 1952, S. 39 f.

Verloren ging (wenn nicht schon unter dem Faschismus) die Besonderheit seines junkerlich-bürgerlichen Charakters. Die Großgrundbesitzer im Westen sind keine Junker und ihre Rolle im Staat ist keine andere als die der Großgrundbesitzer in anderen imperialistischen Ländern. (Das bedeutet natürlich nicht, daß man in der Agitation vergessen darf, daß die aus dem Osten Deutschlands nach dem Westen geflüchteten Junker im Überbau Westdeutschlands eine prominente, gefährliche, feindliche Rolle spielen.)

Wiederholt hat sich, und zwar ganz außerordentlich verstärkt der Zeit der Weimarer Republik gegenüber, der Verlust der Souveränität.

Ebenfalls wiederholten sich Kolonial- und Gebietsverluste sowie der Verlust des exportierten Kapitals und vor allem, und in verstärktem Maße noch, der Verlust an militärischer Kraft. Doch hatte diese Wiederholung von Verlusten zum Teil eine völlig neue Qualität. Es wurde nämlich deutsches Gebiet verloren – an das deutsche Volk; es wurde, neben dem exportierten Kapital, in Deutschland befindliches Kapital verloren – an das deutsche Volk: im östlichen Teil Deutschlands. Eine Qualitätsveränderung der Verluste des deutschen Monopolkapitals von ganz fundamentaler positiver Bedeutung für das deutsche Volk!

Und damit im Zusammenhang steht als ebenfalls ganz neuartige Besonderheit die Existenz der Deutschen Demokratischen Republik als stärkste Stütze aller fortschrittlichen Kräfte Deutschlands im Kampf gegen den deutschen Imperialismus.

Das heißt, der deutsche Imperialismus basiert auf einem gespaltenen Deutschland. Er kann, und das ist seine markanteste Besonderheit in der zweiten Etappe der allgemeinen Krise, nur durch die Spaltung „seines" Landes existieren.

Bis zum Ende des Jahres 1954 war ein gewisser Teil der Souveränität zurückgewonnen – aber letztlich doch so wenig, daß noch immer der Stiefel des amerikanischen Imperialismus in Westdeutschland herrschte.

Bis zum Ende des Jahres 1954 war eine gewisse Menge Kapital exportiert und ein kleiner Prozentsatz des ehemals exportierten zurückgewonnen.

Als Militärmacht nach außen war die Bundesrepublik 1954 noch ein bedeutungsloser Faktor gegenüber den anderen imperialistischen Großmächten, während die Basis der Militarisierung, der monopolkapitalistische Produktionsapparat der Schwerindustrie, wohl besser imstande war als je in der Geschichte des deutschen Imperialismus.

Mit der Ratifizierung der Pariser Kriegsverträge am 24. März 1955 begann eine neue Phase der Entwicklung, die wir hier nur andeuten können.

Die Ratifizierung der Pariser Kriegsverträge soll dem deutschen Imperialismus das fehlende Attribut der militärischen Macht wiedergeben.

Der Ministerpräsident der UdSSR, N. A. Bulganin, erklärte dazu auf der Warschauer Konferenz:[131] „Durch diese Ratifizierung haben die westdeutschen Militaristen und Revanchepolitiker die Möglichkeit erhalten, offen mit der Aufstellung einer Kaderarmee zu beginnen und sie mit allen Arten der modernen Waffen, einschließ-

[131] Zitiert nach „Tägliche Rundschau", 12. Mai 1955.

lich der Atomwaffen, der chemischen und bakteriologischen Kampfmittel auszurüsten. Westdeutschland wird in ein Aufmarschgebiet für die Entfaltung großer aggressiver Kräfte verwandelt. In verstärktem Maße werden Flugplätze, Schießplätze, Kasernen und Waffenlager errichtet. Maßnahmen zur Anwendung der Atomwaffe durch die westdeutschen Militaristen werden ausgearbeitet, Massenlieferungen amerikanischer Waffen nach Westdeutschland werden vorbereitet, und gleichzeitig wird die Militarisierung der westdeutschen Industrie verstärkt.

Somit spielen die Pariser Verträge den Aggressoren und Okkupanten von gestern Mittel zu einer neuen Aggression, Mittel zu neuerlicher Unterdrückung in die Hände. Der deutsche Militarismus, der im Laufe des Lebens einer Generation zwei Weltkriege entfesselt hat, erscheint aufs neue auf dem europäischen und internationalen Schauplatz und bedroht den Frieden und die Sicherheit der Völker.

Zehn Jahre nach Beendigung des zweiten Weltkrieges wird Westdeutschland mit Hilfe der Vereinigten Staaten von Amerika, Großbritanniens und Frankreichs in den Hauptherd der Kriegsgefahr in Europa verwandelt. Es wird zu einem Glied des aggressiven Nordatlantikblocks sowie der westeuropäischen militärischen Union, die sich gegen die Sowjetunion und gegen die Länder der Volksdemokratie richten."

Mit der Wiederherstellung der militärischen Macht, mit dem Wiedergewinn dieses bisher fehlenden Attributs gewinnen die vorhandenen Attribute – insbesondere der große unter der Herrschaft des Monopolkapitals stehende Produktionsapparat und der wachsende Kapitalexport – eine stärkere Wirkungskraft. Damit wird der Mangel gewisser Attribute – insbesondere voller Souveränität und der Kolonien – besonders stark vom deutschen Monopolkapital empfunden. Damit wächst die Aggressivität des deutschen Imperialismus, nimmt seine Raubgier zu. Damit wachsen auch die Widersprüche zwischen dem deutschen Imperialismus und den anderen imperialistischen Mächten – nicht zum wenigsten auch zwischen dem deutschen und dem amerikanischen Imperialismus. Damit erreicht auch einen Höhepunkt der Widerspruch zwischen den Interessen des deutschen Volkes und den Interessen des Monopolkapitals, das die Aufrüstung auf Kosten der werktätigen Massen durchführen und mit den werktätigen Massen als Kanonenfutter den dritten Weltkrieg beginnen will, während das deutsche Volk ein Leben in Frieden und steigendem Wohlstand wünscht. Mit der äußersten Zuspitzung dieses Widerspruches und dem weiteren Erstarken der Deutschen Demokratischen Republik, der Zunahme ihrer werbenden Kraft, mit dem Wachsen des Widerstandes aller fortschrittlichen Kräfte Deutschlands gegen die Kriegsvorbereitungen, mit der Verstärkung des Kampfes für die Einheit Deutschlands und die Erhaltung des Friedens wird das Ende aller Besonderheiten, wird das Ende des deutschen Imperialismus, wird seine Ausrottung durch das deutsche Volk kommen.

KAPITEL II

ZUM PROBLEM DER ZWISCHENKRISEN

In der folgenden Studie werden, ausgehend vom Begriff der Zwischenkrisen, wie ihn Engels entwickelt hat, einige Charakteristika einiger ökonomischer Krisen in der Zeit seit dem ersten Weltkrieg untersucht.

Diese ökonomischen Krisen finden in der Periode der allgemeinen Krise, im Stadium des sterbenden Kapitalismus, in der Zeit der Militarisierung von Wirtschaft und Gesellschaft, unter den Bedingungen der Herausbildung des staatsmonopolistischen Kapitalismus statt. Das hat manche Wissenschaftler dazu veranlaßt anzunehmen, daß die Zyklen völlig deformiert werden.

Natürlich haben diese Umstände einen deformatorischen Einfluß auf den Zyklus – man braucht nur an die Wirkung der Weltkriege und ihrer Vorbereitung auf den Zyklus zu denken. Aber ebensowenig wie die eigenartige Wirkung der Monopole auf das Wertgesetz, die beinhaltet, daß eine große Anzahl von Waren im Zyklusdurchschnitt über ihren Wert verkauft werden (nämlich die Monopolwaren) und eine große Anzahl unter ihrem Wert (darunter die Ware Arbeitskraft), bedeutet, daß das Wertgesetz so deformiert ist, daß man es nicht mehr erkennt, so ist auch die zyklische Bewegung der kapitalistischen Wirtschaft in der Periode der allgemeinen Krise des Kapitalismus nicht so deformiert, daß sie sich nicht mehr als solche erkennen läßt. Ganz im Gegenteil kommt der zyklische Charakter der Bewegung der kapitalistischen Wirtschaft in dem größten kapitalistischen Lande, in den USA, ganz besonders zum Ausdruck.

Voraussetzung für diese Erkenntnis ist aber, daß man Klarheit über den Charakter der Zwischenkrisen hat. Die Einschätzung einer Krise als Zwischenkrise hat darum auch eminente Bedeutung für die Konjunkturprognose, denn die Konjunkturprognose muß auf der Erfahrung der zyklischen Bewegung der kapitalistischen Wirtschaft, auf der Geltung der von Marx und Engels entdeckten Gesetzmäßigkeit der Konjunkturentwicklung, aufbauen.

*

Die immer wiederkehrenden ökonomischen Krisen des Kapitalismus werden zyklisch genannt, weil sie sich in gewisser Regelmäßigkeit (etwa alle acht bis zwölf Jahre) wiederholen – es sei denn, besondere Ereignisse und Katastrophen wie Weltkriege deformieren den Zyklus.

Die zyklischen Krisen werden durch Überproduktion verursacht. Sie heißen darum auch Überproduktionskrisen.

Marx und Engels haben die Ursachen der zyklischen Überproduktionskrisen des Kapitalismus völlig geklärt. Auch die gesellschaftliche Aufgabe der Krisen ist offensichtlich: die Widersprüche des kapitalistischen Reproduktionsprozesses, die in der Tatsache der Überproduktion Ausdruck finden, temporär zu lösen, so daß sich die kapitalistische Produktion auf erweiterter Basis weiterentwickeln kann.

Ungeklärt ist noch die Frage, warum im allgemeinen während 150 Jahren regelmäßig alle zehn (acht bis zwölf) Jahre eine Überproduktionskrise eingetreten ist, das heißt, warum sich im Laufe der Entwicklung die Länge des Zyklus nicht eindeutig in dieser oder jener Richtung verändert hat; ungeklärt ist also noch die zeitliche Regelmäßigkeit im Verlauf des Zyklus.

Erschwert wird die Prognose, wird die Voraussage von Krisen in der Periode der allgemeinen Krise des Kapitalismus durch Deformationen, welche Weltkriege mit all der Verschiedenheit und Ungleichmäßigkeit der Entwicklung, die sie für die einzelnen kapitalistischen Länder bringen, verursachen.

Stets ist die Analyse der zyklischen Entwicklung und die Voraussage von Krisen erschwert worden durch das Phänomen der Zwischenkrisen, mit dem wir uns im folgenden beschäftigen wollen.

1. Die Zwischenkrisen bei Engels

Bis in die letzten Jahre seines Lebens hat Engels sich mit Fragen der Länge der Zyklen der wirtschaftlichen Entwicklung beschäftigt.

In der Frühzeit seiner Arbeiten meinte Engels, daß der Zyklus etwa fünf Jahre umfasse. Im Vorwort vom 21. Juli 1892 zur zweiten deutschen Auflage seines Buches „Die Lage der arbeitenden Klasse in England" nimmt Engels zu dieser Auffassung so kurzer Zyklen kritisch Stellung:[132]

„Im Text (der im November 1844 bis März 1845 geschrieben wurde – J. K.) wird die Kreislaufperiode der großen industriellen Krisen auf fünf Jahre angegeben.[133] Dies war die Zeitbestimmung, die sich aus dem Gang der Ereignisse von 1825 bis 1842 scheinbar ergab. Die Geschichte der Industrie von 1842 bis 1868 hat aber bewiesen, daß die wirkliche Periode eine zehnjährige ist, daß die Zwischenkrisen sekundärer Natur waren und seit 1842 mehr und mehr verschwunden sind."

Wir wissen nicht, wann Marx und Engels zu dieser neuen und korrekten Auffassung gekommen sind. In einem Brief an Engels vom 5. März 1858 spricht Marx von einer „Periode, worin sich die großen Krisen wiederholen", die an die zehnjährige erinnert, ohne sich irgendwie über Perioden von kleineren Krisen auszulassen. Im „Kapital" aber ist nur noch von den längeren Zyklen die Rede. So schrieb

[132] Fr. Engels, a. a. O., Berlin 1952, S. 19. — Oelßner, „Die Wirtschaftskrisen", Erster Band, Berlin 1949, S. 106, hat unrecht, wenn er meint, daß Engels hier einen eigenen, 1885 veröffentlichten, Artikel zitiert.

[133] Drei Jahre später, im Oktober 1847, in „Grundsätze des Kommunismus", datiert Engels „alle fünf bis sieben Jahre".

Marx im I. Band:[134] „Der charakteristische Lebenslauf der modernen Industrie, die Form eines durch kleinere Schwankungen unterbrochnen zehnjährigen Zyklus . . .". In der französischen Ausgabe von 1873 fügte er hinzu:[135] „Bis jetzt ist die periodische Dauer solcher Zyklen zehn oder elf Jahre, aber es gibt" – bemerkt Marx weiter – „keinerlei Grund, diese Zahl als konstant zu betrachten". Und im II. Band des „Kapital",[136] dessen Vorwort von Engels vom 5. Mai 1885 datiert ist, erscheint der zehnjährige Zyklus ebenfalls als der „natürliche".

Auch bei Engels lesen wir „ganz selbstverständlich" im „Anti-Dühring:[137] „In der Tat, seit 1825, wo die erste allgemeine Krisis ausbrach, geht die ganze industrielle und kommerzielle Welt . . . so ziemlich alle zehn Jahre einmal aus den Fugen" – eine Feststellung, die Engels auch in „Die Entwicklung des Sozialismus von der Utopie der Wissenschaft"[138] übernahm.

Die letztere Arbeit von Engels erschien zuerst 1880 auf französisch in Paris; eine polnische Ausgabe kam im März 1882 in Genf heraus. Das Vorwort zur ersten deutschen Ausgabe ist vom 21. September 1882 datiert; sie wurde jedoch erst im März 1883 veröffentlicht; ihr folgten noch im gleichen Jahr zwei weitere deutsche und eine italienische Ausgabe.

In dieser Zeit trat jedoch eine Wandlung in der Auffassung von Engels ein, die in einem seiner letzten Briefe an Marx (vom 30. 11. 1882) zum Ausdruck kam. Dort hieß es: „Seine (Bebels – J. K.) Hoffnungen auf eine neue große (von Engels unterstrichen – J. K.) Krise halte ich für verfrüht – eine Zwischenkrise wie 1842 kann kommen . . .". Damals befand sich die englische Wirtschaft in einer Krise, die nicht zyklischen Charakter hatte, sondern mit dem Verfall des englischen Weltindustriemonopols zusammenhing. Diese schleichende Krise deformierte das Bild so, daß auch Engels hinsichtlich der zyklischen Krisen nicht klar sehen konnte. Etwas später, im „Commonwealth" vom 1. März 1885, schilderte Engels diesen „chronischen Depressionszustand" der englischen Wirtschaft so:[139] „. . . wir leben seit 1876 in einem chronischen Versumpfungszustand aller herrschenden Industriezweige. Weder will der vollständige Zusammenbruch kommen noch die langersehnte Zeit der Geschäftsblüte, auf die wir ein Recht zu haben glaubten sowohl vor wie nach dem Krach. Ein tödlicher Druck, eine chronische Überfüllung aller Märkte für alle Geschäfte, das ist der Zustand, den wir seit beinahe zehn Jahren durchmachen."

Es ist nicht verwunderlich, daß Engels unter diesen Umständen auch die Vergangenheit von neuem überprüft. Hatte er noch am 25. (bis 31.) Januar 1882 in einem Brief an Bernstein[140] an den klaren Formulierungen des „Anti-Dühring" festgehalten, und schon einiges über Zwischenkrisen gesagt: „bis 1847 waren sie regelmäßige

[134] K. Marx, „Das Kapital", Bd. I, Berlin 1947, S. 666.
[135] K. Marx, ebendort, „Nachträge zum I. Band".
[136] K. Marx, „Das Kapital", Bd. II, Berlin 1948, S. 180.
[137] Fr. Engels, „Herrn Eugen Dührings Umwälzung der Wissenschaft", Berlin 1948, S. 340.
[138] Fr. Engels, a. a. O., Berlin 1951, S. 74.
[139] Zitiert nach Vorwort zur Ausgabe 1892 von „Die Lage der arbeitenden Klasse in England", a. a. O., S. 25.
[140] K. Marx, Fr. Engels, „Briefe über ‚Das Kapital'", Berlin 1954, S. 270.

Mittelglieder, so daß in meiner ‚Lage der arbeitenden Klasse' der Zyklus noch als fünfjähriger erscheint", hatte Engels hier also gewisse Gedanken seiner Bemerkungen im Vorwort zur zweiten deutschen Auflage dieses Buches vorgenommen, so kommt er in einem Brief an Bebel vom 10. Mai 1883, eben unter den Eindruck der „chronischen Depression" in England, zu einer weniger präzisen Formulierung der Dauer früherer Zyklen und zu einer unzutreffenden Definition der Zwischenkrisen:[141] „Der zehnjährige Kreislauf hat sich überhaupt erst seit 1847 (wegen der kalifornischen und australischen Goldproduktion und damit vollständigen Herstellung des Weltmarkts) klar entwickelt. Jetzt, wo Amerika, Frankreich, Deutschland anfangen das Weltmarktsmonopol von England zu brechen und wo daher die Überproduktion wieder, wie vor [18]47, anfängt sich rascher geltend zu machen, jetzt kommen auch die fünfjährigen Zwischenkrisen wieder auf. Beweis der vollständigen Erschöpfung der kapitalistischen Produktionsweise. Die Periode der Prosperität kommt nicht mehr zu ihrer vollen Entwicklung, schon nach fünf Jahren wird wieder überproduziert und selbst während dieser fünf Jahre geht es im ganzen schofel ab."

Hier finden wir eine merkwürdige Abneigung, einfach vom zehnjährigen Zyklus zu sprechen. Engels meint, dieser habe sich erst seit 1847 klar entwickelt. Gleichzeitig gibt Engels hier eine Definition des Ausdrucks „Zwischenkrisen", die nicht den Inhalt wie im Vorwort zur Lage der arbeitenden Klasse in England von 1892 hat, wo er sie als eine Erscheinung sekundärer Natur definiert. Die Zwischenkrisen stellen hier vielmehr ein fundamentales Hindernis für die „volle Entwicklung" der „Periode der Prosperität" dar. Sie sind eben nicht Zwischenkrisen auf dem Wege von der Krise zum Höhepunkt der voll entfalteten Prosperität, „Mittelglieder", wie er noch 1882 schrieb, sondern sie sind kleinere Krisen, die die volle Erschöpfung der Aufstiegsmöglichkeiten der kapitalistischen Produktion zur Höhe unmöglich machen.

Am 18. Januar 1884 schrieb Engels an Bebel mit gleicher Unsicherheit in der Bestimmung der Dauer der Zyklen und der Zwischenkrisen (das, was Lenin bei sich selbst, wenn er auf ein neues Phänomen stieß, über das er sich noch nicht klar war, „tastend" nannte) wie in dem Brief vom 10. Mai 1883: „Auch hier hat die Industrie einen anderen Charakter angenommen. Der zehnjährige Zyklus scheint durchbrochen, seit die amerikanische und deutsche Konkurrenz, seit 1870, dem englischen Weltmarktsmonopol ein Ende machen. Seit 1868 herrscht in den Hauptzweigen gedrückte Geschäftslage bei langsam steigender Produktion; und jetzt scheinen wir in Amerika und hier vor einer neuen Krise zu stehen, ohne daß hier in England eine Prosperitätsperiode vorausgegangen."[142]

Ende des gleichen Jahres, in einem Brief an Kautsky vom 8. November 1884, spricht Engels aber wieder „ganz gewohnt" vom „zehnjährigen Krisenzyklus", dessen Auswirkungen „gewohnheitsmäßige Bedingungen des Daseins geworden sind". Und $1^1/_4$ Jahr später, am 25. Februar 1886, datierte Engels seinen Anhang

[141] K. Marx, Fr. Engels, „Briefe an A. Bebel, W. Liebknecht, K. Kautsky und andere", Teil I, 1870–1886, Moskau-Leningrad 1933, S. 305.
[142] Ebendort, S. 320.

zur amerikanischen Ausgabe der Lage der arbeitenden Klasse in England, in dem er bereits wörtlich den anfangs zitierten Text aus der 2. deutschen Auflage von 1892 vorwegnahm.

Es ergibt sich also folgende Entwicklung der Auffassung von der Länge des Zyklus:

1. Bis mindestens 1847: Auffassung, daß die Zyklen fünf bzw. fünf bis sieben Jahre dauern.
2. Nach 1847 bis 1882: Auffassung, daß die Zyklen zehn bzw. elf Jahre dauern.
3. Seit 1882 bis 1884 (jedoch ohne Nachwirkung in der Herausgebertätigkeit von Engels am II. Band des „Kapital") Unsicherheit in der Bestimmung der Dauer der Zyklen und des Charakters der Zwischenkrisen.
4. Seit 1884: Klärung über die Dauer der Zyklen und Herausbildung der Bestimmung der Zwischenkrisen, die, im Anhang zur amerikanischen Ausgabe der Lage der arbeitenden Klasse in England, 1886 ihre klarste Formulierung findet, und 1892 durch Übersetzung ins Deutsche im vom 21. Juli 1892 datierten Vorwort zur zweiten deutschen Auflage noch einmal ausdrücklich bestätigt wird.[143]

*

Was ist nun der Charakter von Zwischenkrisen? worauf beruhen sie? Warum ist es notwendig und wichtig, sich mit ihnen zu beschäftigen?

Engels nennt die Zwischenkrisen „sekundärer Natur". Worauf bezieht sich das „Sekundäre" ihres Charakters?

[143] Zwar folgt dann noch jene erstaunliche Fußnote von Engels im III. Band des „Kapital": „In der Kindheit des Welthandels, 1815 bis 1847, lassen sich annähernd fünfjährige Krisen nachweisen; von 1847 bis 1867 ist der Zyklus entschieden zehnjährig..." (K. Marx, „Das Kapital", Bd. IIII, Berlin 1949, S. 534.)

Sollte Engels gegen Ende seines Lebens wieder von der Anerkenntnis der Existenz von Zwischenkrisen abgekommen sein – das Vorwort zum III. Band ist vom 4. Oktober 1894 datiert – oder ist die Formulierung flüchtig und beruht ihre Aufnahme in das „Kapital" auf einem Versehen?

Meiner Ansicht nach handelt es sich um eine flüchtige Formulierung, und um Flüchtigkeit ein zweites Mal auch bei der Aufnahme der Fußnote in das „Kapital". Die Annahme der Flüchtigkeit ist um so wahrscheinlicher, als überhaupt an der Fußnote eine bei Engels sonst nicht zu beobachtende Ungenauigkeit der Formulierung auffällt. Nicht nur muß es, wie auch die Redaktion bemerkt hat, „Zyklen" statt „Krisen" heißen, was aber wohl nicht, wie die Redaktion meint, „offensichtlich ein Druckfehler", sondern offensichtlich ein Schreibfehler von Engels ist; Engels spricht überdies auch von den Zyklen in der „Kindheit des Welthandels, 1815–1847", was doch wohl, wie er sonst auch schreibt, 1825–1847 heißen muß.

Für die Annahme der Flüchtigkeit spricht schließlich auch die Tatsache, daß Engels in dem gleichen V. Abschnitt des „Kapital" eine Zwischenbemerkung macht, in der es heißt (K. Marx, „Das Kapital", Band III, a. a. O., S. 600): „Die Krisis von 1837 mit ihren langen Nachwehen, an die sich 1842 noch eine vollständige Nachkrise schloß..." Hier wird also ganz offenbar vom zehn- bzw. elfjährigen Krisenzyklus ausgegangen – wenn auch von einer „Nachkrise" statt von einer Zwischenkrise gesprochen wird.

In jedem Fall sollte man diese Fußnote von Engels aus einer Volksausgabe des „Kapital" fortlassen.

Der entscheidende Unterschied der „echten", „großen" „Haupt"-Krise und der Zwischenkrise liegt darin, daß die Zwischenkrise keine gesetzmäßige zyklische Erscheinung ist, weil sie auf gewissen, keineswegs immer in gleicher Weise und Stärke auftretenden, historischen Besonderheiten des gesetzmäßigen Zyklus sowie auch auf außerhalb des Zyklus agierenden Faktoren beruht. Nicht, daß die Zwischenkrise nicht ebenfalls das Produkt der Überproduktion ist. Ohne Überproduktion keine Zwischenkrise. Aber während die kapitalistische Überproduktion gesetzmäßig zur zyklischen Krise führt, verursacht sie nicht gesetzmäßig eine Zwischenkrise.

Darum können wir zum Beispiel 1926 eine Zwischenkrise in Deutschland beobachten – während sich keine Zwischenkrise in den Vereinigten Staaten von 1921 bis 1929 beobachten läßt (1924 und 1927 sind wohl nur als Jahre dessen, was Marx ganz einfach eine kleine Schwankung nennt, zu betrachten).

Die Zwischenkrise ist verursacht durch eine besondere Ungleichmäßigkeit in der Entfaltung der Widersprüche des Kapitalismus auf einzelnen Gebieten der Wirtschaft, die, bisweilen auch durch einzelne, u. a. auch nicht-ökonomische, Ursachen veranlaßt, zu einem „kleinen Krach" führt, der sich nach einiger Zeit fängt und schnell zu merklich höherer Produktion als zuvor führt. Solch einzelne Gründe können der Zusammenbruch eines überragenden Bankhauses infolge von Fehlspekulationen, können Mißernten, eine Spezialkrise einer einzelnen Industrie oder auch akutes Drohen eines Krieges sein.[144] Diese Ursachen lösen dann auf der Basis der allgemein zunehmenden Überproduktion eine Zwischenkrise aus.

Die Zwischenkrisen sind also zwar das Resultat der Überproduktion – aber direkt hervorgerufen auf Grund von entweder nur partieller Überproduktion oder auch von nicht unmittelbar zur Produktion gehörenden Faktoren, ohne daß die durch die Überproduktion herbeigeführten Widersprüche bereits den Höhepunkt ihrer Entwicklung erreicht haben.

Die Zwischenkrisen lösen darum auch die Widersprüche der Überproduktion bestenfalls nur partiell und niemals für „längere Zeit", das heißt für die Dauer eines vollen Zyklus.

Wenn Engels den Zwischenkrisen sekundäre Natur zuschreibt, so bezieht sich das Sekundäre also:

1. auf ihre historische Notwendigkeit,
2. auf ihr Ausmaß,
3. auf ihre Rolle als Mittel zur temporären Lösung des Überproduktionsproblems.

Das heißt:

1. es gibt auch Zyklen ohne Zwischenkrisen,
2. ihr Ausmaß ist im allgemeinen geringer als das der Hauptkrisen,
3. sie können nicht in dem Sinne zur temporären Lösung des Überproduktionsproblems wie „echte" zyklische Krisen beitragen.

Der letztere Faktor ist in gewissem Sinne und vor allem für die Prognose der wichtigste. Darum hat Varga zwar recht in bezug auf die Tiefe der Krisen, wenn

[144] In seinem Brief an Bernstein vom 25. (–31.) Januar 1882 spricht Engels von einer „auf reinen Börsenschwindel zu reduzierenden Zwischenkrise".

er anläßlich der Beurteilung der USA-Krisen 1948/49 und 1953/54 schreibt:[145] „Unter den sowjetischen Wirtschaftswissenschaftlern bestehen Meinungsverschiedenheiten darüber, ob es sich bei dem Produktionsrückgang in diesen Fällen um ‚Zwischenkrisen' oder um echte, aber kurzfristige und schwache Krisen handelte. Meiner Ansicht nach ändert jedoch die Bezeichnung nichts am Wesen der Dinge." Denn es kann auch Hauptkrisen geben, die infolge besonderer Umstände sehr milde sind, und Zwischenkrisen, die verhältnismäßig tief sind, so daß sie sich zum Beispiel hinsichtlich des Produktionsrückgangs kaum unterscheiden. Falsch aber wäre es, diese Äußerung Vargas auf den Charakter der Krisen zu beziehen. Denn nur die Hauptkrise kann die Widersprüche temporär für die Dauer eines Zyklus lösen, die Zwischenkrise aber nicht.

In diesem Sinne ändert die Bezeichnung also sehr viel. Denn wenn wir eine Krise eine Zwischenkrise nennen, dann sagen wir damit: in Bälde, in einigen Jahren, steht noch die Hauptkrise bevor. Betrachten wir eine Krise aber als Hauptkrise, als echte zyklische Krise, dann sagen wir damit: es kann bis zu zehn oder mehr Jahre dauern, bis mit Bestimmtheit eine neue zyklische Krise kommen wird.

Darum ist es so wichtig, genau zwischen Hauptkrisen und Zwischenkrisen zu unterscheiden. Darum auch die vorangehende und die folgende Betrachtung.

2. *1938: Krise oder Zwischenkrise?*

Im allgemeinen wird angenommen, daß der Krise von 1929/32 die nächste Krise 1938 folgte, und daß diese Krise durch Aufrüstung und Krieg teilweise „aufgefangen" wurde.

Ich glaube, daß diese Auffassung falsch ist. Ich glaube, daß die Krise von 1938 eine Zwischenkrise war, und daß sie nicht durch Aufrüstung und Krieg teilweise „aufgefangen" wurde.

Am besten läßt sich der Charakter der Krise in den USA untersuchen.

Stellen wir zunächst einige Jahresdaten gegenüber:[146]

Jahr	Industrieproduktion (1935—1939 = 100)	Beschäftigung (Millionen)	Rüstungsausgaben (Millionen Dollar)
1932	57	38,7	834 (Juli 1931—Juni 1932)
1935	87	42,7	924 (Juli 1934—Juni 1935)
1936	104	44,8	1147 (Juli 1935—Juni 1936)
1937	113	46,3	1185 (Juli 1936—Juni 1937)
1938	87	43,4	1240 (Juli 1937—Juni 1938)
1939	109	45,0	1368 (Juli 1938—Juni 1939)

145 „Kommunist", Nr. 4, März 1956, S. 16 (Übersetzung: „Die Presse der Sowjetunion", 1956, Nr. 54, S. 1275).

146 Nach „Historical Statistics of the United States 1789–1945" Bureau of the Census, Washington D. C. 1949, S. 180, 65 und 299.

Die Krise von 1938 scheint keine sehr große gewesen zu sein – und von einem Auffangen durch Rüstungen kann keine Rede sein. Denn die Steigerung der gesamten Militärausgaben (einschließlich Sold usw.) von 1937 bis 1939 betrug noch nicht 200 Millionen Dollar. Auch von einer größeren Rolle des Außenhandels in der kritischen Zeit bemerken wir nichts. Dieser betrug nach der amtlichen Statistik[147] in Prozent des Gesamtwertes der Produktion (für 1938 ist keine Zahl berechnet) 1937 7,5 Prozent und 1939 7,4 Prozent.

Untersuchen wir den Abfall der Produktion von ihrem jeweiligen Höhepunkt zum jeweiligen Tiefpunkt seit dem ersten Weltkrieg, dann zeigt sich im Jahresdurchschnitt:

Jahr	Index der Industrie-Produktion[148] (1899 = 100)	Veränderung der Produktion
1916	259	—
1919	222	— 14 %
1920	242	+ 9 %
1921	194	— 20 %
1923	280	+ 44 %
1924	266	— 5 %
1929	364	+ 37 %
1932	197	— 46 %
1937	376	+ 91 %
1938	295	— 22 %
1939	374	+ 27 %

Eine echte zyklische Krise hat es in den USA wohl 1921 gegeben – 1924 und 1927 (ohne Senkung der Produktion im Jahresdurchschnitt) gab es wohl das, was Marx eine kleinere „Schwankung" nennt, jedoch wohl nicht eine Zwischenkrise. Eine echte Krise trat 1929 ein und führte fast zur Halbierung der Produktion.

Der Zyklus sah also so aus: 1921 Tiefstand der Krise, (1924 und 1927 kleinere Schwankung), 1929 Höhepunkt der Produktion und Ausbruch der Krise, 1932 Tiefpunkt der Krise. Der Umfang des Zyklus mit 11 Jahren war „normal".

In der Folgezeit stieg die Produktion von 1932 bis 1937. 1938 kann jedoch nicht als „kleinere Schwankung" im Marxschen Sinne gewertet werden. Hier handelt es sich um eine Zwischenkrise, die ganz normal sich löste, wie auch andere Zwischenkrisen, und der 1939 ein ganz normaler weiterer Aufschwung folgte. Von einer „künstlichen" Überwindung der Krise, sei es durch starke Steigerung der Rüstungsausgaben oder durch eine besonders erfolgreiche Exportkampagne kann man nicht sprechen.

[147] Nach „Statistical Abstract of the United States 1946", S. 888.
[148] Nach „Historical Statistics", a. a. O., S. 179.

Betrachten wir die Entwicklung der Zwischenkrise genauer:

Die Entwicklung der Zwischenkrise 1938 nach Monaten[149]

	Persönliches Einkommen (Milliard. Dollar[150])	Industrie-Beschäftigung (1923/25 = 100)	Industrie-Produktion (1935/39 = 100)	Roheisenproduktion (1000 t tägl.)	Kaufhausumsätze (1935/39 = 100)	Ausfuhr (Mill. $)	Großhandelspreise (1926 = 100[151])	Aktienkurse (1935/39 = 100[151])
Höhepunkt 1937	76,4 (Juni)	112,2 (Juli)	121 (Mai)	123,7 (Aug.)	111 (Mai)	305,2 (Mai)	88,0 (April)	136,7 (Febr.)
Erstes stetes Absinken 1937	74,3 (Sept.)	111,6 (Aug.)	119 (Aug.)	121,0 (Sept.)	103 (Nov.)	281,6 (Febr. 1938)	87,5 (Aug.)	111,0 (Sept.)
Januar	68,5	93,4	85	46,6	103	295,0	80,9	87,4
Tiefpunkt 1938	67,0 (Mai)	86,3 (Juni)	81 (Mai/Juni)	35,4 (Juni)	95 (Mai)	231,6 (Nov.)	75,4 (Juli 1939)	76,5 (April)
Januar 1939	70,6	96,8	101	70,2[151]	102	217,2	76,9	97,0
Juli 1939	71,4	98,4	106	76,0[151]	105	252,3	75,4	91,8

Sieht man auf die Roheisenstatistik, dann wird man auch die Statistik der Aktienkurse verstehen und begreifen, warum viele damals an eine „etwas früh gekommene" echte Krise (1929 bis 1937, acht Jahre vom Beginn der ersten bis zum Beginn der zweiten Krise) glaubten. Betrachtet man aber die Entwicklung der Produktion im ganzen, der Kaufhaus-Umsätze und des Einkommens, dann wird sogleich klar, daß es sich nicht um eine echte zyklische Krise handelt – es sei denn, die Krise wäre aufgefangen worden; aber wir sahen, es gab 1938 keinen auffangenden Faktor. Und wenn wir die Zeit vom Tiefpunkt der Produktion in der vorangehenden Krise bis zum Tiefpunkt der Krise von 1938 messen (Juli 1932 bis Mai/Juni 1938), kommen wir mit gerade sechs Jahren Dauer auf einen völlig deformierten, unwahrscheinlich verkürzten Zyklus. Dazu müssen wir bedenken, daß die Produktion im Mai/Juni 1938 noch um mehr als 50 Prozent über dem Niveau vom Juli 1932 lag. Natürlich ist die Einschätzung solcher Bewegungen während des Vorgangs selbst sehr schwer. Aber seit 1938 sind fast 20 Jahre vergangen, Zeit genug für eine neue Einschätzung (nicht zum wenigsten durch Kuczynski, zumal er 1938 den amerikanischen Freunden eine richtige Einschätzung als Zwischenkrise gegeben hatte, ohne jedoch damals oder seitdem eine genauere Untersuchung zu veröffentlichen). –

[149] Alle Zahlen aus „Historical Statistics" a. a. O.; alle Zahlen saisonbereinigt.
[150] Monatszahl auf Jahr umgerechnet.
[151] Nicht saisonbereinigt.

Wir hatten zuvor festgestellt, daß Zwischenkrisen ihren Namen im Sinne von ökonomischen Krisen verdienen, weil sie, genau wie die echten, zyklischen Krisen auf Überproduktion als Resultat des Grundwiderspruchs des Kapitalismus beruhen, daß sie aber keine regelmäßige zyklische Erscheinung sind – in den USA beobachten wir, wie schon bemerkt, zum Beispiel keine solche Krise zwischen 1921 und 1929 –, und daß sie im allgemeinen kleiner an Tiefe als echte Krisen, die ihnen vorangehen und folgen, sind.

Untersuchen wir zunächst das Ausmaß der Zwischenkrise von 1938. In der folgenden Tabelle zeigt sich, daß selbst die auch in den USA durch zahlreiche Nachkriegsfaktoren deformierte und abgeschwächte echte zyklische Krise von 1921 noch beachtlich stärker war, als die Zwischenkrise von 1938:

Senkung vom Höhepunkt zum Tiefpunkt

Faktor	1920—1921	1937—1938
Industriebeschäftigung	31 %	23 %
Industrieproduktion	33 %	33 %
Kaufhaus-Umsätze	17 %	14 %
Ausfuhr	69 %	21 %
Großhandelspreise	44 %	12 %
Aktienkurse	27 %	44 %

Nur die Aktienkurse sanken 1937/38 stärker als 1921 – ein Zeichen der 1937/38 herrschenden zitternden Angst der Börse vor einer neuen großen Krise wie 1929/32. Die Produktion sank gleichmäßig stark. Die Beschäftigung in der Industrie ging 1938 nur um drei Viertel soviel zurück, die Ausfuhr nur um ein Drittel, während Kapitalvernichtung durch Preissenkung in scharfem Gegensatz zu 1921 nur in geringem Maße stattfand! Die Gesamtsumme der Passiva bei Bankrotten aber betrug 1921 fast das Zweieinhalbfache von 1938! Und all dieser Unterschied von 1938 und 1921 trotz der zahlreichen überproduktionskrisenmildernden Faktoren der unmittelbaren Nachkriegszeit von 1921 – und der Tatsache, daß der Höhepunkt der Produktion nach 1932 eben im Jahre vor der Zwischenkrise, 1937, lag, während der Höhepunkt der Produktion nach 1914 nicht 1920, sondern 1916/17 lag:

Industrieproduktion, 1913 bis 1920
(1899 = 100)

Jahr	Index	Jahr	Index
1914	186	1918	254
1915	218	1919	222
1916	259	1920	242
1917	257		

Auch die Aktienkurse hatten ihren Höhepunkt nicht 1920, sondern 1916, und von diesem Höhepunkt (November 1916) gingen sie bis zum Tiefpunkt der Krise im August 1921 um 37 Prozent zurück – wesentlich mehr als die oben angezeigten 27 Prozent, aber doch nicht ganz so stark wie 1938. Während also von den zwei Faktoren, die 1938 eine ebenso starke oder stärkere Senkung als 1921 zeigten, die

Produktion, wenn wir zum wirklichen Höhepunkt zurückkehren, faktisch 1921 eine beachtlich stärkere Senkung aufweist als 1938, ist das bei den Aktienkursen nicht der Fall.

Die Aktienkurse sind, wie alles, was mit dem fiktiven Kapital zusammenhängt, weit stärker vom subjektiven Faktor als das reale Kapital beeinflußt. Der subjektive Faktor in Form von Optimismus: Glaube an die „ewige Prosperität", oder Pessimismus: 1938 Angst vor einem neuen Riesenkrach wie 1929/32, kann zum Beispiel die Aktienkurse um 10, 20 und mehr Prozent stärker herauf- oder heruntertreiben als der realen Lage entspricht – bei der Produktion kann der subjektive Faktor kaum Schwankungen um einige wenige Prozent verursachen!

Doch so bedeutsam natürlich auch im allgemeinen der Unterschied im relativen Ausmaß zwischen einer normalen zyklischen Krise und einer Zwischenkrise ist, so ist dieser Unterschied nicht der allein entscheidende.

Untersuchen wir jetzt die Entwicklung der Industrieproduktion in der ganzen kapitalistischen Welt im Jahre 1938:

Die Produktion stieg unter den Ländern, für die wir Daten haben, in Australien, Chile, Deutschland, Estland, Griechenland, Japan, Indien, Italien, Lettland, Neuseeland, Österreich, Polen, Schweden, Südafrika – sie blieb sich gleich von 1937 bis 1938 in Dänemark, Finnland, Holland, Schweiz. In diesen Ländern wurden rund 30 Prozent der kapitalistischen Weltindustrieproduktion geschaffen; in keinem von ihnen kann von einer Zwischenkrise oder gar von einer zyklischen Krise die Rede sein. Eine echte, eine Hauptkrise aber (wie sie allgemein für 1938 für die USA und anderswo angenommen wurde), die im Stadium des Imperialismus nicht weltumspannend ist, von der so viele Länder ausgenommen sind, wäre nur durch schauerliche Kriegsdeformationen zu erklären. Von ihnen kann aber natürlich 1938 nicht die Rede sein – ein weiterer Beweis für die „sekundäre Natur" der Krise von 1938 in den USA.

In England und Frankreich ging die Produktion ebenso wie in den USA zurück. Die Senkung betrug von 1937 bis 1938

in den USA	22 Prozent
in England	8 Prozent
in Frankreich	7 Prozent

Auch in den beiden letzteren Ländern gab es keine echte und tiefe Krise. In England sowohl wie in Frankreich war der Tiefpunkt der Zwischenkrise im Sommer 1838 erreicht. Die Rüstungsausgaben stiegen damals in England wie auch in Frankreich; aber in beiden Ländern macht die Steigerung noch nicht zwei Prozent des Volkseinkommens aus. Es ist nicht möglich, in dieser Steigerung eine Begründung für den Wiederanstieg der Produktion im weiteren Verlauf des Jahres 1938 zu sehen. Die Zwischenkrise in den USA von 1938 war also eine Erscheinung, die wir auch in England und Frankreich beobachten; weder England noch Frankreich machten eine echte Krise durch, die uns etwa an der Einschätzung der Krise in den USA als einer Zwischenkrise zweifeln machen könnten. Die echte, große zyklische Krise, die vielleicht 1940 oder 1941 zu erwarten gewesen wäre, wurde aber dann durch den Weltkrieg, eine unendlich viel größere Krise des kapitalistischen Systems als eine zyklische Krise, „ersetzt".

Untersuchen wir, um die Form der Überproduktion, die der Zwischenkrise in den USA zugrunde lag, näher kenenzulernen, den Stand der Entwicklung im einzelnen für das Jahr 1937, dann fällt auf: Die Industrieproduktion lag 1937 etwa drei Prozent über dem Niveau von 1929, dem vorangehenden Höhepunkt. Für „durable manufactures", in der Hauptsache Güter der Abteilung I, lag sie um etwa acht Prozent niedriger als 1929; für „nondurable manufactures", vielfach Güter der Abteilung II, lag sie jedoch um etwa 14 Prozent höher. Hier ergab sich zweifellos eine wichtige und ungewöhnliche Ungleichmäßigkeit der Entwicklung. Betrachten wir andererseits die Entwicklung von 1932 bis 1937, so zeigt sich für die Industrieproduktion insgesamt eine Steigerung der Produktion von rund 100 Prozent, davon für „durables" von rund 200 Prozent und für „nondurables" von rund 50 Prozent – ebenfalls eine erstaunliche Ungleichmäßigkeit der Entwicklung.

Schon diese wenigen Andeutungen der außerordentlichen Ungleichmäßigkeit der Entwicklung innerhalb der Industrieproduktion, ohne daß wir auch nur die natürlich noch viel ungleichmäßigere Entwicklung in den einzelnen Industrien untersucht haben, weisen bereits auf mögliche Ursachen der Zwischenkrise hin. Bedenken wir weiter, daß die Ausfuhr in Prozent der Produktion 1929 10 Prozent, 1937 aber nur $7^1/_2$ Prozent betrug, so ergibt sich eine weitere Quelle von Störungen, die zu einer Zwischenkrise führen können. Beobachten wir weiter die Tatsache, daß eine Agrarkrise herrschte und die Bautätigkeit 1937 mengenmäßig um mehr als 40 Prozent unter dem Niveau von 1929 lag – dann haben wir reichlich Grund zur Verwunderung über die Ungleichmäßigkeit der Entwicklung einzelner Wirtschaftszweige bis 1937 und wenig Grund zur Verwunderung über eine Zwischenkrise.

Aber natürlich sind das nur Andeutungen von Möglichkeiten der Entwicklung einer Zwischenkrise. Es ist notwendig, daß wir endlich von der bürgerlichen Konjunkturforschung, insbesondere der amerikanischen Mitchell-Schule, lernen, alles vorhandene Zahlenmaterial für eine allseitige Analyse der Situation zusammenzubringen, statt nur ein paar Einzeltatsachen agitatorisch zu verwerten. Es ist unwürdig der Weisheit des Marxismus-Leninismus, der allein eine tiefe Analyse der Lage erlaubt, dies großartigste „Instrument der Erkenntnis" im wahrsten Sinne des Wortes zu entwerten, indem man es in einen zahlenlosen Raum statt auf die an Daten reiche Wirklichkeit richtet. Der größte lebende Konjunkturanalytiker, Eugen Varga, sollte allen Marxisten-Leninisten ein Beispiel sein in der Durchdringung großer Tatsachensammlungen mit dem Geist des Marxismus-Leninismus.

Wie weit sind wir doch noch zurück in der Untersuchung der Krisen! Obgleich doch die Forschung des Bürgertums so reichlich statistisches Tatsachenmaterial für die Wirtschaftsentwicklung des 20. Jahrhunderts geliefert hat, liegt noch nicht eine einzige gründliche Analyse einer einzigen Krise des 20. Jahrhunderts von marxistischer Seite vor! Die so wichtigen größeren Vorarbeiten Vargas sind den jüngeren Wissenschaftlern zumeist unbekannt, und die älteren haben sie vergessen. Wie mußten doch Marx und Engels nach Daten suchen, und wie haben sie jede einzelne Tatsache, die ihnen zugänglich war, auszuwerten gewußt zur Analyse einer Krisensituation: vom Baumwollpreis bis zur Entlassung von Hausangestellten durch Großkapitalisten, von der Diskontrate bis zum Verkauf von Jagdhunden durch einzelne Fabrikherren, vom Börsenkurs bis zum steigenden Alkoholkonsum in den Klubs der Reichen! Unsere Wissenschaftler aber, die über so unendlich viel mehr Material als Marx und Engels verfügen, begnügen sich mit ein paar nach der Leichtigkeit der Verwendung ausgesuchten Daten, um eine im Tagesgebrauch dem ungeschulten Leser nicht unangenehme sogenannte Analyse zu geben!

3. *Zwischenkrisen oder Krisen oder völlige Deformation des Zyklus nach dem zweiten Weltkrieg?*

Während des zweiten Weltkrieges stieg in der kapitalistischen Welt die Produktion: sie verdoppelte sich in den USA, ging in Deutschland eilig herauf, und wenn sie in Ländern wie Frankreich und Belgien sank, so konnte das die Gesamtbewegung nicht entscheidend beeinflussen.

In den Nachkriegsjahren bewegte sich das Gesamtniveau der Produktion in der kapitalistischen Welt nach einem Rückgang im Jahre 1945 weiter aufwärts:[152]

Kapitalistische industrielle Weltproduktion, 1937/38 und 1946 bis 1955, Nachkriegsterritorium
(1948 = 100)

Jahr	Index	Jahr	Index
1937	77	1950	115
1938	70	1951	125
1946	83	1952	128
1947	93	1953	137
1948	100	1954	137
1949	101	1955	151

Wenn auch mit gelegentlicher Stagnation, zeigt dieser Index eine durch keine Senkung in der Nachkriegszeit unterbrochene Steigerung der Produktion.

Anders gestaltet sich das Bild in dem Lande, auf das rund die Hälfte der kapitalistischen Produktion entfällt, in den USA:

Industrieproduktion in den USA, 1937 bis 1955
(1937 = 100)

Jahr	Index	Jahr	Index	Jahr	Index
1937	100	1944	208	1951	195
1938	79	1945	180	1952	201
1939	96	1946	150	1953	217
1940	111	1947	165	1954	201
1941	143	1948	170	1955	226
1942	176	1949	156		
1943	212	1950	187		

152 Berechnungen der UN.

Während die Produktion von 1938 bis 1943 laufend anstieg und 1944 stagnierte, sank sie 1945 und 1946, stieg von neuem 1947 und 1948, sank 1949, stieg 1950 bis 1953, sank 1954 und ging 1955 von neuem herauf.

Worum handelt es sich bei diesen Bewegungen in den USA nach dem zweiten Weltkrieg?

um gelegentliche Schwankungen der Produktion?
um Zwischenkrisen?
um gestörte bzw. deformierte zyklische Krisen?

Um das, was Marx einfach mit Schwankungen bezeichnet, handelt es sich nicht. Dazu sind die Bewegungen im einzelnen viel zu stark.

Bleibt also die Frage: Zwischenkrisen oder echte zyklische Krisen, mit oder ohne Deformationen?

Daß die Produktion von 1944 bis 1946 sank, ist ganz einfach die Folge der Umstellung der Wirtschaft von Kriegs- auf Friedensproduktion und hat eine Parallele in der Entwicklung nach dem ersten Weltkrieg:

Produktion vom Kriegshöhepunkt bis zum Wiederanstieg

	Jahr	Index (1913 = 100)	Jahr	Index (1937 = 100)	
	1914	94	1939	96	
Höhepunkt	1916	131	1943	212	Höhepunkt
	1917	130	1944	208	
	1918	128	1945	180	
	1919	112	1946	150	
	1920	122	1947	165	

Im zweiten Jahr nach Beendigung des Krieges, 1920 und 1947 waren die Folgen der Umstellung überwunden.

Und nun:

1921 Krise, Echte zyklische Krise, Verfall der Produktion:
Index 1920 122 1921 98

1948 Weiterer kleiner Anstieg

1949 Abfall der Produktion und ? Zwischenkrise, Krise oder „deformierte“ Krise.

Die bisherige Analyse vom marxistischen Standpunkt hat im allgemeinen von einem „deformierten Zyklus“, von einer durch „Rüstungskonjunktur aufgefangenen“, durch „Militarisierung in ihrer Entfaltung verzögerten“ Krise gesprochen.

Ich meine, daß es sich im Jahre 1949 um eine Krise – keine Zwischenkrise – ganz ähnlicher Art wie 1921 handelt, deren Ende weder durch den Beginn des Krieges gegen Korea noch durch Militarisierung der Wirtschaft herbeigeführt wurde.

Untersuchen wir zunächst die Entwicklung der Industrieproduktion:

Industrieproduktion, 1948 bis 1950[153]
(1935—1939 = 100)

Zeit	Insgesamt	Dauerhafte Waren	Nichtdauerhafte Waren	Eisen und Stahl	Automobile	Chemikalien	Tetilien
Höhepunkt	Okt.	Okt. u. Dez.	Okt.	März (1949!)	Okt. u. Dez.	Aug.	Mai
1948	202	231	179	233	209	259	177
Tiefpunkt	Juli	Juli[154]	Juli	Juli[154]	Mai	Juli	Juli
1949	168	185	154	156	184	228	122
Senkung von Höhe- zu Tiefpunkt	17 %	20 %	14 %	33 %	12 %	12 %	31 %
Erreichen bzw. Überschreiten des 1948-Höhepunkts	Mai	Mai	Jan.	Aug.	Jan.	Juni	Jan.
im Jahre 1950	204	231	179	236	224	261	178

Die Produktionssenkung betrug im Durchschnitt 17 % in der Industrie – die Produktion von Textilien und von Eisen und Stahl sank um fast das Doppelte.

In der gleichen Zeit entwickelten sich die Ausgaben für fixes Kapital in der Fabrikindustrie wie folgt:[155]

Ausgaben für fixes Kapital in der Industrie, 1948 bis 1950

1948	Mill. $	1949	Mill. $	1950	Mill. $
1. Vierteljahr	1800	1. Vierteljahr	1850	1. Vierteljahr	1520
2. Vierteljahr	2140	2. Vierteljahr	1880	2. Vierteljahr	1860
3. Vierteljahr	2090	3. Vierteljahr	1690	3. Vierteljahr	2050
4. Vierteljahr	2320	4. Vierteljahr	1830	4. Vierteljahr	2790

[153] Wir benutzen in dieser Tabelle noch den alten Index des Federal Reserve Board (der neue wurde erstmalig bis 1947 zurückberechnet und im Federal Reserve Bulletin, Dezember 1953, veröffentlicht), um einen Vergleich mit den Zahlen für 1937/38 zu ermöglichen. Wenn wir später die Jahre 1953/54 und 1948/49 vergleichen, wird der neue Index benutzt werden. Vgl. „Survey of Current Business", 1948 bis 1950; es wurde der saisonbereinigte Index benutzt außer für „Eisen und Stahl" und „Automobile", für die eine solche Bereinigung amtlicherseits nicht vorgenommen wurde; seit Dezember 1949 liegt für „Textilien" ebenfalls keine solche Bereinigung vor; für Juli 1949 sind der saisonbereinigte und der unbereinigte Index für Textilien gleich hoch.

[154] Oktober; wegen Streiks in der Eisen- und Stahlindustrie ist der Index für Dauerhafte Waren auf 175 und der für Eisen und Stahl auf 102 gefallen; auch die Automobilindustrie litt unter diesem Streik (Mangel an Eisen- und Stahllieferungen) und ihr Index fiel auf 176 im November; seit August war er jedoch gestiegen.

[155] „Survey of Current Business", 1949 bis 1951: Ausgaben „on new plant and equipment".

Von ihrem Höhepunkt im vierten Vierteljahr 1948 sanken die Ausgaben bis zum ersten Tiefpunkt im dritten Vierteljahr 1949 um 27 % und bis zum ersten Vierteljahr 1950 (nach einem Anstieg im vierten Vierteljahr 1949) um ein Drittel.

Verkäufe und Vorräte der Fabriken gestalteten sich so:[156]

Höhepunkt der Verkäufe:	Oktober 1948
Verkäufe 19,12 Md.$	Vorräte 31,65 Md.$
Höhepunkt der Vorräte:	Januar 1949
Verkäufe 16,57 Md.$	Vorräte 32,89 Md.$
Tiefpunkt der Verkäufe:	Juli 1949
Verkäufe 14,84 Md.$	Vorräte 30,37 Md.$
Tiefpunkt der Vorräte:	November 1949
Verkäufe 16,39 Md.$	Vorräte 28,61 Md.$

Höhepunkt der Verkäufe und der Produktion fallen im Oktober 1948 zusammen, während der Höhepunkt der Vorräte später, erst im Januar 1949, erreicht wird. Tiefpunkt der Produktion und Tiefpunkt der Verkäufe fallen im Juli 1949 wieder zusammen, während der Tiefpunkt der Vorräte wiederum später, erst im November 1949, erreicht wird.

Werfen wir schließlich noch einen Blick auf den Kurs der Industrieaktien nach der von der UN übernommenen „Standard and Poor's"-Statistik, so zeigt sich folgendes:

Aktienkurse, 1948 bis 1950
(1937 = 100)

Zeit	Index
Höhepunkt: Juli 1948	121
Tiefpunkt: Juni 1949	99
Senkung	18 %
Höhepunkt von 1948 wieder erreicht: Januar 1950	121

Zweifellos war die Senkung der Produktion, war überhaupt das Ausmaß des Rückgangs der Konjunktur von 1948 bis 1949 geringer als 1920/21. Ja, es war sogar geringer als in der Zwischenkrise 1937/38:

Senkung vom Höhepunkt zum Tiefpunkt

Faktor	1937/38	1948/49
Industriebeschäftigung	23 %	13 %
Industrieproduktion	33 %	17 %
Großhandelspreise	12 %	11 %
Aktienkurse	44 %	18 %

Also handelt es sich doch „höchstens" um eine Zwischenkrise von geringem Ausmaß? Keineswegs! Es handelt sich um eine echte Krise. Also um eine echte, durch die gewaltig zunehmende Aufrüstung „aufgefangene", „deformierte" Krise? Auch das nicht!

[156] „Survey of Current Business", 1949 bis 1950.

Von einer Steigerung der Rüstungsausgaben, die zur „temporären Überwindung" der Krise führte, kann nicht die Rede sein:

Höhepunkt der Produktion	Oktober	1948
Tiefpunkt der Produktion	Juli	1949

Rüstungsausgaben pro Monat in Mill. Dollar:

Juli/September	1948	890
Oktober	1948	931
Oktober/Dezember	1948	968
Januar/März	1949	1027
April/Juni	1949	1051
Juli	1949	1038
Juli/September	1949	1074
Oktober/Dezember	1949	1051
Januar/März	1950	1011
April/Juni	1950	990

Von einer Erhöhung der Rüstungsausgaben – deren Tendenz die amtliche Statistik sicherlich im ganzen richtig wiedergibt – kann man nicht sprechen. Es kann kein Zweifel bestehen, daß die Überproduktionsfolgen ohne stärkere Aufrüstung überwunden wurden.

Also doch eine Zwischenkrise?

Nein – eine echte Überproduktionskrise unter Bedingungen, die noch viel stärker als 1920/21 zu ihrer schnellen Überwindung beitrugen.

Betrachten wir die folgende internationale Entwicklung der Industrieproduktion:

Industrieproduktion, Welt und einzelne Länder

Länder	1920[157]	1921[157]	1948[158]	1949[158]
	(1913 = 100)		(1937 = 100)	
Welt	93,2	81,1	130[159]	131[159]
USA	122,2	98,0	175	162
Deutschland	59,0	74,7	60[160]	89[160]
England	92,6	55,1	114	122
Frankreich	70,4	61,4	102	112
Italien	95,2	98,4	93	101
Japan	176,0	167,1	37	50
Belgien	67,3	55,8	92	94
Australien	100,5	115,5		
Tschechoslowakei	69,8	100,0	—	—
Polen	35,1	46,8	—	—
Österreich	48,0	64,0	89	118
Dänemark	127,8	106,9	129	138

Die Zerstörungen des Krieges und daher die „Unterproduktion" infolge des riesigen Nachholbedarfs an Investitionen und Konsumgütern waren 1948/49 soviel

[157] Nach League of Nations, „Industrialization and Foreign Trade", 1945.
[158] Nach UN, „Monthly Bulletin of Statistics".
[159] Nur kapitalistische Welt.
[160] Westdeutschland, 1936 = 100.

größer als 1920/21, daß 1948/49 alle hier aufgeführten wichtigeren kapitalistischen Länder mit Ausnahme der USA eine Steigerung der Produktion aufweisen, in ihnen von einer Überproduktionskrise also nicht die Rede sein kann.

Im Gegensatz dazu gab es 1920/21 nicht nur in den USA eine Krise, sondern auch eine (noch viel schärfere) in England, und ebenso in Frankreich, Japan, Belgien, Dänemark usw.

Das heißt, die USA waren 1948/49 nicht nur nicht von irgendwelcher Seite Krisenexporten ausgesetzt wie 1920/21, sondern fanden sich umgeben von einer Welt, die frei war von akuter Neigung zu Überproduktionskrisen. Das war wirklich eine einzigartige Situation in der ganzen Krisengeschichte der kapitalistischen Welt. Selbst zu der Zeit, als in England allein die Voraussetzungen für eine Krise bestanden – 1825 – wurden andere Länder von ihr angesteckt, mit entsprechenden ungünstigen Rückwirkungen auf England!

Unter solchen Umständen ist es auch nicht verwunderlich, wenn sich der Außenhandel der USA so bewegte:

USA-Außenhandel — mengenmäßig —, 1948 bis 1949
(1937 = 100)

Zeit	Einfuhr	Ausfuhr
Oktober 1948 (Produktionshöhepunkt)	109	194
Oktober/Dezember 1948	112	202
Januar/März 1949	107	216
April/Juni 1949 (Juli Produktionstiefpunkt)	102	224

Während der ganzen Zeit der Krise hatte die Einfuhr eine sinkende, die Ausfuhr eine steigende Tendenz. Wohl zum ersten Male in der ganzen Geschichte kapitalistischer Überproduktionskrisen stieg die Ausfuhr! – und zwar vom Höhepunkt der Produktion bis zu dem dem Krisentiefpunkt vorangehenden Vierteljahr um 15 %.

Kein Wunder, daß die Überproduktionskrise 1948/49 in einer unter Warenmangel leidenden Welt zu, sogar am Maßstab einer Zwischenkrise gemessen, nur geringen Produktionsrückgängen geführt hat.

Aber das ändert nichts an der absoluten Normalität der Krise insofern, als sie wirklich überwunden wurde, und daß man erst nach einem entsprechenden (nicht schematisch festzustellenden) Zeitraum – damals waren es neun Jahre, von 1920 bis 1929 –, also wohl nach 1956 mit dem Ausbruch einer neuen Krise rechnen sollte.

★

In seinem interessanten Artikel „Der ökonomische Zyklus im Kapitalismus nach dem zweiten Weltkrieg“ („Neues Deutschland“, 22. Juli 1956) tritt J. L. Schmidt meiner schon im vervielfältigten Entwurf dieses Artikels vertretenen Auffassung entgegen, daß der Wiederanstieg der Produktion in der zweiten Hälfte des Jahres

1949 ohne stärkere militärische Aufrüstung erfolgt wäre. Er schreibt: „Es unterliegt keinem Zweifel, daß die Mitte 1949 beginnende Militarisierung der Wirtschaft der USA und der Beginn des Korea-Krieges eine außerordentlich wichtige Rolle bei der Abkürzung dieser Krise spielten. Genosse Kuczynski behauptet demgegenüber in seiner interessanten Studie über die Zwischenkrisen, daß ‚das Ende (dieser Krise) weder durch den Beginn des Krieges gegen Korea, noch durch die Militarisierung der Wirtschaft herbeigeführt wurde'. Als Beweis seiner These führt Genosse Kuczynski an, daß die amerikanischen Rüstungsausgaben von 1948 bis Mitte 1950 keine Erhöhung zeigen. Trotzdem müssen wir aber von einer starken Einwirkung der Militarisierung der Wirtschaft auf den Verlauf der Krise von 1948/49 sprechen. Man muß berücksichtigen, daß die ersten Jahre der Militarisierung der Wirtschaft weniger durch eine steigende Rüstungsproduktion, als durch starke Investitionen zum Ausbau der notwendigen Produktionskapazitäten charakterisiert waren."

J. L. Schmidt hat eine alte Regel vergessen, die die Wissenschaftler sich schon vor mehr als zweitausend Jahren gegeben haben:

Ein kluger Wissenschaftler stellt nur Behauptungen auf, die er beweisen kann. Ein schlauer Wissenschaftler stellt auch Behauptungen auf, die niemand widerlegen kann.

Aber kein Wissenschaftler soll Behauptungen aufstellen, die er nicht beweist und die jeder andere sofort widerlegen kann.

Auch in dem J. L. Schmidt vorliegenden Entwurf dieses Artikels war genau wie hier in diesem Artikel selbst die Tabelle über die Entwicklung der Industrieproduktion 1948—1950 gegeben, aus der jeder ersieht, daß die Krise zuerst in der Konsumgüterindustrie überwunden wurde, daß in der Konsumgüterindustrie schon im Januar (!) 1950 wieder der vorangehende Höhepunkt der Produktion erreicht wurde, also in der Industriegruppe, die am wenigsten etwas mit Kriegsvorbereitungen zu tun hat. Ebenso ist ersichtlich, wie auch aus der der eben genannten folgenden Tabelle der Ausgaben für fixes Kapital, daß gerade in den Industrien, in denen die steigende Rüstungsproduktion, wie Schmidt sagt, „durch starke Investitionen zum Ausbau der notwendigen Produktionskapazitäten charakterisiert" sein soll, die Steigerung der Produktion besonders langsam und zögernd vor sich ging.

Schmidt hat noch ein zweites Argument gegen mich, das sich unmittelbar an das vorangehende anschließt und so lautet: „Hinzu kommt, daß – obwohl der Tiefpunkt der Industrieproduktion schon Mitte 1949 erreicht wurde – manche Krisenerscheinungen noch bis ins Jahr 1950 fortdauerten und ohne die rapide zunehmende Rüstungsproduktion sich wieder erheblich verschärft hätten."

Hier erweist sich Schmidt als „schlauer Wissenschaftler", weil ich nicht einen Gegenbeweis bringen kann gegen eine Behauptung, was im Wirtschaftszyklus geschehen wäre, wenn es keinen amerikanischen Angriffskrieg gegen Korea gegeben hätte. Jedoch erregt eine unbeweisbare Behauptung, die unmittelbar einer beweisbar falschen folgt, leise Zweifel.

Wie steht es nun mit dem Produktionsrückgang von 1953/54? Nun, dieser Rückgang war eine ganz normale Zwischenkrise – sogar im „klassischen Abstand" von fünf Jahren nach der Überproduktionskrise von 1948/49.

Die Produktion sank in dieser Zwischenkrise zwar um fast den gleichen Prozentsatz wie in der milden Hauptkrise von 1948/49: in der Hauptkrise (nach dem neuen Federal Reserve Board-Index) um 11 %, in der Zwischenkrise um 10 %. Jedoch war die Senkung für „dauerhafte" Waren in der Zwischenkrise mit 15 % etwas geringer als in der Hauptkrise mit 17 %, und vor allem ging die Investitionstätigkeit während der Zwischenkrise kaum zurück:

Ausgaben für fixes Kapital in der Industrie 1953/54

1953	Mill. $	1954	Mill. $	1954 weniger als 1953
1. Vierteljahr	2747	1. Vierteljahr	2569	6 %
2. Vierteljahr	3192	2. Vierteljahr	2859	10 %
3. Vierteljahr	2945	3. Vierteljahr	2645	10 %
4. Vierteljahr	3392	4. Vierteljahr	2965	13 %

Erst als der Krisentiefpunkt im Juli 1954 bereits überschritten war, sank die Investitionstätigkeit auf 13 % unter die des Vorjahres und war absolut noch immer so hoch wie im Vierteljahr der höchsten Produktion des Jahres 1953! In der vorangehenden Hauptkrise von 1948/49 lag die Investitionstätigkeit im Vierteljahr des Krisentiefpunktes (3. Vierteljahr 1949) gegenüber dem gleichen Vierteljahr 1948 um 19 % tiefer.

Was die Entwicklung der Ausfuhr betrifft, so lag sie trotz der starken Zuspitzung des internationalen Konkurrenzkampfes gegenüber 1948/49 1954 nur um 1 % niedriger als 1953. Die Großhandelspreise, die vom Höhepunkt zum Tiefpunkt 1948/49 um 9 % gesunken waren, gingen in der Zwischenkrise 1953/54 praktisch nicht zurück. Diese Preisentwicklung ist deswegen so bedeutsam, weil, während in der Industrie die „Kapitalvernichtung" durch Produktionssenkung 1948/49 und 1953/54 fast gleich groß war, die Vernichtung von Kapital insgesamt durch die Preissenkung 1948/49 ganz wesentlich höher getrieben wurde als 1953/54. In diesem Zusammenhang muß man auch bemerken, daß die Börse von der Zwischenkrise völlig unberührt blieb.

Beachten wir also zusammenfassend:

Industrieproduktionsindex			
Juli 1953	100	Juli 1954	90
Investitionen in der Industrie			
3. Vierteljahr 1953	100	3. Vierteljahr 1954	90
Industriewarengroßhandelspreisindex			
Juli 1953	100	Juli 1954	100
Industrieaktienkurse			
Juli 1953	100	Juli 1954	103

Der sekundäre Charakter der Krise, ihre partielle Natur, das heißt ihr Wesen als Zwischenkrise, wird aus dieser Übersicht ganz besonders klar.

Auch diese Zwischenkrise wurde genau wie die Hauptkrise 1948/49 nicht auf Grund einer Zunahme der Rüstungsproduktion überwunden – wohl aber auf der Basis einer ganz außerordentlich hohen Rüstungsproduktion, einer in der Geschichte des amerikanischen Kapitalismus einzigartigen Militarisierung der Wirtschaft in Friedenszeiten.

Der Höhepunkt der Produktion lag in den Monaten Mai/Juli 1953, der Tiefpunkt Juli/September 1954. Die entsprechenden Zahlen der Rüstungsproduktion lauten in Milliarden Dollar pro Monat 3,90 und 3,23. Von irgendeiner Steigerung der Rüstungsausgaben als Mittel der Überwindung der Krise kann keine Rede sein, und zu Ende des Krisenjahres 1954, als die Produktion wieder stieg, lagen die Rüstungsausgaben mit 3,45 im Monatsdurchschnitt des vierten Vierteljahrs noch wesentlich unter den Ausgaben des zweiten Vierteljahrs 1954, als sie 3,91 betrugen.

In diesem Falle kann ich auch mit Freude feststellen, daß J. L. Schmidt ganz mit meiner Auffassung übereinstimmt – wenn ich mich auch von seiner präzisen Schilderung des Ausmaßes der Krise, das zu verzeichnen gewesen wäre, wenn ... distanzieren möchte. Schmidt schreibt: „Über die Gründe dieser Belebung gibt es unter den Ökonomen verschiedene Auffassungen. Wir sind nicht der Meinung des Genossen Leontjew, der den Hauptgrund für das Aufhören der USA-Krise im Jahre 1954 und die einsetzende Belebung in neuen Injektionen von Rüstungsaufträgen sieht, denn diese Aufträge haben seit dem Jahre 1954 leicht abgenommen. Es unterliegt zwar keinem Zweifel, daß ohne die Fortsetzung der trotz der leichten Verringerung noch immer enorm hohen Rüstungsproduktion die Überproduktionskrise von 1953/54 sich zu einer außerordentlich tiefen, verheerenden und lang andauernden Krise entwickelt hätte. Doch bei der vom Herbst 1954 bis zum Frühjahr 1956 stattgefundenen neuen Belebung der Industrieproduktion spielten andere Faktoren in ihrer Gesamtheit eine stärkere Rolle."

★

Fassen wir zusammen:

Die Zyklen der Jahre nach dem zweiten Weltkrieg sind bisher durchaus „normalen" Charakters:

Nach dem zweiten Weltkrieg genau wie nach dem ersten Weltkrieg eine zyklische Krise – die (infolge der stärkeren Kriegszerstörungen in einer größeren Anzahl Länder mit entsprechend größerer Unterproduktion 1948/49 in ihnen) sich praktisch auf die USA beschränkte und dort noch wesentlich milder war als die Krise 1920/21.

Mit einem „klassischen" Abstand von fünf Jahren eine Zwischenkrise, die auf der Basis einer ungeheuerlichen Rüstungsproduktion und unter den Umständen einer in allen anderen großen kapitalistischen Ländern 1954 noch weiter ansteigenden Produktion auch ohne zusätzliche Rüstungsausgaben in den USA verhältnismäßig leicht überwunden werden konnte.

Die Perspektive ist folgende:

Da eine Zwischenkrise nicht die Widersprüche, die zu einer Hauptkrise führen, lösen kann, und da zum ersten Male nach dem Kriege auch in den übrigen kapitalistischen Ländern die Voraussetzungen einer Überproduktionskrise heranreifen - genau wie nach dem ersten Weltkriege zum ersten Male erst 1928 in Deutschland, Italien, Australien, Spanien, Österreich usw. diese Voraussetzungen herangereift waren —, so ist in einiger Zeit und ganz normal mit dem Ausbruch einer zyklischen Krise zu rechnen, deren Ausmaß nicht unwesentlich durch das, was wir das staatsmonopolistische Element in der modernen Gesellschaft nennen, mitbestimmt werden wird. Dieser Einfluß des staatsmonopolistischen Elements wird meiner Ansicht nach entweder ein krisenvertiefender oder ein krisenverlängernder, keineswegs jedoch ein krisenmildernder sein.

KAPITEL III

ZU EINIGEN FRAGEN DER PROFITRATE UND DER ERWEITERUNG DER REPRODUKTION UNTER DER HERRSCHAFT DES MONOPOLKAPITALS

Die Preise von Monopolwaren liegen bekanntlich im Zyklusdurchschnitt über dem Wert der Monopolwaren.

Dies Verhältnis von Preis und Wert der Monopolwaren führt nicht zur Verletzung des Wertgesetzes, weil in der Zeit der Herrschaft des Monopolkapitals

1. der Preis der Ware Arbeitskraft (der Lohn) im Zyklusdurchschnitt unter dem Wert der Ware Arbeitskraft liegt;

2. die Preissumme der Nicht-Monopolwaren im Zyklusdurchschnitt unter dem Wert der Nicht-Monopolwaren liegt.

Während die erstere Tatsache schon gelegentlich hinsichtlich ihrer theoretischen und praktischen Konsequenzen untersucht worden ist,[161] ist der zweiten Tatsache zwar ebenfalls gelegentliche, doch im Zusammenhang mit der Frage der Reproduktion noch ungenügende Aufmerksamkeit geschenkt worden.

Die wissenschaftliche Erforschung des Reproduktionsprozesses des Kapitals durch Marx hat ergeben, daß sich die Reproduktion unter den Produktionsverhältnissen des Kapitalismus im allgemeinen ständig erweitert, nur durch zyklische Krisen unterbrochen.

Die wissenschaftliche Erforschung des Reproduktionsprozesses des Kapitals in den letzten 20 Jahren hat ergeben, daß sich das Tempo der Erweiterung der Reproduktion des Kapitals unter den Bedingungen der Herrschaft des Monopolkapitals nicht unwesentlich verringert hat.

Wir führen diese Verringerung in der Erweiterungsrate der Reproduktion auf gewisse Hemmungen der Entwicklung, die das Monopol verursacht, zurück.

★

Es fragt sich nun, ob die obenerwähnte Tatsache, daß der Preis der Nicht-Monopolwaren im Zyklusdurchschnitt unter ihrem Wert liegt, etwas mit dem Absinken der Rate der Erweiterung der Reproduktion zu tun hat. Ich glaube ja.

Zunächst: Wenn der Preis der Nicht-Monopolwaren im Zyklusdurchschnitt unter ihrem Wert liegt, dann muß das natürlich einen drückenden Einfluß auf die

[161] Vgl. z. B. die betreffenden Ausführungen in J. Kuczynski, „Die Geschichte der Lage der Arbeiter unter dem Kapitalismus“, Bd. VII, Berlin 1955.

Profitrate, d. h. auf die Verwertung des Kapitals haben. Das heißt, es entwickelt sich eine zurückhaltende Tendenz des Kapitalflusses in die Produktion von Nicht-Monopolwaren und damit eine hemmende Tendenz gegenüber der Erweiterung der Reproduktion in den entsprechenden Industrien und Betrieben. Dazu kommt, daß auch der in den betreffenden Betrieben selbst geschaffene Profit immer weniger zur „Selbstfinanzierung" der erweiterten Reproduktion ausreicht.

Illustrieren wir die Verhältnisse an stark vereinfachten, also rein schematischen Beispielen:

Vormonopolistischer Kapitalismus, Betriebe der Textilindustrie:

Profitrate 14 % + 3 % Rücklagen für einfache Reproduktion – davon:

a) Konsum des Textilkapitalisten	1 %
b) An Bank	3 %
c) An Zirkulation (Handel)	7 %
d) Zur einfachen Reproduktion	3 %
e) Zur erweiterten Reproduktion	3 %
Insgesamt	17 %
davon im Verbleib des Textilkapitalisten: a), d), e)	7 %

Monopolistischer Kapitalismus, Betrieb der Textilindustrie:

Profitrate 14 % + 3 % Rücklagen für einfache Reproduktion – davon:

a) Konsum des Textilkapitalisten	1 %
b) An Bank	3 %
c) An Zirkulation (Handel)	7 %
d) Zur einfachen Reproduktion	3 %
e) An Monopole (durch Verkauf der Waren unter ihrem Wert)	2 %
f) Zur erweiterten Reproduktion	1 %
Insgesamt	17 %
davon im Verbleib des Textilkapitalisten: a), d), f)	5 %

In den monopolistischen Betrieben aber sieht die Situation so aus:

Vormonopolistischer Kapitalismus, technisch oder marktmäßig begünstigter Betrieb:

Profitrate 14 % + 2 % Extraprofitrate + 3 % Rücklagen für einfache Reproduktion – davon:

a) Konsum des Kapitalisten	1 %
b) An Bank	3 %
c) An Zirkulation (Handel)	7 %
d) Zur einfachen Reproduktion	3 %
e) Zur erweiterten Reproduktion	
normal:	3 %
Extraprofit:	2 %
Insgesamt	5 %
Insgesamt	19 %
davon im Verbleib des Kapitalisten: a), d), e)	9 %

Monopolistischer Kapitalismus, Monopol:

Profitrate 16 % Monopolprofit + 3 % Rücklagen für einfache Reproduktion – davon:

a) Konsum des Monopolisten	1 %
b) An Bank	3 %
c) An Zirkulation (Handel)	7 %
d) Zur einfachen Reproduktion	3 %
e) Parasitäre Ausgaben	2 %
f) Zur erweiterten Reproduktion	3 %
Insgesamt	19 %
davon im Verbleib des Monopolisten:	
a), d), f)	7 %

In den nicht-monopolisierten Industrien bzw. Betrieben standen im Durchschnitt für die erweiterte Reproduktion zur Verfügung:

im vormonopolistischen Kapitalismus	3 %
im monopolistischen Kapitalismus	1 %

In den monopolisierten Industrien bzw. Betrieben standen im Durchschnitt für die erweiterte Reproduktion zur Verfügung:

im vormonopolistischen Kapitalismus	5 %
im monopolistischen Kapitalismus	3 %

Im vormonopolistischen Kapitalismus garantierte die Durchschnittsprofitrate 3 % für die Erweiterung der Reproduktion – mit einer Sonderrate von 2 % für die besonders begünstigten Betriebe.

Im monopolistischen Kapitalismus stehen dem Monopolkapital ebenfalls 3 % – entsprechend der Situation bei Erzielung der Durchschnittsprofitrate im vormonopolistischen Kapitalismus – zur erweiterten Reproduktion zur Verfügung, den nicht-monopolistischen Industrien im Durchschnitt jedoch nur 1 %.

Aus diesen (schematischen) Darstellungen wird sehr klar, warum und wie das Tempo der Erweiterung der Reproduktion unter der Herrschaft des Monopolkapitalismus nachläßt.

„Normal", gemessen an vormonopolistischen Verhältnissen, ist nur noch die Erweiterung der Reproduktion in den monopolisierten Industrien und Betrieben.

★

Aber die Aufgliederung in monopolisierte und nicht-monopolisierte Industrien ist vom Standpunkt der Frage der Entwicklung der erweiterten Reproduktion noch ungenügend. Wir müssen auch die nicht-monopolisierten Industrien bzw. Betriebe noch einmal aufgliedern.

Bekanntlich haben die Monopole ein Interesse daran, daß ihre Zuliefer- und Abnehmerindustrien nicht monopolisiert sind, um ihnen entsprechende Monopoltribute auferlegen zu können.

Ebenso aber haben die Monopole natürlich ein Interesse an einer ausreichenden erweiterten Reproduktion in diesen Industrien, weil sie sonst ihre Funktionen gegenüber den Monopolen als Lieferanten bzw. Abnehmer nicht ausüben können.

Unter diesen Umständen müssen die nicht-monopolisierten Industrien bzw. Betriebe, an denen das Monopolkapital kein Interesse hat, nicht nur an die Monopole, sondern auch an diejenigen nicht-monopolisierten Industrien bzw. Betriebe, an deren erweiterter Reproduktion die Monopole ein Interesse haben, einen Tribut zahlen, so daß es durchaus im Bereich der Möglichkeit liegt, daß folgendes Schema die Wirklichkeit unter der Herrschaft des Monopolkapitals widerspiegelt:

Verteilung der Profitrate + 3 % Rücklagen für einfache Reproduktion:

	Im Monopol	Im nicht-monopolisierten Betrieb, an dem Monopol Interesse hat	Im nicht-monopolisierten Betrieb, an dem Monopol kein Interesse hat
a) Konsum des Kapitalisten	1 %	1 %	1 %
b) An Bank	3 %	3 %	3 %
c) An Zirkulation (Handel)	7 %	7 %	7 %
d) Zur einfachen Reproduktion	3 %	3 %	3 %
e) An Monopol	—	2 %	2 %
f) An nicht-monopolisierten Betrieb, der Monopol interessiert	—	—	1 %
g) Für parasitäre Zwecke	2 %	—	—
h) Zur erweiterten Reproduktion	3 %	2 %	0 %
Insgesamt	19 %	18 %	17 %

Die Rate der erweiterten Reproduktion sinkt also von 3 % in der ersten über 2 % in der zweiten zu 0 % in der dritten Gruppe.

Die erweiterte Reproduktion ist, wie gesetzmäßig zu erwarten, für die kapitalistische Gesellschaft gesichert. Aber es gibt eine Gruppe von Industrien bzw. Betrieben, in denen keine erweiterte Reproduktion mehr stattfindet.

Theoretisch wird in allen drei Gruppen genügend Profit gemacht, um die erweiterte Reproduktion zu sichern. Theoretisch bleiben nur Betriebe und Industrien in Existenz, die erweitert reproduzieren können. In dieser Beziehung sind die „normalen" Existenzbedingungen der kapitalistischen Produktion und Reproduktion voll gesichert.

Durch die Tribute aber, die den Monopolen und den nicht-monopolisierten Betrieben, an denen die Monopole ein Interesse haben, auf dem Wege der Umverteilung der Profite gezahlt werden, kann es eine Gruppe von Betrieben bzw. Industrien geben, in denen bei zur erweiterten Reproduktion völlig ausreichender Schaffung von Mehrwert faktisch keine erweiterte Reproduktion stattfindet.

★

Unter solchen Umständen scheint es mir auch nicht so sehr schwierig, das Problem der „Durchschnittsprofitrate" unter den Bedingungen des monopolistischen Kapitalismus zu lösen.

Natürlich muß es eine „abstrakte“ Durchschnittsprofitrate geben in dem Sinne, als es einen Minimumprofit gibt, der den kapitalistischen Betrieben ihre Existenz sichert. Aber während die Durchschnittsprofitrate im vormonopolistischen Kapitalismus einen durchaus konkreten Sinn hatte in der Weise, daß, wenn man das Zahlenmaterial zur Verfügung hätte und man eine Durchschnittsprofitrate, sagen wir für 1880 berechnen würde, man dann durchaus sinnvolle Aussagen über die Existenzfähigkeit einzelner Betriebe machen könnte. Eine gleiche Zahl für, sagen wir 1950, würde uns eine solche Aussage nicht erlauben, denn die Bedingungen der Lebensfähigkeit sind sehr verschiedene für Monopole, für nicht-monopolisierte Industrien bzw. Betriebe, an denen Monopole ein Interesse haben, und für andere nicht-monopolisierte Industrien bzw. Betriebe.

★

Es sei abschließend angemerkt, daß ich versucht habe, aus den besten veröffentlichten Statistiken, denen der USA, die schematischen Beispiele durch einige konkrete Illustrationen aus der Wirklichkeit zu ergänzen, daß dieser Versuch aber gescheitert ist.

TEIL IV

PROBLEME DER GESAMTGESCHICHTE DES KAPITALISMUS

Der vierte Teil dieses Buches vereint einige Kapitel, die sich mit Problemen der Gesamtgeschichte des Kapitalismus beschäftigen.

Das erste Kapitel diente in seinem ersten Teil als Basis eines Vortrages im Institut für Geschichte an der Akademie der Wissenschaften der UdSSR, in seinem zweiten Teil als Basis eines Vortrages vor Mitarbeitern des Komitees für Fragen der Arbeit und Löhne beim Ministerrat der UdSSR.

Das zweite Kapitel ist ein überarbeiteter Artikel, der ursprünglich 1956 in der Festnummer des Kwartalnik Historyczne zu Ehren der Genossin Gasiorowska erschien.

Die beiden Teile des dritten Kapitels kamen in der Zeitschrift „Wirtschaftswissenschaft", Jahrgang 1955, Nr. 2, und Jahrgang 1956, Nr. 3, heraus.

Das vierte Kapitel wurde in der Zeitschrift „Probleme Economice", Nr. 4, April 1956 (Bukarest), und gleichzeitig in „Wirtschaftswissenschaft", Jahrgang 1956, Nr. 3, veröffentlicht.

Das fünfte Kapitel kam in „Critica Economica" (Rom), Jahrgang 1956, Nr. 4, heraus.

KAPITEL I

ÜBER DIE METHODOLOGIE DER UNTERSUCHUNG DER ABSOLUTEN VERELENDUNG IN DER PERIODE DER ALLGEMEINEN KRISE DES KAPITALISMUS SOWIE DER AUSBEUTUNG (MEHRWERTRATE)

1. *Die absolute Verelendung*

Der Prozeß der absoluten Verelendung der Arbeiterklasse ist eine gesetzmäßige Bewegung in der kapitalistischen Gesellschaft.

Während die Ausbeutung der Arbeiter darauf beruht, daß sie frei von Produktionsmitteln und so gezwungen sind, ihre Arbeitskraft zu verkaufen, ist das Wachstum der absoluten Verelendung zusätzlich zu diesen Verhältnissen auf die Existenz einer industriellen Reservearmee und ihr Wachstum zurückzuführen.

Marx sagt:[162] „Das Gesetz endlich, welches die relative Übervölkerung oder industrielle Reservearmee stets mit Umfang und Energie der Akkumulation im Gleichgewicht hält, schmiedet den Arbeiter fester an das Kapital als den Prometheus die Keile des Hephaestos an den Felsen. Es bedingt eine der Akkumulation von Kapital entsprechende Akkumulation von Elend. Die Akkumulation von Reichtum auf dem einen Pol ist also zugleich Akkumulation von Elend, Arbeitsqual, Sklaverei, Unwissenheit, Brutalisierung und moralischer Degradation auf dem Gegenpol, das heißt auf Seite der Klasse, die ihr eigenes Produkt als Kapital produziert."

Marx gibt hier nicht nur die Begründung dafür, daß die Arbeiterklasse absolut verelendet. Er gibt auch eine Definition dessen, was Verelendung heißt: Elend, Arbeitsqual, Sklaverei, Unwissenheit, Brutalisierung und moralische Degradation.

Elend: die Millionen und aber Millionen, die in den kapitalistischen Ländern hungern und frieren und in Krankheit dahinsiechen, sind grauenhafte Beweise des Elends, das der Kapitalismus verbreitet.

Arbeitsqual: wer erinnert sich nicht jener großartigen Schilderung des „‚wissenschaftlichen' Systems, Schweiß auszupressen", die Lenin 1912 in einem „Prawda"-Artikel gab – und wer weiß nicht, daß die Arbeitsqual seitdem durch immer neue ungeheuerliche Intensivierung des Arbeitsprozesses noch viel, viel mehr zugenommen hat.

Sklaverei: ja Sklaverei! unter dem Kapitalismus der freien Lohnarbeiter. Denn wie anders sollte man die Auswirkungen des ökonomischen und politischen Terrors in bezug auf die Position, in der die Arbeiter vom Kapital gehalten werden, nennen.

[162] K. Marx, „Das Kapital", Bd. I, Berlin 1947, S. 680 f.

Wer aber den dialektischen Widerspruch zwischen diesen Tatsachen und der Tatsache, daß die Mehrheit der Arbeiterklasse in den Vereinigten Staaten, in England oder in Westdeutschland heute den Reformisten folgt und glaubt, es gehe ihr besser als ihren Vätern und Vorvätern, nicht versteht, der hat nicht verstanden, was Engels meinte, als er schon 1892, die Situation mit 1844 vergleichend, schrieb:[163] „Die Bourgeoisie hat weitere Fortschritte gemacht in der Kunst, das Unglück der Arbeiterklasse zu verbergen."

Doch mehr, noch ist das ganze Ausmaß des Verelendungsprozesses nicht erschöpft:

Genau wie der Feudalismus in seiner Krise aus den Bauern dumpfe und stumpfe Arbeitstiere gemacht hat, so degradiert der Kapitalismus die Arbeiter moralisch und brutalisiert sie. Aber so wie die Bauern Frankreichs oder Rußlands das System der feudalen Herrschaft erschüttert haben, so sind es die Arbeiter, die das verhaßte System des Kapitalismus nach dem Vorbilde der russischen Arbeiter überall in der Welt stürzen werden.

Wer aber den dialektischen Widerspruch zwischen der Unwissenheit, Brutalisierung und moralischen Degradation der Arbeiter und ihrer einzig großen historischen Rolle nicht versteht, der lese den bedeutendsten Roman des sozialistischen Realismus, Gorkis „Mutter", wo auf den ersten Seiten die Unwissenheit, Brutalisierung und moralische Degradation der Arbeiter geschildert wird und dann im Roman gezeigt wird, wie der „revolutionäre Funke" zur reinigenden Flamme wird – der lese zum Beispiel auch Lenins Aufsatz über „Die Differenzen in der europäischen Arbeiterbewegung" (1910), wo er über den Kapitalismus sagt: „Er schult, organisiert und diszipliniert die Arbeiter – und er hält sie nieder, er unterdrückt sie, führt sie zu Entartung, Elend, usw."

Kompliziert geht der Prozeß der Verelendung vor sich – und doch wie eindeutig ist er in seiner Tendenz! Verwirrend in ihrer Vielfalt sind seine Erscheinungen – und doch wie leicht sind sie zu verstehen, wenn man die Belehrungen von Marx, Engels und Lenin auf sie anzuwenden versteht.

★

Bevor wir den Vorgang der absoluten Verelendung in der Periode der allgemeinen Krise des Kapitalismus im einzelnen untersuchen, ist es notwendig, einige allgemeine Bemerkungen voranzustellen.

1. Bei der absoluten Verelendung der Arbeiterklasse handelt es sich um ein ökonomisches Gesetz, das als solches elementar, unabhängig vom Willen der Menschen unter den Bedingungen des Kapitalismus wirkt. Das jeweilige Ausmaß der Verelendung in einer gegebenen Etappe des Kapitalismus ist jedoch durch die Stärke der Arbeiterklasse im Klassenkampf bestimmt.

[163] Fr. Engels, Vorwort zur zweiten deutschen Auflage von „Die Lage der arbeitenden Klasse in England".

2. Es besteht kein direkter (mechanischer) Zusammenhang zwischen Ausmaß der absoluten Verelendung und Stärke des Klassenbewußtseins oder Stärke des Klassenkampfes.

3. Bei der absoluten Verelendung der Arbeiterklasse handelt es sich um ein ökonomisches Gesetz, das sich von Wirtschaftszyklus zu Wirtschaftszyklus durchsetzt. Innerhalb des Zyklus aber läßt sich weder von Tag zu Tag noch auch von Jahr zu Jahr eine absolute Verelendung feststellen.

4. Der Prozeß der absoluten Verelendung kann nur analysiert werden, wenn er allseitig untersucht wird. Er umfaßt neben ökonomischen Faktoren auch andere, wie Unwissenheit und moralische Degradation der Arbeiter. Die Zahl der Faktoren, die er umfaßt, und ihre Eigenart wechseln. (In der Periode der allgemeinen Krise des Kapitalismus sind zum Beispiel Weltkriege als neuer Faktor von unermeßlicher Bedeutung hinzugekommen. In der Zeit, als Engels die zweite deutsche Ausgabe seines Buches über die Lage der arbeitenden Klasse in England herausbrachte, begannen mehr und mehr „die kleinen Praktiken der Prellerei und Mogelei“ zu verschwinden.) Auch die Rolle der Faktoren wechselt. (So gab es eine lange Zeit, in der die Reallöhne sanken, gefolgt von einer ebenfalls langen Zeit, in der sie stiegen, um im Stadium des Imperialismus wieder abzusinken.)

5. Die absolute Verelendung schließt nicht nur nicht Einzelverbesserungen im Leben der Arbeiter und Verbesserungen im Gesamtleben der Arbeiter einzelner Schichten aus, sondern erfordert sogar solche Verbesserungen.

6. Solange das Kapital in der Lage ist, die Arbeiterklasse als ganze immer intensiver auszubeuten, gibt es physiologische Grenzen der absoluten Verelendung. Erst wenn, wie in der allgemeinen Krise des Kapitalismus, Unterbeschäftigung zu einer Regel wird (die selbstverständlich wie jede Regel Ausnahmen kennt), gibt es keine physiologischen Grenzen der absoluten Verelendung und ist die Arbeiterklasse in ihrer Existenz bedroht, das heißt, sie muß, wenn sie nicht untergehen will, den Kapitalismus stürzen.

7. So offenbar es auf der einen Seite ist, daß ohne Ausbeutung keine absolute Verelendung möglich ist, so besteht jedoch auf der anderen Seite kein direkter (mechanischer) Zusammenhang zwischen dem Tempo der Ausbeutung und dem der Verelendung, da der Grad der Ausbeutung auch von solchen Faktoren bestimmt wird, die, wie die Entwicklung der Technik und der Arbeitsorganisation, nicht direkt (mechanisch) den Grad der Verelendung bestimmen.

★

Der wichtigste Einzelfaktor, der die materiellen Lebensbedingungen der Arbeiter unter dem Kapitalismus bestimmt, ist der Reallohn. In der Periode der allgemeinen Krise des Kapitalismus fällt der Reallohn von Wirtschaftszyklus zu Wirtschaftszyklus. Innerhalb des Wirtschaftszyklus steigt der Reallohn während der Phase des Aufschwungs und fällt in der Phase der Krise. Das ist eine ökonomische Gesetzmäßigkeit, die Marx entdeckt hat. Der Unterschied zwischen der Reallohnbewegung unter dem monopolistischen und unter dem vormonopolistischen Kapitalismus liegt darin, daß in diesem der Lohn in der Phase des Aufschwungs über den Wert der Ware Arbeitskraft stieg – als „Ausgleich" für den Fall unter den Wert während der Krise –, so daß sich im Zyklusdurchschnitt Preise und Werte glichen,[164] während im monopolistischen Kapitalismus die Löhne auch in der Aufschwungsphase oft nicht den Wert der Ware Arbeitskraft erreichen und im Zyklusdurchschnitt die Preissumme der verkauften Arbeitskraft unter ihrer Wertsumme liegt.

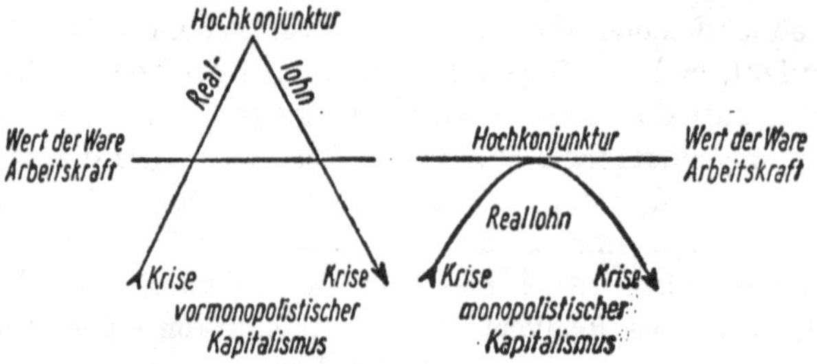

Wie soll man Reallöhne berechnen? Sehr verschieden wird man vorgehen, je nachdem, welche Erscheinungen typisch für die Entwicklung sind. Wenn man zum Beispiel Reallöhne in Deutschland unter dem Faschismus berechnet, wird man Stundenreallöhne berechnen, weil gerade sie die außerordentlich ungünstige Entwicklung anzeigen. Haben doch wohl zum ersten Male in der Geschichte des Kapitalismus der letzten 100 Jahre die Stundenreallöhne in irgendeinem großen kapitalistischen Lande während der Phase des Aufschwungs in Deutschland von 1933 bis 1938 stagniert! Wollte man dogmatisch an die Berechnung der Reallöhne herangehen und zum Beispiel nur Reallöhne unter Berücksichtigung von Kurzarbeit und Arbeitslosigkeit für diese Zeit berechnen, so würde man diese für den Faschismus typische Entwicklung der Stundenreallöhne unbeachtet lassen und zu der im Aufschwung üblichen Steigerung der Reallöhne kommen. Auf der anderen Seite darf man natürlich die Steigerung des Realeinkommens der Arbeiterklasse in der Aufschwungsphase nicht unberücksichtigt lassen, weil man dann die Steigerung des Konsums nicht erklären könnte und zu einer Bewegung der Löhne kommen würde, die der ökonomischen Gesetzmäßigkeit des Kapitalismus widersprechen würde. Wie unsinnig gar nicht selten verbreitete „Theorien" stetig sinkender Reallöhne sind, zeigt sich schon daran, daß sie geradewegs zur Unterkonsumptions-Theorie der zyklischen Krisen führen müssen.

Auch würde man nicht zu einer wirklichen Analyse der Klassenkampfsituation, und vor allem nicht zu einer Erklärung gewisser Einbrüche des Reformismus in die Arbeiterklasse, kommen können, wenn man Schwankungen in der Bewegung

[164] Engels schreibt an C. Schmidt (12. März 1895): „Oder nehmen Sie das Gesetz des Arbeitslohns, die Realisierung des Werts der Arbeitskraft, der nur, und selbst das nicht immer, im Durchschnitt sich verwirklicht ..."

eines so wichtigen Faktors der Lage der Arbeiterklasse, wie des Reallohnes, nicht erkennen würde. Ist es doch häufig so, daß gerade in Jahren steigender Reallöhne, in Jahren sich bessernder Ernährungs-, Bekleidungs- und Wohnverhältnisse, die Verräter innerhalb der Arbeiterbewegung, die rechte Führung in Arbeiterpartei und Gewerkschaften, an Einfluß gewinnen.

In engem Zusammenhang mit der Frage der Reallöhne steht die Frage der Familieneinkommen. In England sind zum Beispiel die Reallöhne heute zweifellos niedriger als vor dem zweiten Weltkrieg. Ebenso zweifellos leben aber viele Familien besser, da infolge der Zunahme der Zahl der Beschäftigten viel häufiger zwei Mitglieder der Familie statt eines arbeiten. Hier haben wir die Tatsache zu verzeichnen, daß der Grad der Ausbeutung der Familie ganz bedeutend gestiegen ist, während sich gleichzeitig ihr materielles Lebensniveau (Essen, Trinken, Kleiden, bisweilen auch Wohnen) durchaus beachtlich gehoben hat. Nehmen wir der Einfachheit halber als Beispiel einen Fall, in dem die Arbeitsleistung nicht gestiegen ist, also der relative Mehrwert nicht zugenommen hat, und in dem die Mehrwertrate vor dem Kriege 400 % betrug, dann zeigt sich folgendes:

Vor dem Kriege:	Mann:	100		400
		v		m
	Familieneinkommen	100	Mehrwert	400
			Mehrwertrate	400 %
Nach dem Kriege:	Mann:	90[165]		410
	Frau:	70[166]		430
		v		m
			Mehrwert	840
	Familieneinkommen	160	Mehrwertrate	525 %

Die Mehrwertmasse, die aus der Familie herausgeholt wird, hat sich mehr als verdoppelt; sie ist von 400 auf 840 gestiegen.

Die Mehrwertrate ist von 400 % auf 525 % gestiegen.

Die Menge Lebensmittel, Kleidung und Wohnraum, die die Familie kaufen kann, hat sich um 60 % erhöht!

Faktisch wird die Arbeitsleistung gestiegen sein, und zwar sowohl auf Grund technischen Fortschritts und besserer Arbeitsorganisation wie auch auf Grund gestiegener Intensität der Arbeit.

Wie sind die Auswirkungen dieser bisher nicht berücksichtigten Faktoren?

Das höhere Niveau der Technik und die Besserung in der Organisation der Arbeit steigern entsprechend den Grad der Ausbeutung – ohne daß das an sich zur Erhöhung des Grades der absoluten Verelendung führt. Aber ein „An sich" gibt es für Technik und Arbeitsorganisation im Kapitalismus nicht. Verbesserungen der Technik und der Arbeitsorganisation sind unter dem Kapitalismus stets verbunden mit einer Steigerung der Intensität der Arbeit. Wie aber wirkt sich die Steigerung der Intensität der Arbeit auf die oben geschilderten Familieneinkommensverhältnisse aus?

[165] Reallohnsenkung um 10 %, Einbruch in den Konsumtionsfonds der Arbeiter.
[166] Der Lohn der Frau ist bei gleicher Arbeitsleistung wesentlich niedriger.

Einmal wirkt sie dadurch, daß gesteigerte Intensität der Arbeit bessere Ernährung (und mehr Ruhe) nach der Arbeit erfordern, das heißt, zur Reproduktion der Ware Arbeitskraft sind mehr Lebensmittel notwendig. Das heißt, dem gestiegenen Familieneinkommen entspricht ein gestiegener Familienbedarf. Da natürlich schon allein durch die Tatsache, daß die Frau jetzt im Betrieb arbeitet, der Verbrauch an Arbeitskraft in der Familie gestiegen ist, frißt also die Notwendigkeit besserer Ernährung einen sicherlich nicht unbeachtlichen Teil der Reallohnsteigerung weg.

Dazu kommen aber noch andere, zum Teil viel wichtigere Faktoren.

Die gestiegene Intensität der Arbeit führt zu einer Steigerung der Zahl der Unfälle und Krankheiten. Für die Arbeiter, die Opfer von Unfällen und Krankheiten werden, verwandelt sich natürlich die Reallohnsteigerung zu einer ganz bedeutenden Reallohnsenkung. So war zum Beispiel in dem relativ kleinen Westdeutschland die absolute Zahl der Unfälle mit 1 724 917 im Jahre 1954 höher als in dem viel größeren faschistischen Deutschland von 1938, wo sie 1 534 956 betrug.

Aber mehr, und das ist von ganz entscheidender Bedeutung für die Gegenwart: in manchen Industrien ist die Intensität der Arbeit so gestiegen, daß sie zur Abschaffung ganzer Berufe geführt hat. Früher gab es Bergarbeiter – seit Jahrtausenden gibt es diesen Beruf. Unter den gegenwärtigen Verhältnissen der fortlaufenden Steigerung der Intensität der Arbeit im Bergbau aber ist zum Beispiel in England der Bergarbeiterstand vernichtet worden. Wohl gibt es noch Arbeiter, die zeitweise im Bergbau arbeiten – aber die Arbeit dort ist so intensiv, daß sie nach 5 bis 10 Jahren gezwungen sind, menschliche Wracks durch die stetige Überanstrengung, ihren Beruf zu wechseln, weniger intensive Arbeit und entsprechend weit schlechter bezahlte Arbeit anzunehmen. Das gleiche gilt auch, wie schon zu Beginn der dreißiger Jahre amtlich festgestellt worden war, für die in der amerikanischen Automobilindustrie Beschäftigten. Auch in Westdeutschland beobachten wir in Zweigen der chemischen Industrie und anderswo ähnliche Tendenzen.

Für solche Arbeiter – ja für die überwältigende Mehrheit der Arbeiterklasse in den kapitalistischen Ländern gelten heute solche Tendenzen der Entwicklung und für sie kann man das ganze Ausmaß der Verelendung infolge Steigerung der Intensität der Arbeit nur erfassen, wenn man auch Lebenslöhne berechnet, also Löhne, die das Einkommen der Arbeiter über eine lange Zeit hinweg umfassen.

Von besonderer Bedeutung für die Lage der Arbeiter ist die Entwicklung der Arbeitszeit. Diese war ursprünglich, im Stadium der extensiven Produktions- und Ausbeutungsmethoden des Kapitalismus, laufend gestiegen. Seit etwa der Mitte des vorigen Jahrhunderts ist in den meisten kapitalistischen Ländern die Länge der Arbeitszeit zurückgegangen. Diese Verkürzung des Arbeitstages hält bis in die Gegenwart an, wenn auch unter den Bedingungen der verstärkten Militarisierung der Wirtschaft eine Gegentendenz zur Verlängerung des Arbeitstages an Stärke gewonnen hat. So war faktisch auch nach der amtlichen Bonner Statistik die Arbeitszeit mit 48,8 Stunden pro Woche im Jahre 1955 höher als 1938 unter dem Faschismus, wo sie 48,5 Stunden betrug!

Die Verkürzung der Arbeitszeit bedeutet an sich eine Verbesserung im Leben der Arbeiter, und darum haben die Arbeiter und ihre Organisationen immer für eine Verkürzung der Arbeitszeit gekämpft.

Doch muß man sehen, daß diese Verbesserung in der Lage der Arbeiter zugleich, wie Marx schon im „Kapital" gezeigt hat, die unerläßliche Vorbedingung für eine Verschlechterung der Lage der Arbeiter, für ihre zunehmende Verelendung ist. Denn diese Verkürzung der Arbeitszeit ermöglicht es den Kapitalisten, die Intensität der Arbeit zu steigern.

Aus diesem Grunde kämpft die Arbeiterklasse für eine Verkürzung der Arbeitszeit und gegen eine Intensivierung des Arbeitsprozesses – aber während ihr Kampf für die Verkürzung der Arbeitszeit auch unter den Bedingungen des Kapitalismus erfolgreich ist, kann ihr Kampf gegen eine weitere Intensivierung des Arbeitsprozesses durch die Kapitalisten bestenfalls immer nur beschränkte Erfolge zeitigen. Im allgemeinen steigt die Intensität der Arbeit stärker als der Verkürzung der Arbeitszeit entsprechen würde.

Von großer Bedeutung für die Arbeiter ist die Tatsache, daß im Laufe der Zeit die Lohnabzüge für direkte Steuern und Sozialversicherung eine steigende Tendenz haben. Das gilt für alle kapitalistischen Länder. Für Deutschland haben wie eine detaillierte amtliche Statistik, die das aufzeigt („Wirtschaft und Statistik", November 1954):

Lohn- und Gehaltsabzüge für Arbeiter und Angestellte

Jahresdurchschnitt	Prozent
1880—1884	0,0
1925—1929	9,1
1930—1934	11,1
1935—1938	12,8
1949—1953	14,4

Insbesondere in der Periode der allgemeinen Krise ist dieser „nachträgliche" Lohnraub an Bedeutung gestiegen, bis er gegenwärtig den Arbeitern in Westdeutschland zum Beispiel ein Siebentel ihres Lohnes nimmt.

★

Ein besonderer Trick der herrschenden Klasse in der Periode der allgemeinen Krise des Kapitalismus ist es, den Lebensstandard der Arbeiter – auf niedrigem Niveau – über die Kaufkraft der Arbeiter zu erhöhen. Die beiden Hauptwege sind: der Bau von Arbeiterwohnungen, die wirklich hohes Bauniveau haben, aber für die sehr hohe Mieten gezahlt werden müssen, und die Einrichtung des sogenannten Abzahlungsgeschäfts, das heißt, es wird den Arbeitern die Möglichkeit gegeben, teure Waren – Motorräder, Eisschränke, Fernsehapparate – zu überhöhten Preisen, aber in monatlichen Raten über ein Jahr und länger hinaus zu bezahlen.

Dadurch gelingt es auf der einen Seite der herrschenden Klasse, noch viel größere Fortschritte als je zuvor zu machen „in der Kunst, das Unglück der

Arbeiterklasse zu verbergen". Und auf der anderen Seite hat die herrschende Klasse hier ein Mittel gefunden, um die Arbeiterklasse „von sich aus" zu veranlassen, alles zu tun, um die Intensität der Arbeit und die Dauer des Arbeitstages zu verlängern. Kürzlich erst wurde von einigen westdeutschen Betrieben festgestellt, daß sie nur noch dann gelernte Arbeiter erhalten, wenn sie ihnen versprechen, daß sie Überstunden machen können. Das heißt, die Arbeiter stellen von sich aus die Bedingung (!), für die Unternehmer absoluten Mehrwert schaffen zu dürfen – weil sie nur so das Geld für die teure Arbeiterwohnung oder die Abzahlungskäufe zusammenbekommen. Und wie mit dem absoluten, so steht es mit dem relativen Mehrwert, da viele Arbeiter, zum Schaden ihrer Gesundheit, unter schweren Unfallgefahren von sich aus alles tun, um die Intensität der Arbeit zu erhöhen, weil sie nur dann genügend verdienen, um Miete und Abzahlungsschulden bezahlen zu können.

Hier zeigt sich die ganze Teuflischkeit des modernen Kapitalismus: Die Liebe des Arbeiters zu seiner Familie, seine Freude, wenn die Frau eine nette kleine Wohnung bewirtschaft, wenn die Kinder nicht in feuchten Kellern und zugigen Dachräumen wohnen, sein kulturelles Streben, die Wohnung einzurichten, das Glück, mit der Familie am Sonntag auf einem Motorrad in die Natur hinauszufahren – all das nützen die Kapitalisten aus, um den Arbeiter zu verschulden, so daß er von sich aus, ohne daß die Kapitalisten sichtbar (!) die Peitsche zu schwingen brauchen, immer intensiver arbeitet und einen längeren Arbeitstag verlangt!

Doch mehr!

Läßt sich bestreiten, daß eine neue Arbeiterwohnung, solide gebaut und nicht schlecht eingerichtet, insbesondere bei infolge des Krieges allgemein schlimmen Wohnbedingungen, eine sehr reale und bedeutende Einzelverbesserung im Leben der Arbeiter darstellt? Natürlich läßt sich das nicht leugnen! Und gilt das gleiche nicht für das Motorrad, den Fernsehapparat, das Sofa, den Kühlschrank?

Darauf aber bauen die Reformisten, die Verräter innerhalb der Führung von Arbeiterparteien und Gewerkschaften auf! Daran knüpfen sie an. Auf diesem Weg dringt die bürgerliche Ideologie in die Arbeiterklasse ein. Auf solche Weise ist heute die Mehrheit der Arbeiterklasse in den Vereinigten Staaten von Amerika, in England oder in Westdeutschland noch so verwirrt, daß sie den Reformisten folgt.

Das heißt, diese Methoden der Schaffung sehr realer und der Arbeiterklasse sehr spürbarer Einzelverbesserungen führen einmal zu einer ungeheuerlichen Verelendung der Arbeiterklasse durch mächtige Steigerung der Intensität der Arbeit mit grausamster Steigerung der Unfälle und Krankheiten, und zugleich, in der Phase aufsteigender Produktion, zu erheblicher Verwirrung innerhalb der Arbeiterklasse, zur Einschläferung ihres Klassenbewußtseins.

Unter solchen Umständen ist es natürlich für alle fortschrittlichen Arbeiterparteien unerläßlich, eine wirklich zutiefst marxistisch-leninistische Analyse der Lage der Arbeiter zu geben und die Arbeiter über ihre wirkliche Lage mit Geduld und immer wieder mit Geduld aufzuklären. Wenn die zyklische Krise mit ihrer brutalen Aufklärung durch fürchterlichste ökonomische Schläge gegen die Arbeiterklasse beginnt, dann soll die Mehrheit der Arbeiter bereit sein, soll nicht, wie schon oft in der Geschichte, verwirrtes Opfer des Kapitalismus werden, sondern wie es Marx und Engels nach der Revolution von 1848/49 forderten: bereit sein, die zyklische Krise in eine revolutionäre Krise des Kapitalismus umzuwandeln! Nur wenn die Arbeiter schon heute in ihrer Mehrheit sich über den Prozeß der absoluten Verelendung, über die Todfeindschaft der Interessen des Monopolkapitals und ihrer eigenen Interessen klarwerden, können sie in den kapitalistischen Ländern die große historische Aufgabe, die ihnen steht, erfüllen.

2. *Die Ausbeutung*[167]

Das wachsende Ausmaß der Ausbeutung läßt sich zu einem großen Teil an der Entwicklung der Mehrwertrate messen.

Die ersten ins einzelne gehenden Versuche in Richtung einer statistischen Erfassung der Mehrwertrate und ihrer Veränderungen wurden von dem sowjetischen Ökonomen E. Varga auf Grund der amerikanischen Zensusdaten gemacht. Hier handelte es sich darum, die Höhe der Mehrwertrate und ihre Veränderungen in der Fabrikindustrie in den Zensusjahren, die ursprünglich jedes zehnte, später jedes fünfte und dann jedes zweite Jahr umfaßten, zu untersuchen.[168]

Dieser erste Versuch war als solcher, das heißt als Pionierleistung, von großer Bedeutung. Aber er stellt nur einen Anfang dar. Seine Hauptschwächen sind, daß er im großen und ganzen nur den Teil des Mehrwertes erfaßt, der bei dem Fabrikunternehmer verbleibt, und daß er, vom Standpunkt der Wirtschaftsentwicklung aus, völlig willkürliche Jahre betrachtet, teils Krisenjahre, teils solche starker Aktivität, das heißt Jahre, in denen der Mehrwert und die Mehrwertrate, unabhängig von ihrer allgemeinen Entwicklung, sehr verschieden groß sind. Später hat, den methodischen Anregungen Vargas folgend, die Labor Research Association weitere Untersuchungen[169] durchgeführt, ohne jedoch die Hauptschwächen des ersten Pionierversuchs zu überwinden.

Die Mehrwertrate ergibt sich aus dem Verhältnis desjenigen Teiles der Arbeit der produktiven Arbeiter, den sich die Kapitalisten aneignen, zu demjenigen Teil, der den Arbeitern verbleibt. Die Mehrwertrate drückt das Verhältnis von m (Mehrwert) zu v (Lohn) aus.

Als Ausgangspunkt der folgenden Betrachtungen ist festzustellen, durch welche Faktoren in der kapitalistischen Wirtschaft die Mehrwertrate verändert wird, und sodann zu überprüfen, welche dieser Veränderungen wir messen können, um die Entwicklung der Mehrwertrate statistisch zu erfassen.

[167] Vgl. zum folgenden J. Kuczynski, „Die Geschichte der Lage der Arbeiter in den Vereinigten Staaten von Amerika von 1775 bis in die Gegenwart", Zweiter Teil, Berlin 1955, S. 176 ff. Dort sind auch die Quellen der Berechnungen gegeben.

[168] Vgl. z. B. E. Varga, „Die große Krise", Moskau—Leningrad 1934, S. 219 ff.

[169] „Trends in American capitalism", New York 1948.

A. Die Mehrwertrate wird unter dem Kapitalismus erhöht:
   1. durch Verlängerung des Arbeitstages,
   2. durch Erhöhung der Arbeitsproduktivität und damit auch durch Senkung der Arbeitszeit, die für die Produktion von für den Arbeiter lebenswichtigen Waren notwendig ist,
   3. durch die Erhöhung der Arbeitsintensität.

B. Die Mehrwertrate wird unter dem Kapitalismus auf folgende Weise gesenkt: Um die Arbeitsproduktivität steigern zu können, müssen die Kapitalisten
   1. die Arbeitszeit pro Arbeitstag und Arbeiter verkürzen, weil die Arbeiter sonst die unter dem Kapitalismus mit der Steigerung der Arbeitsproduktivität verbundene Steigerung der Intensität der Arbeit pro Tag nicht aushalten,
   2. den Reallohn pro Arbeitstag zeitweise erhöhen, um die wegen der Intensität der Arbeit gestiegene Arbeitskraftausgabe teilweise auszugleichen.

C. Die Mehrwertrate wird unter dem Monopolkapitalismus zusätzlich dadurch erhöht, daß die Kapitalisten die Arbeiter mehr und mehr unter dem Wert ihrer Arbeitskraft bezahlen, so daß sie den Mehrwert auf Kosten der für die Arbeiter lebensnotwendigen Güter steigern.

Wir können also die Veränderungen in der Höhe der Mehrwertrate berechnen, indem wir die folgenden Faktoren berücksichtigen:

1. die Veränderungen in der Arbeitszeit,
2. die Veränderungen in der Arbeitsleistung,
3. die Veränderungen in der Arbeitsintensität,
4. die Veränderungen in den Reallöhnen,
5. die Veränderungen im Wert der Arbeitskraft durch Intensivierung der Arbeit, soweit diese Intensivierung zur Erhöhung des Wertes der Arbeitskraft beiträgt.

Gegenwärtig besitzen wir nur für die Vereinigten Staaten einigermaßen ausreichende statistische Angaben für einen längeren Zeitraum, um die Mehrwertrate in ihrer Entwicklung im Stadium des Imperialismus und insbesondere in der Periode der allgemeinen Krise im Vergleich zum vormonopolistischen Kapitalismus untersuchen zu können.

Welche der obengenannten Faktoren, die die Entwicklung der Mehrwertrate bestimmen, können wir nun für die Vereinigten Staaten statistisch messen?

1. Meine Berechnungen über die Entwicklung der Arbeitsleistung in der Industrie ermöglichen es uns, die Veränderungen von Produktivität und Intensität der Arbeit (in einem Index vereint) für die Vereinigten Staaten mehr als hundert Jahre lang zurückzuverfolgen. Auch für die Arbeitsleistung in der Landwirtschaft ist es mir gelungen, einen Index zu berechnen.
2. Was die Entwicklung der Arbeitszeit betrifft, so ist es zwar nicht möglich, Berechnungen für die gleiche Zeit durchzuführen, aber wir sind in der Lage, was man vielleicht vernünftige Schätzungen nennen kann, für die gleiche Zeitlänge zu machen.

3. Veränderungen in der Höhe der Reallöhne können wir für eine wesentlich längere Zeit messen als Veränderungen in der Arbeitsleistung, und, obgleich keinesfalls zufriedenstellend, sind unsere Zahlen besser als die für die Arbeitsleistung.
4. Völlig scheitern wir dagegen bisher bei Versuchen, die Erhöhung des Wertes der Arbeitskraft durch die Intensivierung des Arbeitsprozesses zu messen. Dieser Faktor – und es ist ein sehr ernster Faktor seit dem Beginn der zweiten Hälfte des 19. Jahrhunderts – muß daher bei unseren Berechnungen außer Betracht bleiben. Die Auswirkung dieses Mangels auf unsere Zahlen ist, daß sie die Erhöhung der Mehrwertrate als zu niedrig anzeigen, denn das Fortlassen der Steigerung des Wertes der Arbeitskraft durch Intensivierung der Arbeit bedeutet, daß wir eine sehr wichtige Methode der Ausbeutung, der Gewinnung von Mehrwert, nicht berücksichtigen.

Wir können jedoch die Steigerung des Wertes der Arbeitskraft durch Intensivierung der Arbeit auf folgende Weise ganz roh erfassen:

Bekanntlich stieg in den Vereinigten Staaten der Reallohn im Durchschnitt seit der zweiten Hälfte des 19. Jahrhunderts. Auf dieser Tatsache basierten zahlreiche reformistische, antimarxistische Theorien der Verbesserung der Lage der Arbeiter außerhalb und innerhalb der Arbeiterbewegung. Faktisch stellt diese Steigerung der Reallöhne nichts anderes dar als den teilweisen Ausgleich der Steigerung des Wertes der Arbeitskraft durch die Intensivierung der Arbeit. Denn es ist doch so, daß man die Arbeit im allgemeinen, wenn die Existenz der Arbeiterklasse nicht gefährdet werden soll, nicht stark intensivieren kann, ohne die Ernährung usw. der Arbeiter zumindest etwas zu verbessern. Das heißt, die Reallohnsteigerung war die Basis dafür, um durch eine noch schnellere Steigerung der Intensivierung der Arbeit das Tempo der Ausbeutung zu forcieren.

Nun bedeutet die Steigerung des Reallohnes als Voraussetzung einer größeren Intensivierung des Arbeitsprozesses zweifellos eine Verminderung des Mehrwerts (die Vermehrung des Mehrwerts durch steigende Intensität wird ja in den Arbeitsleistungszahlen berücksichtigt).

Auf der anderen Seite bedeutet die Tatsache, daß die Reallöhne natürlich nicht entsprechend der Erhöhung des Wertes der Ware Arbeitskraft (durch infolge größerer Intensität gewachsene Arbeitskraftausgabe) steigen, daß die Kapitalisten sich einen Teil des Konsumtionsfonds der Arbeiter als Mehrwert aneignen.

Wir können daher sagen: Wir kommen der Berücksichtigung der Erhöhung des Wertes der Ware Arbeitskraft durch Intensivierung des Arbeitsprozesses näher, indem wir die Erhöhung der Reallöhne nicht berücksichtigen – zeigen dabei aber immer noch nicht das ganze Ausmaß der Ausbeutung.

Unsere Formel zur Berechnung der Veränderungen der Mehrwertrate in den Vereinigten Staaten wird also ausschließlich durch die Entwicklung der beiden Faktoren Arbeitsleistung und Arbeitszeit bestimmt.

Nun hängt aber die Auswirkung dieser beiden Faktoren auf die Mehrwertrate von dem Verhältnis zwischen m und v ab. Nehmen wir an, daß m zu v sich wie

1 zu 1 verhält, dann bedeutet eine Verdoppelung der Arbeitsleistung eine Verdreifachung der Mehrwertrate. Wir müssen also bei unseren Berechnungen auch das Verhältnis von m zu v, die absolute Mehrwertrate im Ausgangsjahr, berücksichtigen. Wie hoch war nun die absolute Mehrwertrate in irgendeinem der letzten 100 Jahre in den Vereinigten Staaten? Gehen wir zunächst, wie es auch Varga und die Labor Research Association getan haben, von den Zensuszahlen der Industrieproduktion aus. Danach betrugen, um zwei ganz weit auseinanderliegende Daten zu nehmen:

Werte (Gesamtpreis)	1849	1939
	Millionen Dollar	
Löhne	237	9 090
Neugeschaffener Wert	464	24 683
Mehrwert	227	15 593

Aus den amtlichen Angaben für Löhne und neugeschaffenen Wert errechnen wir einen Mehrwert, der sich 1849 zu den Löhnen wie 227 zu 237 und 1939 wie 15 593 zu 9090 verhält. Die Mehrwertrate betrug nach diesen Berechnungen ganz grob 1849 96 % und 1939 172 %. Wir stellen also eine Steigerung der Mehrwertrate um noch nicht das Doppelte fest, während, wie sich später ergeben wird, die Arbeitsleistung auf rund das Siebenfache gestiegen ist und die Arbeitszeit nur um rund ein Drittel zurückgegangen ist.

Der Grund für die geringe Steigerung der Mehrwertrate liegt natürlich darin, daß hier nur ein Teil des Mehrwertes gemessen wird, nämlich nur der Teil, der beim Fabrikunternehmer bleibt, während nicht berücksichtigt wird, daß ein zunehmender Teil des Mehrwerts anderen Kapitalisten (denen in Handel, in Banken usw.) zukommt. Und dieser Teil ist mit dem Verfall des Kapitalismus ganz besonders gestiegen, da es eine Eigenart des verfaulenden Kapitalismus ist, daß der Teil des Mehrwerts, der für parasitäre Zwecke Verwendung findet (also für eine besondere Unterart der unproduktiven Zwecke), ganz besonders schnell wächst.

Darum ist es unmöglich, irgend etwas mit den Zahlen für 1939 anzufangen, wenn man sich ein Bild von dem Verhältnis von m zu v machen will.

Günstiger liegt die Situation für das Jahr 1849. Damals, als die Industrie noch eine geringe Rolle in den Vereinigten Staaten spielte, und als auch die ganze Zirkulation, wie überhaupt die unproduktive Aktivität in der kapitalistischen Gesellschaft noch von relativ geringer Bedeutung waren, kamen die Zensuszahlen für den neugeschaffenen Wert dem faktisch neugeschaffenen Wert sehr viel näher. Ich halte es darum für möglich, auf der Grundlage der Zensusangaben ganz roh zu schätzen, daß in den vierziger Jahren, mit denen wir unsere Untersuchungen beginnen, sich m zu v wie 1 zu 1 verhielt, daß die Mehrwertsumme etwa gleich groß war wie die Lohnsumme. Es ist in diesem Zusammenhang von Bedeutung, daß auch Marx zur Illustrierung seiner Mehrwerttheorie von der ihm ganz offenbar als zumindest nicht ganz unsinnig erscheinenden Annahme ausgeht, daß dies das Verhältnis von m zu v sei.

Unsere Formel für die Berechnung der Veränderungen der Mehrwertrate seit den vierziger Jahren lautet darum:

Mehrwertrate gleich 2mal Prozentveränderung P mal 2mal Prozentveränderung A – wobei P gleich Arbeitsleistung und A gleich Arbeitszeit ist.

Ist die Mehrwertrate im Ausgangsjahr gleich 100 und steigt die Arbeitsleistung innerhalb von 10 Jahren um 20 %, während die Arbeitszeit um 5 % zurückgeht, so lautet die Formel:

$$\text{Mehrwertrate gleich } \frac{100 \times (100 + 2 \times 20) \times (100 - 2 \times 5)}{100 \times 100} \text{ oder}$$

$$\text{Mehrwertrate gleich } \frac{100 \times 140 \times 90}{100 \times 100} = 126$$

★

Wie entwickelte sich nun faktisch die Mehrwertrate in den USA? Wir geben zunächst die Grundzahlen zur Berechnung der Veränderungen der Mehrwertrate in den Vereinigten Staaten von Amerika:

Arbeitsleistung und Arbeitszeit in der Industrie, 1827 bis 1954
(1900 = 100)

Wirtschaftszyklus	Arbeitsleistung pro Stunde	Arbeitszeit pro Tag*)
1827—1834	15	113
1835—1842	22	115
1843—1848	34	115
1849—1858	37	114
1859—1867	41	112
1868—1878	58	109
1878—1885	72	105
1885—1897	86	102
1897—1908	104	98
1908—1914**	116	94
1915—1921**	127	90
1922—1933	187	82
1933—1941**	237	72
1942—1945**	280	84
1945—1954**	305	76

* Es handelt sich hier um den effektiven Arbeitstag insofern, als die Pausen ausgeschlossen sind; auf der anderen Seite ist erst seit 1923 Kurzarbeit berücksichtigt, die jedoch zuvor in ihren Veränderungen von einem Zyklusdurchschnitt zum anderen kaum eine Rolle gespielt hat.

** Kein Wirtschaftszyklus.

Arbeitsleistung in der Landwirtschaft, 1843 bis 1954
(1900 = 100)

Wirtschaftszyklus	Index	Wirtschaftszyklus	Index
1843—1848	52	1908—1914*	97
1849—1858	56	1915—1921*	106
1859—1867	50	1922—1933	124
1868—1878	62	1933—1941*	141
1878—1885	77	1942—1945*	179
1885—1897	84	1945—1954*	224
1897—1908	100		

Kombinieren wir nun landwirtschaftliche und industrielle Arbeitsleistung zu einem Index und ebenso die Arbeitszeit in diesen beiden Wirtschaftszweigen, so ergibt sich folgende Statistik:[170]

Arbeitsleistung und tägliche Arbeitszeit in Industrie und Landwirtschaft, 1843 bis 1954
(1843—1848 = 100)

Wirtschaftszyklus	Arbeitsleistung	Arbeitszeit
1843—1848	100	100
1849—1858	109	100
1859—1867	112	98
1868—1878	154	96
1878—1885	191	94
1885—1897	223	92
1897—1908	268	89
1908—1914*	290	86
1915—1921*	317	84
1922—1933	446	78
1933—1941*	553	72
1942—1945*	664	82
1945—1954*	742	76

* Kein Wirtschaftszyklus.

[170] Wir haben Landwirtschaft und Industrie wie 1:3 gewichtet. Zwar nehmen die Lebensmittel im Budget des Arbeiters (und nur auf das Budget kommt es an, wenn wir den Einfluß der Produktivität auf das Verhältnis von m zu v untersuchen) mehr als 25 % ein — aber ein großer Teil der Lebensmittel geht auch durch einen industriellen Prozeß und wird so bei der Industrieproduktivität erfaßt. Man könnte einwenden, daß man der Landwirtschaft in der früheren Zeit ein größeres Gewicht geben müßte als im 20. Jahrhundert. Ich habe dementsprechende Berechnungen durchgeführt mit wechselndem Gewicht von 1:2 für 1843 bis 1867, bis 1:5 für 1908 bis 1945, ohne daß das den kombinierten Index wesentlich beeinflußt hätte. Eine solche Berechnung hätte nur eine viel größere Genauigkeit der Grundzahlen vorgetäuscht, als sie an sich haben. Man könnte auch mit Recht einwenden, daß mein Index der Arbeitsleistung in der Industrie nur die Konsumgüterindustrie umfassen sollte, da nur dieser Index in die Wertsenkung von v durch steigende Produktivität eingeht. Leider ist es mir bisher noch nicht gelungen, separate Indizes der Arbeitsleistung für die Abteilungen I und II zu konstruieren. Aber die wenigen Daten, die ich habe, scheinen mir nicht anzuzeigen, daß die Entwicklung der Produktivität in den beiden Abteilungen sehr verschieden war.

Aus diesen Zahlen errechnet sich die folgende Entwicklung der Mehrwertrate:

Die Mehrwertrate in den Vereinigten Staaten von Amerika, 1843 bis 1954
(1843—1848 = 100)

Wirtschaftszyklus	Mehrwertrate	Wirtschaftszyklus	Mehrwertrate
1843—1848	100	1908—1914*	345
1849—1858	118	1915—1921*	363
1859—1867	119	1922—1933*	444
1868—1878	191	1933—1941*	444
1878—1885	248	1942—1945*	786
1885—1897	290	1945—1954	720
1897—1908	340		

* Kein Wirtschaftszyklus.

Die Mehrwertrate ist nach diesen Zahlen in der hier betrachteten Zeit auf das Sieben- bis Achtfache gestiegen.

Gliedern wir die Zeit in zwei Hälften, so finden wir, daß – unter Berücksichtigung des erwähnten mangelnden Intensitätsfaktors, der im 20. Jahrhundert eine größere Rolle spielte als im 19. Jahrhundert – die Mehrwertrate in der zweiten Hälfte stärker gestiegen ist als in der ersten. Das heißt, die Ausbeutungsrate hat sich von einem Halbjahrhundert zum nächsten nicht nur absolut, sondern auch im Tempo der Steigerung erhöht.

Betrachten wir die Entwicklung von einem Zyklus zum anderen, so finden wir, daß die Ausbeutung sehr ungleichmäßig zunahm. Während des Bürgerkrieges ist die Mehrwertrate wohl kaum gestiegen. Ebenso während der Friedensjahre der Roosevelt-Regierung. Dagegen ist sie während des zweiten Weltkrieges ganz enorm heraufgegangen.

In der Nachkriegszeit scheint die Ausbeutungsrate zurückgegangen zu sein. Die Ursache für diese Bewegung liegt in der Verkürzung der Arbeitszeit, die in der Industrie eine Senkung der „absoluten Mehrwertrate“ brachte, während die „relative Mehrwertrate“ in der Industrie und vor allem in der Landwirtschaft weiter anstieg.

Faktisch jedoch hat die Mehrwertrate nicht abgenommen, da wir den weiteren Einbruch der Kapitalisten in den Konsumtionsfonds der Arbeiter nicht berücksichtigen konnten.

3. Schlußsatz

Unter welchen Gesichtspunkten wir auch die Lage der Arbeiter in der kapitalistischen Welt betrachten – ob unter dem der absoluten Verelendung oder dem der Ausbeutung, ob wir in einzelnen Fällen gewisse Verbesserungen von Einzelfaktoren der Lebenshaltung feststellen, ob wir ausgeplünderte Kolonien oder das mächtigste kapitalistische Land untersuchen –, stets zeigt das Leben, zeigt die Wirklichkeit, die wir auf Grund der Lehren der Klassiker des Marxismus-Leninismus, auf Grund der Erfahrungen der Arbeiterklasse zu analysieren gelernt haben, eine Verschlechterung in der Lage der Arbeiter von Zyklus zu Zyklus an.

KAPITEL II

DIE ENTWICKLUNG DER ERNÄHRUNG IM KAPITALISTISCHEN DEUTSCHLAND

Die absolute Verelendung der Arbeiterklasse ist ein gesetzmäßiger Prozeß in der kapitalistischen Gesellschaft. Engels bemerkte 1872 in seinem ersten Artikel zur Wohnungsfrage im Leipziger „Volksstaat“: „Daß die Lage der Arbeiter seit Durchführung der kapitalistischen Produktion auf großem Maßstab im ganzen materiell schlechter geworden ist, das bezweifelt nur der Bourgeois“ (seit mehr als einem halben Jahrhundert leugnen es auch die Reformisten innerhalb der Arbeiterbewegung).

Es wäre jedoch naiv oder vulgär gedacht oder dogmatisch betrachtet, wollte man aus der Gesetzmäßigkeit der absoluten Verelendung schließen, daß alle Faktoren, die die Lage der Arbeiter bestimmen, sich laufend verschlechtern. Überblicken wir die Geschichte des Kapitalismus, dann können wir in seinen drei Stadien die folgende Entwicklung des wichtigsten Einzelfaktors, der die Lage der Arbeiter bestimmt, nämlich der Reallöhne, beobachten:[171]

1. Das Stadium der vornehmlich extensiven Ausbeutung – etwa bis zur Mitte des 19. Jahrhunderts: sinkende Reallöhne.
2. Das Stadium der vornehmlich intensiven Ausbeutung – etwa bis zum Ende des 19. Jahrhunderts: steigende Reallöhne.
3. Das Stadium des Imperialismus: zunächst stagnierende und dann fallende Reallöhne.

Die Reallöhne sind, wie bemerkt, der wichtigste Einzelfaktor, der die materielle Lage der Arbeiter bestimmt – aber sie sind weder der einzige noch der allein entscheidende Faktor. Auch bei von Zyklus zu Zyklus steigenden Reallöhnen, wie in der zweiten Hälfte des 19. Jahrhunderts, kann auf Grund von ungünstiger Gestaltung anderer Faktoren, wie der Intensität der Arbeit, der Unfallrate oder der Wohnverhältnisse, der Prozeß der absoluten Verelendung fortschreiten.

Wie nun die Entwicklung der Reallöhne der wichtigste Einzelfaktor im Prozeß der materiellen Verelendung der Arbeiter ist, so ist die Entwicklung der Ernährung

[171] Vgl. dazu auch J. Kuczynski, „Die Geschichte der Lage der Arbeiter unter dem Kapitalismus“, Band VII, „Die Theorie der Lage der Arbeiter“, 3. Aufl., Berlin 1955.

der wichtigste von den Reallöhnen bestimmte Einzelfaktor im materiellen Leben der Arbeiter.

Im folgenden wird für Deutschland, für das wir eine längere Zeit umfassende Daten haben, die Entwicklung der Ernährungsverhältnisse untersucht. Dabei wird sich zeigen, daß, mit Abweichungen im einzelnen, die Ernährung im ganzen etwa die gleiche Richtung der Entwicklung durchläuft wie die Reallöhne.

Das ist keineswegs selbstverständlich, wie die folgende Übersicht der allgemeinen Entwicklungslinien wichtiger materieller Faktoren im Leben der Arbeiter zeigt:

1. Stadium des Kapitalismus:
   Senkung der Reallöhne
   Verschlechterung der Ernährungsverhältnisse
   Verschlechterung der Bekleidungsverhältnisse
   Verschlechterung der Wohnungsverhältnisse
2. Stadium des Kapitalismus
   Steigerung der Reallöhne
   Verbesserung der Ernährungsverhältnisse
   Verbesserung der Bekleidungsverhältnisse
   Verschlechterung der Wohnungsverhältnisse
3. Stadium des Kapitalismus:
   Stagnation und dann Senkung der Reallöhne
   Verschlechterung der Ernährungsverhältnisse
   Stagnation der Bekleidungsverhältnisse
   Verbesserung der Wohnungsverhältnisse

Von den drei wichtigsten Faktoren der materiellen Lebenshaltung verlaufen nur die Ernährungsverhältnisse im ganzen in der gleichen Richtung wie die Reallöhne.

1. Die Ernährung im 19. Jahrhundert

Unsere Daten über die Entwicklung des Verbrauchs landwirtschaftlich-pflanzlicher Produkte heimischen Ursprungs sind schlecht; besser steht es mit Daten über den Fleischverbrauch und am umfassendsten ist die statistische Erfassung von Produkten jeder Art, die eingeführt und nicht in Deutschland selbst produziert wurden.

Vergleichbare Daten für den Verbrauch von Getreide und Kartoffeln haben wir nur für das Vierteljahrhundert, das mit dem Ende der dreißiger Jahre beginnt – und dann, unvergleichbar mit den vorangehenden Daten, wieder nur für das letzte Fünftel des Jahrhunderts:

Verbrauch pro Kopf von Weizen und Roggen in Preußen und Lübeck, 1837 bis 1861

Jahrfünft	Preußen[172] kg	Jahre	A[173] Scheffel	Lübeck[174]	B Pfund
1837—1841	157,1	1836—1845	6,29		10,1
1842—1846	164,4	1846—1855	5,99		13,4
1847—1851	161,8	1856—1860	5,71		9,5
1852—1856	173,7	1861—1865	6,13		7,7
1857—1861	176,2	1866—1868	4,93		14,6

Die Bewegung in dieser Zeit zeigt keine ausgesprochene Tendenz. Die leichte Steigerung für Preußen in den sechziger Jahren schließt die stärkere Verfütterung von Getreide an Vieh mit ein - die Lübecker Zahlen, die die Einfuhr von Mehl und gebackenem Brot mitberücksichtigen, zeigen eine sinkende Tendenz.

Für das letzte Fünftel des 19. Jahrhunderts liegen für Deutschland folgende Verbrauchszahlen vor:[175]

Verbrauch von Weizen und Roggen in Deutschland, 1878—1898, pro Kopf, kg

Jahrfünft	Menge	Jahrfünft	Menge
1878/79—1882/83	188,6	1888/89—1892/93	176,6
1883/84—1887/88	183,5	1893/94—1897/98	197,8

Auch hier läßt sich keine ausgesprochene Tendenz der Entwicklung feststellen.

Und das gleiche gilt für Kartoffeln, deren Verbrauch sich in den letzten 20 Jahren des Jahrhunderts so entwickelte:[175]

Verbrauch von Kartoffeln in Deutschland, 1878 bis 1898, pro Kopf, kg

Jahrfünft	Menge	Jahrfünft	Menge
1878/79—1882/83	337,7	1888/89—1892/93	361,2
1883/84—1887/88	416,6	1893/94—1897/98	435,4

[172] Reinick, „Resultate der Mahl- und Schlachtsteuer in der Periode von 1838 bis 1861", Zeitschrift des Königl. Preußischen Statistischen Bureaus, III. Jahrgang, September 1863, und A. Spiethoff, „Die wirtschaftlichen Wechsellagen", Band II, Tübingen und Zürich 1955.

[173] A: Weizen und Roggen
B: Mehl, Grütze, Graupen, Brot, Backwerk

[174] Nach G. H. Schmidt, „Statistik des Consums in Lübeck von 1836—1868", Jena 1891.

[175] Vgl. „Statistisches Handbuch für das Deutsche Reich", Erster Teil, Berlin 1907; die Zahlen für die Jahre 1894—1897 wurden den vorangegangenen vergleichbar gemacht.

Also ähnlich wie bei Getreide, auch hier keine ausgesprochene Tendenz. Und ähnlich wie bei Getreide leiden auch diese Zahlen an der Summierung des Verbrauchs für menschliche, tierische und gewerbliche Zwecke.

★

Wesentlich fruchtbarer sind Untersuchungen unseres sich über längere Zeit hinziehenden statistischen Materials über den Fleischverbrauch.[176] Der Fleischverbrauch ist, im Gegensatz zum Brotverbrauch, sehr empfindlich für Reallohnschwankungen, geht bei sinkendem Reallohn schnell zurück und wächst mit steigendem. Auf der anderen Seite macht sich bei Untersuchungen des Fleischverbrauchs störend bemerkbar, daß wir allgemeine Zahlen nur für den Verbrauch der Bevölkerung als ganzer und nicht speziell für die Arbeiterklasse haben. Jedoch sind die Schwankungen im Verbrauch so ausgesprochen, daß es zwar möglich ist, sich vorzustellen, daß der Fleischkonsum der Großbourgeoisie und des Adels ganz anders als der angegebene anzeigt verläuft, jedoch nicht der der Arbeiterklasse, zumal die meisten unserer Zahlen sich nur auf die städtische Bevölkerung beziehen. (Was die frühen Jahre betrifft – 1775 bis 1825 –, so spielten allerdings die Arbeiter in dieser Zeit noch eine sehr geringe Rolle, so daß hier die Bewegung der Zahlen wohl kennzeichnend für die Bewegung des Fleischkonsums der „plebejischen Massen", aber nicht notwendigerweise auch kennzeichnend für die Bewegung des Verbrauchs der Manufaktur- und später auch der ersten Fabrikarbeiter ist.)

[176] Quellen:

Preußen: Reinick, a. a. O.

Berlin: J. Conrad, „Der Konsum an notwendigen Nahrungsmitteln in Berlin vor 100 Jahren und in der Gegenwart", Jahrbücher für Nationalökonomie und Statistik, N. F., 3. Bd. Jena 1881.

Sachsen: R. Martin, „Der Fleischverbrauch im Königreiche Sachsen", Zeitschrift des K. Sächsischen Statistischen Bureaus, Jahrgang 1895, und Statistisches Jahrbuch für das Königreich Sachsen, 1899 und 1908.

Leipzig: O. Gerlach, „Der Fleischkonsum Leipzigs", Jahrbücher für Nationalökonomie und Statistik, N. F., 11. Bd., Jena 1889.

München: G. Mayr, „Die Fleischnahrung der Münchener Bevölkerung", Zeitschrift des Königlich Bayerischen Statistischen Bureaus, 3. Jahrgang 1871, und C. Gschwendter, „Die Entwicklung der Münchener Fleischpreise seit Beginn des 19. Jahrhunderts und ihre Ursachen", Diessen 1911.

Lübeck: G. H. Schmidt, a. a. O.

Bremen: Jahrbuch für Bremische Statistik, Jahrgang 1882, 1896, 1898 und 1907.

Verbrauch von Fleisch im 19. Jahrhundert, pro Kopf, kg

Jahre	Preußen (Städte)	Berlin	Sachsen	Leipzig	München	Lübeck	Bremen
1767/77	—	—	—	72	—	—	—
1777/79	—	56,2	—	—	—	—	—
1780/89	—	64,6	—	—	—	—	—
1800/09	—	—	—	61	—	—	—
1809/19	—	—	—	—	111,2	—	—
1810/19	—	—	—	57	—	—	—
1819/29	—	—	—	—	103,9	—	—
1820/29	—	—	—	58	—	—	—
1821/30	—	—	—	—	—	—	—
1829/39	—	—	—	—	92,6	—	—
1835/44	—	—	15,8	—	—	—	—
1836/45	—	—	—	—	—	47,2	—
1837/41	40,4	—	—	—	—	—	—
1838/40	—	—	—	62	—	—	—
1839/49	—	—	—	—	85,5	—	—
1842/46	41,0	—	—	—	—	—	—
1845/54	—	—	16,8	—	—	—	—
1846/55	—	—	—	—	—	39,9	—
1847/51	35,4	—	—	—	—	—	56,5
1849/59	—	—	—	—	74,5	—	—
1852/56	36,6	—	—	—	—	—	—
1852/57	—	—	—	64	—	—	—
1852/61	—	—	—	—	—	—	52,6
1855/64	—	—	20,9	—	—	—	—
1856/65	—	—	—	—	—	43,5	—
1857/61	37,7	—	—	—	—	—	—
1859/69	—	—	—	—	83,2	—	—
1860/69	—	45,2	—	—	—	—	—
1862/71	—	—	—	—	—	—	56,4
1865/74	—	—	25,0	—	—	—	—
1866/68	—	—	—	—	—	53,1	—
1870/74	—	52,3	—	—	—	—	—
1872/81	—	—	—	—	—	—	56,0
1875/77	—	56,3	—	—	—	—	—
1875/84	—	—	29,8	—	—	—	—
1877/79	—	—	—	—	—	—	—
1881/90	—	—	—	—	91,0	—	—
1882/91	—	—	—	—	—	—	58,7
1885/94	—	—	34,6	—	—	—	—
1891/1900	—	—	—	—	80,5	—	—
1892/98	—	—	—	—	—	—	61,8
1895/99	—	—	40,6	—	—	—	—

Die Statistik zeigt allgemein eine sinkende Tendenz des Fleischverbrauchs vom Beginn des 19. Jahrhunderts bis über seine Mitte hinaus. In den Folgejahren ergibt sich eine Steigerung, die jedoch den Fleischkonsum kaum auf die Höhe zu Beginn des Jahrhunderts hebt.

Völlig aus dem Rahmen fällt scheinbar die Entwicklung in Sachsen. Aber Sachsen ist auch das einzige Land, für das wir umfassendere Daten haben – die Zahlen für Preußen beziehen sich ja nur auf Städte. Der Unterschied des Fleischverbrauchs in Stadt und Land ist aber sehr groß, und mit dem Wachstum der Städte kann darum der Fleischverbrauch im Staat durchaus merklich wachsen, während er weder auf dem Lande noch in der Stadt zunimmt. Das sei an einem fiktiven Beispiel illustriert:

	Land	Städte	Staat
1850	750 000 Einwohner Verbrauch von Fleisch pro Kopf 25 kg[177]	250 000 Einwohner Verbrauch von Fleisch pro Kopf 45 kg[177]	1 Million Einwohner Verbrauch von Fleisch pro Kopf 30 kg
1900	1 Million Einwohner Verbrauch von Fleisch pro Kopf 25 kg	1 Million Einwohner Verbrauch von Fleisch pro Kopf 45 kg	2 Millionen Einwohner Verbrauch von Fleisch pro Kopf 35 kg

Hier in diesem Beispiel ist der Fleischkonsum in Stadt und Land genau der gleiche geblieben, aber der Durchschnittsverbrauch ist von 30 auf 35 kg wegen des relativen Wachstums der städtischen Bevölkerung gestiegen.

Das heißt, die Zahlen für Sachsen fallen wohl nur scheinbar aus dem Rahmen – zumal gerade in Sachsen der Prozeß der Verstädtlichung der Bevölkerung ein sehr starker war. Schon 1871 wohnten 50 % der Bevölkerung Sachsens in Gemeinden mit 2000 und mehr Einwohnern gegenüber nur 37 % in Preußen – während um 1820 kein wesentlicher Unterschied zwischen Preußen und Sachsen bestand; und um 1900 waren die entsprechenden Prozentsätze 70 und 56.

Aus diesen Gründen sind kennzeichnender für die Entwicklung des Fleischkonsums der Arbeiterklasse nicht die umfassenderen Zahlen für Sachsen, sondern die für die Städte. Aber auch die Städte-Statistiken sind nur ungefähre Berechnungen – die jedoch von tüchtigen Statistikern des Bürgertums durchgeführt wurden. Sie sind wohl in der Tendenz, jedoch nicht direkt miteinander vergleichbar, da sie zum Teil nur die wichtigsten Fleischsorten, vielfach unter Ausschluß von Wild, berücksichtigen. Sie beziehen sich ferner auf den Kopf der Bevölkerung und beachten nicht, daß die Zahl der Erwachsenen, also von an sich mehr Fleisch Essenden, im Rahmen der Gesamtbevölkerung während der zweiten Hälfte des Jahrhunderts stark zugenommen hat, und zwar ganz besonders gerade in den Städten! Da ferner, wie schon bemerkt, der Verbrauch von Fleisch in der Stadt ganz wesentlich höher war als auf dem Lande, so bedeutet der Einschluß ländlicher Vororte in einer Stadt, daß der absolute Konsum niedriger ist als in einer anderen, die solche Vororte nicht umfaßt.

[177] Ein so starker Unterschied im Verbrauch von Stadt und Land ist faktisch gar nicht selten. So gibt die Zeitschrift des Statistischen Bureaus des Kgl. Sächsischen Ministeriums des Innern, 4. Jahrgang, 1858, S. 128, für das Jahr 1835 als Konsum von Rind-, Kalb-, Schweine- und Schaffleisch in den großen Städten 31,0 kg pro Kopf der Bevölkerung und in den kleinen Städten und auf dem platten Lande 17,6 kg an.

Von großer Bedeutung neben den vorangehenden Einwänden und Mahnungen zur Vorsicht bei der Betrachtung der vorangehenden Zahlen ist auch die Tatsache, daß der Verbrauch von Fleisch nicht nur sehr differenziert nach dem Einkommen, sondern auch sehr empfindlich für Konjunkturschwankungen ist. Das heißt, wenn zum Beispiel eine Gruppe von Jahren zwei Krisenjahre enthält, dann wird der Konsum wesentlich niedriger liegen als bei einer anderen Gruppe, die kein Krisenjahr enthält, obgleich in den beiden Zyklusdurchschnitten der Verbrauch von Fleisch gleich groß war. Dieselbe Schwierigkeit der Vergleiche taucht natürlich auch bei der Betrachtung einzelner Jahre auf. Wie stark der Fleischkonsum durch Konjunkturveränderungen beeinflußt schwanken kann, zeigen die folgenden Zahlen mit den Krisenjahren 1847 und 1848:

Fleischkonsum in Preußen (Städte), 1844 bis 1851, pro Kopf, kg

Jahr	Menge	Jahr	Menge
1844	39,9	1848	31,9
1845	41,1	1849	34,0
1846	41,8	1850	35,8
1847	34,9	1851	40,5

Bevor wir nun eine Einschätzung der Entwicklung des Fleischkonsums geben, sei noch eine Berechnung des Fleischkonsums in Deutschland (also in Städten und auf dem Land kombiniert!) pro Kopf der Bevölkerung für einzelne Jahre, die Esslen gemacht hat, angeführt:[178]

Fleischkonsum in Deutschland, 1802 bis 1900, pro Kopf, kg

Jahr	Menge	Jahr	Menge
1802	23,0*	1873	29,5
1816	14,0*	1883	29,3
1816	13,6	1892	32,5
1840	21,6	1900	43,4
1861	23,3		

* Nur Preußen.

Bei der Konjunkturempfindlichkeit des Fleischkonsums sind, wie schon bemerkt, Daten für einzelne Jahre nicht sehr brauchbar. Wir wissen, daß 1802 kein günstiges Wirtschaftsjahr und 1816 ein ausgesprochenes Notstandsjahr war; 1840 stellt konjunkturell gesehen ein mäßiges Jahr dar, 1861 ist das zweite Jahr des Anstiegs nach drei Jahren Krise und Niedergang. 1873 herrschte höchste wirtschaftliche Aktivität – die Krise, die erst zu Ende des Jahres ausbrach, hatte kaum Einfluß auf den Jahreskonsum; man kann daher nicht sagen, daß die Zahl von 29,5 kg für 1873 einen im Zyklusdurchschnitt gestiegenen Konsum andeutet gegenüber der Zahl für 1861 oder 1802 – im Gegenteil! Anders sind die Zahlen für 1883 und 1892 zu beurteilen, die beide in wirtschaftlich ungünstige Jahre fallen und eine wirkliche Steigerung des Konsums andeuten, während die hohe Zahl für 1900 sich durch die ungewöhnliche Stärke des Aufschwungs erklärt.

[178] J. B. Esslen, „Die Fleischversorgung des Deutschen Reichs", Stuttgart 1912, S. 247 f. Die Zahlen berücksichtigen nicht den Außenhandel, der jedoch keine große Rolle spielt.

Abschließend kann man wohl folgendes zum Fleischkonsum feststellen:

1. Zu Beginn des Kapitalismus schon war der Fleischkonsum der städtischen Bevölkerung weit höher als der der ländlichen Bevölkerung.

2. Der Konsum von Fleisch war in den Städten zu Ende des 19. Jahrhunderts wesentlich höher als um die Mitte des Jahrhunderts, war jedoch wohl kaum höher, wenn nicht sogar niedriger, als zu Ende des 18. Jahrhunderts.

3. Der Konsum von Fleisch pro Kopf der Gesamtbevölkerung hatte wegen ihrer zunehmenden Verstädtlichung eine steigende Tendenz, der bis zu den siebziger Jahren des 19. Jahrhunderts vor allem wegen der Verelendung der Arbeiterklasse und der Kleinbourgeoisie eine so starke Gegentendenz entgegenstand, daß es zweifelhaft ist, ob der Fleischkonsum bis zu dieser Zeit überhaupt zunahm. Zweifellos aber stieg der durchschnittliche Fleischkonsum der Gesamtbevölkerung im letzten Viertel des 19. Jahrhunderts nicht unerheblich – und zwar sowohl in der Stadt wie auf dem Lande.

4. Während der Fleischkonsum auch der Arbeiterschaft im letzten Viertel des 19. Jahrhunderts stieg, ist es unwahrscheinlich – siehe auch Punkt 2 –, daß der Konsum der Industriearbeiter zu Ende des 19. Jahrhunderts die Höhe des Konsums der Manufaktur- und handwerklich beschäftigten Arbeiter zu Ende des 18. Jahrhunderts erreichte.

★

Einige Daten liegen für die ersten zwei Drittel des Jahrhunderts auch noch für andere Nahrungsmittel vor:

Verbrauch in München[179] pro Kopf und Jahr, kg				Verbrauch in Lübeck[180] pro Kopf und Jahr, Pfund			
Jahre	Butter	Schmalz	Zusammen	Jahre	Milch*	Butter	Käse
1819—1829	2,9	2,5	5,4	—	—	—	—
1829—1839	2,0	4,1	6,1	—	—	—	—
1839—1849	1,7	5,5	7,2	1836—1845	132	23,0	7,2
1849—1859	1,5	4,6	6,1	1846—1855	130	25,5	5,9
1859—1869	1,9	5,4	7,3	1856—1865	115	22,5	5,7
1870	3,8	3,7	7,5	1866—1867	102**	25,4	10,5

* Liter.
** 1866—1868.

Es scheint, als ob der Verbrauch von Fett in München von den zwanziger bis in die vierziger Jahre zugenommen und dann bis 1870 stagniert hat. In Lübeck deutet die Statistik auf eine Stagnation (wie in München) für Butter, auf starke Schwankungen für Käse und auf einen Rückgang für Milch seit den vierziger Jahren hin. Da viele Steuern (Akzise, usw.), die als Grundlage für viele Daten der

[179] G. Mayr, a. a. O.
[180] G. H. Schmidt, a. a. O.

früheren Zeiten dienen, nach 1870 nicht mehr in Kraft waren, besitzen wir bedauerlicherweise keine entsprechenden Angaben für spätere Jahrzehnte des 19. Jahrhunderts.

Nur ein wichtiges Nahrungsmittel, für das wir auch fast durchgehende vergleichbare Daten haben, zeigt in der ganzen hier betrachteten Zeit eine deutliche Tendenz zur Steigerung im Konsum: Zucker.[181]

Verbrauch von Zucker, 1837 bis 1902,
pro Kopf, kg

Zyklus	Menge	Zyklus	Menge
1837—1849	2,6	1879—1886	7,4
1850—1859	3,7	1887—1894	9,2
1860—1867	4,4*	1894—1902	11,7
1868—1878	6,5**		

* Nur 1860—1864.
** Nur 1871—1878.

Der Verbrauch von Zucker ist in der hier untersuchten Zeit um rund das Viereinhalbfache gestiegen. Diese Steigerung des Konsums von Zucker hängt mit der außerordentlichen Verbilligung der Produktion, mit der relativ und absolut starken Senkung des Preises von Zucker zusammen. Folgende Zahlen illustrieren dies:

Zyklus	Zuckerverbrauch pro Kopf, kg	Index der Preise (1913 = 100)[182] Landwirtschaftliche Erzeugnisse	Zucker
1837—1849	2,6	58	270
1894—1902	11,7	76	129

Während die Preise für landwirtschaftliche Erzeugnisse allgemein in der hier betrachteten Zeit um rund ein Drittel heraufgingen, ist der Zuckerpreis um rund die Hälfte gesunken! Die ungewöhnliche Verbilligung von Zucker, beruhend auf einer ungewöhnlichen Steigerung der Produktivität in der Zuckerproduktion, war ein Glück für die Arbeiterklasse, das dazu beigetragen hat, den Prozeß der Verelendung ein wenig in seiner vollen Auswirkung zu hemmen.

★

Fassen wir unsere Untersuchungsergebnisse der Entwicklung des Konsums von Nahrungsmitteln im 19. Jahrhundert zusammen, dann können wir feststellen: es liegt kein Grund vor zur Annahme, daß die Ernährung zu Ende des 19. Jahrhunderts für die großen Massen der Bevölkerung besser war als zu Ende des 18. Jahrhunderts – bei etwas verkürzter Arbeitszeit pro Woche und wesentlich gestiegener Intensität der Arbeit für die Arbeiter! Diese Feststellung entspricht auch den Beobachtungen, die die größte heute lebende Autorität für die Geschichte der Ernährung, Lord Boyd Orr, in bezug auf England gemacht hat.

[181] Vgl. zur folgenden Tabelle Spiethoff, a. a. O.
[182] Vgl. Sonderhefte des Instituts für Konjunkturforschung Nr. 37, „Die Großhandelspreise in Deutschland von 1792 bis 1934", Berlin 1935.

Diese Feststellung findet auch interessante Bestätigung in einer Studie des bedeutendsten Vorgängers von Boyd Orr, des deutschen Ernährungswissenschaftlers Rubner, der eine genaue Aufstellung über den Verbrauch an Lebensmitteln durch kurfürstlich bayerische Soldaten im Jahre 1795 entdeckte. Er verglich diesen mit der „Friedensverpflegung" im deutschen Heer vor dem ersten Weltkrieg:[183]

Ernährung, 1795 und 1913

Ration	Eiweiß, g	Fett, g	Kohlehydrate, g	Kalorien
Kurfürstl. bayerischer Soldat, 1795	88	31	549	2996
Friedensverpflegung im deutschen Heer, 1913	78,5	54,3	514,8	2955

Obgleich doch die gesellschaftliche Position des Soldaten im 18. Jahrhundert eine weit schlechtere war als die des deutschen Soldaten von 1913, war die Ernährung des deutschen Soldaten 1913 insgesamt eher schlechter als die des bayerischen Soldaten von 1795: der Fettverbrauch war höher, der Kalorienverbrauch war etwa der gleiche und der Verbrauch von Eiweiß wie Kohlehydraten war geringer.

Ein ganz anderes Bild gibt die Entwicklung von Genuß- und Reizmitteln:[184]

Verbrauch an Genuß- und Reizmitteln, 1837 bis 1902,
pro Kopf

Zyklus	Kaffee kg	Tee g	Branntwein l	Bier l	Tabak kg
1837—1849	1,3	4	3,0	11,0*	1,4**
1850—1859	1,7	13	2,9	8,7***	—
1860—1867	2,0	18	3,6	10,9†	1,4††
1868—1878	2,3	26	4,5	89,5†††	1,8
1879—1886	2,4	35	4,4	87,2	1,3
1887—1894	2,4	46	4,4	104,5	1,5
1894—1902	2,7	51	4,3	119,5	1,7

* Nur 1837—1839, 1842, 1845, 1848.
** Nur 1840, 1842, 1845, 1847.
*** Nur 1854—1859.
† Nur 1860—1864.
†† Nur ab 1861.
††† Nur ab 1872.

[183] M. Rubner, „Die Ernährung des kurfürstlich bayerischen Soldaten im Jahre 1795", Münchener medizinische Wochenschrift 1916, Nr. 17, S. 597 f.

[184] Vgl. dazu Spiethoff, a. a. O., der genaue Quellen gibt. Die Zahlen bis 1853 stammen von K. F. W. Dieterici, „Statistische Übersicht der wichtigsten Gegenstände des Verkehrs und Verbrauchs im preußischen Staate und im Deutschen Zollverbande", Berlin 1838 bis 1857, die bis 1864 von A. Bienengräber, „Statistik des Verkehrs und Verbrauches im Zollverein für die Jahre 1842—1864", Berlin 1868; die für die späteren Jahre sind amtlich veröffentlichte Zahlen.

Ganz zweifellos ist der Konsum dieser Genuß- und Reizmittel, zum Teil ganz erheblich, im 19. Jahrhundert heraufgegangen. Und es ist diese Verbrauchssteigerung, die so häufig den Eindruck einer allgemeinen Steigerung des Konsums im 19. Jahrhundert hervorgerufen hat.

An dieser Konsumsteigerung hat ganz zweifellos auch die Arbeiterklasse, und zwar keineswegs geringen, Anteil gehabt – wobei Tee jedoch praktisch überhaupt keine und „echter" Kaffee nur eine winzige Rolle in ihrem Konsum spielt.

Und jetzt denken wir zurück an die anfangs gegebene Charakterisierung des zweiten Stadiums des Kapitalismus als das Stadium der vornehmlich intensiven Ausbeutung.

Ist es für den Arbeiter ein Genuß zu rauchen und Bier zu trinken? Selbstverständlich ist das ein Genuß!

Ist die Maschine eine Arbeitserleichterung für den Arbeiter? Ja, selbstverständlich ist sie eine Arbeitserleichterung!

Doch wie sagt Marx über die Maschine:[185] „Da also die Maschinerie an sich betrachtet die Arbeitszeit verkürzt, während sie kapitalistisch angewandt den Arbeitstag verlängert, an sich die Arbeit erleichtert, kapitalistisch angewandt ihre Intensität steigert, an sich ein Sieg des Menschen über die Naturkraft ist, kapitalistisch angewandt den Menschen durch die Naturkraft unterjocht, an sich den Reichtum des Produzenten vermehrt, kapitalistisch angewandt ihn verpaupert..."

Natürlich ist Tabak ein Genuß – insbesondere, wenn man durch die Intensität der Arbeit erschöpft ist!

Natürlich ist Bier ein Genuß – insbesondere, wenn man nicht nachdenken will und reichlich davon zu sich nehmen kann!

Auch, und gerade im vollendeten Kommunismus werden wir rauchen, Kaffee trinken und Alkohol zu uns nehmen! Aber nicht als Reiz- oder Abstumpfungsmittel, nicht um bei der Arbeit durchzuhalten, nicht um nach der Arbeit Ruhe oder Vergessen zu finden!

Nicht aus rührender Fürsorge der herrschenden Klasse für die Arbeiter und die ganze werktätige Bevölkerung ist der Konsum von Genuß- und Reizmitteln gestiegen, sondern um die Arbeiter eher in die Lage zu versetzen, das gestiegene Arbeitstempo zum Segen des Profits für das Kapital durchzuhalten! Ja, es ist häufig so, daß die Arbeiter den Konsum von Genuß- und Reizmitteln auf Kosten des Konsums von Nahrungsmitteln zum Schaden ihrer Gesundheit steigern: „freiwillig sich besaufen" – oder auch mehr rauchen, um den Hunger zu stillen. Wahrlich, ein „reiner Genuß" war die Steigerung des Konsums von Genußmitteln nicht für die Arbeiterklasse!

2. *Die Ernährung im Stadium des Imperialismus*

In der zweiten Hälfte des 19. Jahrhunderts bzw. besonders in seinem letzten Drittel nahm die Nahrungsmittelmenge, die pro Kopf der Bevölkerung verbraucht wurde, zu. Der Höhepunkt dieser Entwicklung war die Jahrhundertwende. Seit-

[185] K. Marx, „Das Kapital", Bd. I, Berlin 1947, S. 464.

dem sinkt - nach anfänglicher Stagnation - der Nahrungsmittelkonsum sowohl pro Kopf der Arbeiterklasse wie auch pro Kopf der Bevölkerung.

Einige amtliche Konsumdaten zeigen die Entwicklung zunächst bis zum ersten Weltkrieg:

Verbrauch verschiedener Nahrungs-, Genuß- und Reizmittel vor dem ersten Weltkrieg, pro Kopf, kg[186]

Zyklus	Roggen und Weizen	Kartoffeln	Zucker	Kaffee kg	Tee g	Branntwein l	Bier l	Tabak kg
1894—1902	236,5	578,3	11,72	2,7	51	4,3	119,5	1,7
1903—1909	241,6	612,7	16,03	3,1	60	3,9	115,8	1,6
1909—1914*	237,5	597,2	18,20	2,7**	60**	3,9	109,1	1,5

* Unvollständiger Zyklus.
** 1909—1913.

Fleischverbrauch[187]*, pro Kopf, kg*

Deutschland Jahr	Menge	Sachsen* Jahr	Menge
1900	43,4	1895—1904	41
1904	43,1	1905—1906	38
1905	42,4		
1906	41,4		
1907	43,5	München*	
1908	44,3	Jahr	Menge
1909	44,4	1891—1900	80,5
1910	43,8	1901—1910	76,7
1911	44,8		
1912	43,4		
1913	42,7		

* Fortführung der zuvor gegebenen Reihen.

Ganz klar deutet sich an: trotz der weiter zunehmenden Verstädtlichung der Bevölkerung Stagnation bzw. Rückgang im Fleischverbrauch, trotz der weiteren Zunahme der Intensität der Arbeit Stagnation bzw. Rückgang im Verbrauch von Tabak, Bier, Branntwein und Kaffee; nur der Verbrauch von Zucker und Tee (welch letzterer nicht im Arbeiterhaushalt erscheint) zeigt eine weitere Erhöhung des Konsums an, während Roggen, Weizen und Kartoffeln ebenfalls im Verbrauch stagnieren.

Es folgt der erste Weltkrieg, der eine ganz starke, die Gesundheit auf das schwerste schädigende, nicht selten auch zum Tode führende Senkung des Verbrauchs von Nahrungs- und Genußmitteln herbeiführt.

★

In den Jahren zwischen den beiden Weltkriegen, in der ersten Etappe der allgemeinen Krise des Kapitalismus, liegen die Ernährungsverhältnisse unter dem Niveau der Jahre vor dem ersten Weltkrieg.

[186] Spiethoff, a. a. O.
[187] 1900: Esslen, a. a. O.; 1904—1913: Spiethoff a. a. O.

Ganz besonders schlecht waren die Verhältnisse in den Jahren, die dem ersten Weltkrieg unmittelbar folgten.

R. Kuczynski hat für die Jahre 1920/24 im Vergleich zu 1909/13 wohl die besten Berechnungen gemacht, die es nicht nur für diese Zeit, sondern für irgendeine Zeit in der Ernährungsgeschichte der Menschheit gibt:[188]

Verbrauch einiger Nahrungsmittel, 1909/13 und 1920/24, pro Kopf und Tag in Gramm

Ware	1909/13	1920/24
Roggen	171	193
Weizen und Spelz	162	132
Reis	6	7
Erbsen, Linsen, Bohnen	18	10
Kartoffeln	500	458
Zucker	48	45
Pflanzliche Fette	7,2	7,6
Butter	18	10
Käse	12	10
Eier	15	9
Vollmilch	348	172
Andere Milch	132	139
Fleisch	138	89
Fische	21	21
Bier	281	138
Branntwein	6	2

Die Tabelle bedarf wahrlich keines Kommentars; sie zeigt, daß die Ernährung der Bevölkerung in dem Nachkriegsjahrfünft 1920/24 ganz wesentlich schlechter war als in dem Vorkriegsjahrfünft 1909/13. Kuczynski berechnet auch den täglichen Kalorienverbrauch in Form von Nahrungsmitteln für die Gesamtheit aller Nahrungsmittel (weit mehr als in der obigen Tabelle gegeben) und kommt auf:

3200 Kalorien 1909/13

2695 Kalorien 1920/24,

ein Rückgang von rund einem Sechstel!

★

In den Folgejahren, mit der relativen Stabilisierung des Kapitalismus, verbesserten sich die Verhältnisse – ohne jedoch im Durchschnitt dieser Zeit das Niveau der Jahre vor dem ersten Weltkrieg zu erreichen. Nach der amtlichen Statistik entwickelte sich der Konsum für eine Reihe wichtiger Waren wie folgt:[189]

188 R. Kuczynski, „Deutschlands Versorgung mit Nahrungs- und Futtermitteln", 4 Bände, Berlin 1926—1927, Bd. IV, S. 8 ff.

189 Statistisches Jahrbuch für das Deutsche Reich, 1929 und 1931, sowie Vierteljahrshefte zur Statistik des Deutschen Reichs, 46. Jahrgang 1937, Erstes Heft; die Zahlen für Tabak stammen aus Spiethoff, a. a. O.

Verbrauch einiger Nahrungs- und Genußmittel in der Periode der relativen Stabilisierung pro Kopf und Jahr

Ware	1913/14 bzw. 1913	1924/29
Roggen, kg	153,1	104,3
Weizen und Spelz, kg	95,8	76,7
Kartoffeln, kg	700,2	485,7
Fleisch, kg	50,4	47,4
Fisch, kg	7,2	8,3
Zucker, kg	19,0	20,4
Eier, Stück	107	118
Kaffee, kg	2,4	1,7
Branntwein, l	5,4*	3,3
Bier, l	102,1	78,1
Tabak, kg	1,5	1,8

* 1912/1913.

Mit Ausnahme von Zucker, Fischen, Eiern und Tabak lag der Konsum sämtlicher Waren, sowohl von Roggen, Weizen und Kartoffeln wie auch von Fleisch, Kaffee und Alkoholika, in der Periode der relativen Stabilisierung unter dem Niveau der Vorkriegszeit.

All diese Zahlen beziehen sich auf die Bevölkerung als Ganze. Es liegen jetzt aber auch Berechnungen über den Konsum der Arbeiterklasse vor. Tyszka gibt folgende auf den amtlichen Arbeiterhaushaltsdaten der Reichsstatistik beruhende Angaben über den Konsum des Industriearbeiters für die Vorkriegszeit und für 1927/28:[190]

Verbrauch des Industriearbeiters an einigen wichtigen Lebensmitteln, pro Vollperson[191] und Tag, Gramm

Ware	1907/08	1927/28
Fleisch und Wurst	95	126
Fette, einschl. Butter	43	55
Käse	13	13
Brot und Backwaren	rd. 450	307
Kartoffeln	rd. 500	421
Eiweiß	83	82,2
Kalorien	rd. 3200	2866

Der Verbrauch von Fleisch und Wurst und Fetten ist gestiegen, der von Käse hat stagniert und der von Brot und Backwaren und Kartoffeln ist gesunken. Keine so ungünstige Entwicklung – mag man auf den ersten Blick denken. Aber einmal waren 1907/08 Krisenjahre, während 1927/28 Jahre stärkster Konjunktur waren.

[190] C. v. Tyszka, „Ernährung und Lebenshaltung des deutschen Volkes", Berlin 1934, S. 120; vgl. auch H. Kraut, „Die Ernährung des Arbeiters", Zeitschrift für Volksernährung, Heft 6, 1935.

[191] Alle Personen auf erwachsene Männer umgerechnet.

Doch mehr noch – die Angaben, die doch wirklich die wichtigsten einzelnen Nahrungsmittel umfassen, täuschen über die Gesamtentwicklung, welche Stagnation im Eiweißverbrauch und eine starke Senkung im Kalorienverbrauch brachte. Und das in der Hochkonjunktur 1927/28 gegenüber der Krise 1907/08!

Kennzeichnend ist gerade auch die Veränderung in der Struktur der Ernährung. Es wird viel davon gesprochen, daß im Laufe der letzten Jahrzehnte die Anspannung der Muskelkraft mehr und mehr in der Industrie durch Anspannung der Nervenkraft ersetzt werden muß. Daraus wird gefolgert, daß die Kalorienzufuhr, vor allem vertreten in Brot und Kartoffeln, zurückgehen kann, während der Konsum an Eiweiß steigen muß. Die vorstehende Tabelle zeigt jedoch, daß, obwohl der Verbrauch von Eiweißspendern wie Fleisch und Fetten zugenommen hat, der Gesamteiweißverzehr bei sinkender Gesamtkalorienzufuhr gesunken ist!

Die Verschlechterung der Ernährungsverhältnisse der Industriearbeiter in den Jahren der Hochkonjunktur 1927/28 gegenüber der Krisenzeit 1907/08 ist also ganz offenbar!

★

Den Jahren der relativen Stabilisierung von 1924 bis 1929 folgen drei Jahre schwerster Krise:[192]

Verbrauch einiger Nahrungsmittel während der zyklischen Krise, 1930/32
pro Kopf und Jahr

Ware	1924/29	1928/29 bzw. 1929	1930/32	1931/32 bzw. 1932
Roggen, kg	104,3	116,2	105,8	99,8
Weizen und Spelz, kg	76,7	91,5	69,5	70,8
Kartoffeln, kg	485,7	549,6	576,9	573,1
Fleisch, kg	47,4	51,6	50,1	48,9
Fisch, kg	8,3	9,2	9,0	8,5
Zucker, kg	20,4	23,9	22,1	20,2
Eier, Stück	118	137	136	134
Milch, l	140	134	124	120
Kaffee, kg	1,7	2,2	2,3	2,0
Branntwein, l	3,3	4,5	3,5	3,9
Bier, l	78,1	85,6	73,8	56,8
Tabak, kg	1,8	2,0	1,8	1,7

Von besonderem Interesse ist der Vergleich 1924/29 und 1930/32, weil er zeigt, daß der Unterschied zwischen der Gesamtzeit der relativen Stabilisierung und der der Krisenjahre gar nicht so groß ist, da die Anfangsjahre der relativen Stabilisierung, insbesondere 1924, noch einen so schlimmen Stand der Ernährung zeigten, daß sie das Gesamtniveau 1924/29 beachtlich drückten.

Ebenso bedeutsam ist ein Vergleich der Jahre 1929 und 1932, der die starke Senkung des durchschnittlichen Konsums während der Krise andeutet, obgleich

[192] Gleiche Quellen wie in entsprechender vorangehender Tabelle.

doch 1929 der Konsum, insbesondere auch für die Arbeiter, schon beachtlich unter dem Vorkriegsniveau lag!

In dieser Krise war schließlich nur noch eine Minderheit von Arbeitern vollbeschäftigt, nur noch ein Drittel der Arbeiter; nahezu ein Viertel (22,6 %) aller Arbeiter waren Kurzarbeiter und mehr als zwei Fünftel (44,4 %) waren arbeitslos. Wir besitzen nun einige Angaben über die Entwicklung der Ernährungsverhältnisse der Arbeitslosen und Kurzarbeiter, die, wenn auch nicht streng vergleichbar, doch so erschütternde Veränderungen in der Ernährung aufweisen, daß sie ganz klarmachen, welchen Ernährungsverfall die Krise für die große Mehrheit der Arbeiter, für zwei Drittel aller Arbeiter gebracht hat.[193]

Ernährung des Industriearbeiters,
pro Vollperson und Tag, Gramm

Ware	1927/28 Beschäftigte Arbeiter	1932/33 Arbeitslose	1933 Kurzarbeiter
Fleisch und Fleischwaren	126	43—48	50
Milch, l	1/2	1/4—1/3	1/5
Fette, außer Butter	39	36	69
Butter	16	4	3
Eier, Stück	1/2	1/10	1/3
Käse	13	11—15	8
Fische	18	20	16
Brot und Backwaren	307	330—370	360
Kartoffeln	421	720—840	585
Gemüse und Hülsenfrüchte	116	80—100	90
Zucker	45	15—19	22

Die Zahlen für die beschäftigten Arbeiter sind ein Durchschnitt für das Reich, die für Arbeitslose beziehen sich auf Hamburg, die für Kurzarbeiter auf das Rheinisch-Westfälische Industriegebiet. Sie zeigen, daß der Pro-Kopf-Konsum der hochwertigen Lebensmittel sich bei Arbeitslosigkeit, aber ebenso auch bei Kurzarbeit etwa halbiert hat, während der von Brot und Kartoffeln nicht nur nicht gesunken, sondern sogar gestiegen ist. Unter diesen Umständen ist sowohl der Kalorienverbrauch allgemein wie auch insbesondere der Eiweißverbrauch zurückgegangen:

	1907/08	1927/28	1932/33	1933
Eiweißverbrauch, g	83	82	56	63
Kalorienverbrauch, g	3200	2870	2430	2700

Natürlich brauchen die Arbeitslosen von 1932/33 weniger Kalorien als die beschäftigten Arbeiter von 1927/28; man hat wissenschaftlich experimentell berechnet, daß, wenn ein Mann von 1,70 m Größe und 140 Pfund Körpergewicht Tag und Nacht im Bett liegt und nur aufsteht, um seine Bedürfnisse zu befriedigen (zu denen man auch die Körperreinigung morgens und abends rechnet), er mit 2275

[193] Vgl. Tyszka, ebendort, und H. Kraut, ebendort.

Kalorien in 24 Stunden auskommt. Aber auch im Bett braucht er wesentlich mehr Eiweiß als 56 g. Selbst Ziegelmayer, der von einem „Grundsatz" von sogar nur 1880 Kalorien ausgeht, meint, daß das Minimum des Eiweißverbrauches 80 g sei.[194] Man kann sich vorstellen, welch schwere gesundheitliche Schädigung die Arbeitslosen und Kurzarbeiter, das heißt zwei Drittel aller Arbeiter in der Krise, durch den rapiden Rückgang des Eiweißverbrauchs auf rund drei Viertel des äußersten Minimums erfuhren!

★

Untersuchen wir nun abschließend die Entwicklung für das ganze erste Drittel der Herrschaft des Monopolkapitals und vergleichen wir sie mit den Zahlen des letzten Zyklus des 19. Jahrhunderts, zu dessen Beginn zumindest das Monopolkapital noch nicht herrschte, dann erhalten wir folgendes Bild:[195]

Verbrauch einiger Nahrungs- und Genußmittel, 1894 bis 1932
pro Kopf

Zyklus	Roggen und Weizen kg	Kartoffeln kg	Fleisch kg	Zucker kg	Kaffee kg	Bier l	Tabak kg
1894—1902	237	578	—	11,7	2,7	119,5	1,7
1903—1909	242	613	43,2	16,0	3,1	115,8	1,6
1909—1913/14	238	597	43,8	18,2	2,7	109,1	1,5
1924—1932	182	538	41,9	21,0	1,9	72,3	1,8
1924—1932 / 1894—1902	—23 %	— 7 %	—	+79 %	—30 %	—39 %	+ 6 %
1924—1932 / 1909—1914	—23 %	—10 %	—4 %	+15 %	—30 %	—34 %	+20 %

Bürgerliche Ökonomen sprechen, wie schon angedeutet, geheimnisvoll von Strukturwandlungen in der Ernährung der Menschen, die angeblich irgendwelche Rückgänge in Mengen oder Kalorien ausgleichen sollen, davon, daß die Nahrung sich hinsichtlich ihrer Zusammensetzung (Eiweiß, Fette, Kohlehydrate, Vitamine usw.) erheblich verbessert haben solle.

Doch weder die vorangehende Tabelle, die nur für Zucker und Tabak eine Steigerung des Konsums anzeigt, noch die folgende, die die Entwicklung während der ersten Etappe der allgemeinen Krise der Situation von 1913 nach amtlichen Angaben gegenüberstellt, zeigt eine solche „diätetische" Verbesserung der Nahrung:[196]

[194] W. Ziegelmayer, „Die Ernährung des Deutschen Volkes", Dresden und Leipzig 1947, S. 44. Die Zahl von 1680 a. a. O. ist ein Druckfehler bzw. ein Rechenfehler Ziegelmayers.
[195] Berechnet auf Grund der amtlichen Daten in Spiethoff, a. a. O.
[196] Statistisches Jahrbuch für das Deutsche Reich, 1936 und 1939/40.

Verbrauch einiger Nahrungsmittel pro Vollperson

Ware	1913	1924	1929	1932	1933/38	1938
Kartoffeln, kg	211,6	222,0	200,6	222,0	206,5	211,8
Fleisch, kg	71,0	47,1*	61,5*	57,6	61,3	65,1
Eier, Stück	131	102	160	161	139	144
Fett, kg	25,1	24,6*††	30,9*	31,7	29,4	28,1
Zucker, kg	23,2	15,5	27,3	23,5	25,8	28,1
Kern und Steinobst, kg	58,3**	—	—	36,5***	36,6	23,5
Südfrüchte, kg	5,4	—	—	9,3	9,0	8,1
Gemüse, kg	105,1**	—	—	57,1***	55,7	54,3
Kaffee, kg	2,4	0,8	2,2	1,9	2,2	2,7
Bier, l	153,8	76,1	116,1	67,5	77,7	89,4
Tabak, kg	4,8	4,6	5,4	4,5	4,9	5,1

* Die Angaben im Jahrbuch 1936 umgerechnet nach den Methoden des Jahrbuchs 1939/40.

** Nach R. Kuczynski berechnet für 1909/13.

*** 1933.

† Butter, auf Grund der Angaben von R. Kuczynski für 1913 auf 9,0 kg pro Vollperson berechnet; sonst schließt Fette die amtlichen Angaben ein für: Butter, Margarine und Kunstspeisefett, Speiseöl und Pflanzenfette sowie Schweinefett.

†† Butter, nach Angaben in Leage of Nations, „The Problem of Nutrition", Vol. IV, 1936, für 1925 berechnet.

Noch deutlicher als die vorangehenden zeigen diese aus der amtlichen Statistik der Jahre des Faschismus stammenden Angaben (!) eine diätetische Verschlechterung der Ernährung in der Periode der allgemeinen Krise an.

Der Fleischkonsum ist bedeutend zurückgegangen. Weiter zeigt sich: es ist ein von Apologeten des Kapitalismus verbreitetes Märchen, daß der Konsum von Gemüse und Obst gestiegen ist; die größere Einfuhr von Südfrüchten ist (kalorien- und vitaminmäßig) weit mehr als ausgeglichen durch den Rückgang des Konsums von heimischem Obst. Der gestiegene Konsum an Zucker und Fetten kann, wie die vorangehenden Daten über den Konsum der Arbeiterklasse zeigten, kalorienmäßig keinen Ausgleich für den Rückgang des Konsums anderer stark kalorienhaltiger Waren schaffen. In jeder Beziehung hat sich der Verbrauch an Nahrungsmitteln zuungunsten der Durchschnittskonsumenten verschlechtert – und erst recht natürlich zuungunsten des Arbeiters, dessen Reallöhne in diesen Jahren gegenüber der Vorkriegszeit gesunken sind!

(Es sei angemerkt, daß ähnliche diätetische Märchen mit ebensowenig Berechtigung auch für andere kapitalistische Länder, insbesondere für die USA, verbreitet werden. Nach den amtlichen Statistiken der USA lag jedoch der Höhepunkt des Obstkonsums dort in den Jahren vor dem ersten Weltkrieg!)

Geben wir abschließend noch einmal eine Übersicht über den Tagesverbrauch an Kalorien (K.) und Eiweiß (E.) in der ersten Periode der allgemeinen Krise des Kapitalismus:

Jahr	Verbrauch pro Kopf K.	E.	Verbrauch pro Vollperson K.	E.	Verbrauch pro Vollperson, Arbeiter K.	E.
1907/08*	—	—	—	—	3200	83
1909/13**	3200	82	—	—	—	—
1920/24**	2695	67	—	—	—	—
1927/28†	—	—	—	—	2870	82
1934/35††	2800	75	3300	86	—	—

* Amtliche Reichsstatistik, s. o. ** R. Kuczynski, s. o.
† Amtliche Reichsstatistik, s. o.
†† Vierteljahrshefte zur Wirtschaftsforschung, 12. Jahrg. 1937/38, Heft 2, S. 177 ff.

Die Zahlen lassen keinen Zweifel an der Tendenz aufkommen. Genau wie die Reallöhne haben die Ernährung allgemein (Kalorien) und die Zusammensetzung der Ernährung (Diät) eine Tendenz zur Verschlechterung – ganz gleich, ob wir allgemeine Zahlen für die Bevölkerung als Ganze wie auch spezielle Angaben für die Arbeiterklasse überprüfen.

★

Die gleichen Tendenzen, die wir in der ersten Etappe der allgemeinen Krise finden, beobachten wir, auch nachdem die furchtbarsten Kriegsschäden mit ihrem Ernährungstief überwunden wurden, in Westdeutschland. Die amtliche Statistik gibt die folgenden Daten:[197]

Verbrauch an Nahrungsmitteln in Westdeutschland,
pro Kopf, kg

Ware	1935/38*	1951/52*	1952/53*	1953/54*	1954/55*
Getreideerzeugnisse in Mehlwert	110,5	98,1	96,5	94,4	95,3
Kartoffeln	176,0	179,0	174,0	168,5	163,5
Fleisch	52,8	38,0	41,0	43,3	45,4
Eier	7,4	7,4	7,8	8,9	9,9
Fette**	21,0	20,8	22,6	23,8	24,6
Vollmilch	126,0	113,3	119,1	121,9	118,2
Zucker	26,0	24,6	23,7	25,2	26,3
Frischobst	36,3	44,3	58,4	55,4	57,2
Südfrüchte	5,7	7,8	11,0	12,8	13,0
Gemüse	51,9	43,4	43,2	47,8	40,9

* Juli/Juni.
** Auf Reinfett umgerechnet.

[197] Statistisches Jahrbuch für die Bundesrepublik Deutschland, 1954 und 1956; die Zahlen sind, wie die amtliche Statistik ausdrücklich vermerkt, nicht in jedem Fall mit den vorangegangenen vergleichbar und beziehen sich auch für 1935/38 auf das Bundesgebiet, jedoch ohne Westberlin.

Die Zahlen zeigen bis in die Gegenwart eine Verschlechterung gegenüber der Zeit des Faschismus: Der Konsum von Getreideerzeugnissen und Kartoffeln ist ebenso zurückgegangen wie der von Fleisch, Milch und Gemüse. Zwar zeigen Eier, Fette und Obst eine Steigerung des Konsums an – aber diese konnte keinen Ausgleich schaffen, wie auch die folgende (leider ebenfalls mit den vorangehenden nicht direkt vergleichbare) Statistik beweist:[198]

Nährwert der verbrauchten Nahrungsmittel, je Kopf und Tag

Nährwert	1935/38	1951/52	1952/53	1953/54	1954/55
Kalorien	3043	2764	2839	2902	2949
Eiweiß*	84,8	75,8	77,5	76,3	77,4
Reinfett*	110,8	100,8	108,1	111,8	115,0
Kohlehydrate*	435,2	397,7	397,1	399,2	401,4

* In Gramm.

In allen Jahren der Nachkriegszeit lag der Kalorienkonsum unter dem der Zeit vor dem zweiten Weltkrieg und (wie in den USA) noch mehr unter dem der Jahre vor dem ersten Weltkrieg! Der Vorkriegskonsum von Kohlehydraten wurde einmal (1947/48) übertroffen. Im letzten Jahr, 1954/55, das zugleich das Jahr der höchsten Lebenshaltung der Nachkriegszeit, für das wir Zahlen haben, ist, lag der Konsum von Kalorien und ihren einzelnen Bestandteilen unter denen der Vorkriegszeit:

Kalorien	3,1 %
Eiweiß	8,7 %
Reinfett	+ 3,8 %
Kohlehydrate	7,8 %

Und das bei wesentlich gestiegener Intensität der Arbeit, also wesentlich gestiegenem Kalorienbedarf!

★

Merkwürdig, daß es noch Wirtschaftswissenschaftler gibt, die an der absoluten Verelendung der Arbeiterklasse zweifeln – und noch merkwürdiger: es gibt Marxisten-Leninisten, die glauben, der über jeden Zweifel erhabene Charakter der Arbeiterfeindlichkeit der amtlichen und privaten bürgerlichen Statistik sollte uns daran hindern, sie zu benutzen!

198 Vgl. ebendort.

KAPITEL III

DAS ÖKONOMISCHE GRUNDGESETZ DES KAPITALISMUS

1. *Ein erster Versuch*

In der hier zu behandelnden Frage des ökonomischen Grundgesetzes des Kapitalismus gehen wir von dem Werk Stalins „Ökonomische Probleme des Sozialismus in der UdSSR" aus.

Stalin sagt, daß jede Gesellschaftsordnung nur ein Grundgesetz hat, sonst wäre es eben kein Grundgesetz: „Wenn man von dem ökonomischen Grundgesetz dieser oder jener Gesellschaftsformation spricht, geht man gewöhnlich davon aus, daß diese nicht mehrere ökonomische Grundgesetze haben kann, daß sie nur ein ökonomisches Grundgesetz, eben als G r u n d gesetz haben kann. Andernfalls hätten wir mehrere ökonomische Grundgesetze für jede Gesellschaftsformation, was dem Begriff Grundgesetz selbst widerspricht."[199]

Manche meinen, daß der Kapitalismus zwei Grundgesetze hätte und glauben, als Beweis dafür anführen zu können, daß Stalin auch von einem ökonomischen Grundgesetz d e s Kapitalismus spricht: „Besteht ein ökonomisches Grundgesetz des Kapitalismus? Ja, es besteht... Am nächsten kommt dem Begriff des ökonomischen Grundgesetzes des Kapitalismus das Gesetz des Mehrwerts, das Gesetz der Entstehung und des Anwachsens des kapitalistischen Profits. Es bestimmt tatsächlich die grundlegenden Züge der kapitalistischen Produktion",[200] und daran anknüpfend „das ökonomische Grundgesetz des modernen Kapitalismus" definiert. Es ist nicht nur albern, zu glauben, daß Stalin sich in der gleichen Schrift so offensichtlich widersprechen würde. Stalin hat überdies auch genau erklärt, inwieweit er von einem ökonomischen Grundgesetz des modernen Kapitalismus spricht. Nachdem er nämlich festgestellt hat, daß das Gesetz des Mehrwerts ein zu allgemeines Gesetz ist und nicht „das Problem der höchsten Profitrate, deren Sicherung die Entwicklungsbedingung des monopolistischen Kapitalismus ist", berührt, fährt er fort: „Um diese Lücke auszufüllen, muß das Gesetz des Mehrwerts konkretisiert und weiterentwickelt werden in Anwendung auf die Bedingungen des monopolistischen Kapitalismus, wobei zu berücksichtigen ist, daß der monopolistische Kapitalismus nicht irgendwelchen Profit, sondern gerade den

[199] J. Stalin, „Ökonomische Probleme des Sozialismus in der UdSSR", Berlin 1952, S. 75.
[200] Ebendort, S. 38 f.

Maximalprofit fordert. Dies ist denn auch das ökonomische Grundgesetz des modernen Kapitalismus."[201]

Und daran anschließend formuliert Stalin das ökonomische Grundgesetz des modernen, des monopolistischen Kapitalismus: „Sicherung des kapitalistischen Maximalprofits durch Ausbeutung, Ruinierung und Verelendung der Mehrheit der Bevölkerung des gegebenen Landes, durch Versklavung und systematische Ausplünderung der Völker anderer Länder, besonders der zurückgebliebenen Länder, und schließlich durch Kriege und Militarisierung der Volkswirtschaft, die der Sicherung von Höchstprofiten dienen."[202]

★

Welche Konsequenzen ergeben sich aus diesen Ausführungen Stalins, mit denen ich übereinstimme?

Erstens: Es gibt ein ökonomisches Grundgesetz des Kapitalismus, dessen Grundgehalt uns bereits Marx dargelegt hat, „das Gesetz des Mehrwerts, das Gesetz der Entstehung und des Anwachsens des kapitalistischen Profits".[203] Die Darlegung des Grundgehaltes des Gesetzes ist aber natürlich nicht identisch mit einer genaueren Definition. Eine solche Definition erfordert die präzise Angabe der Triebkraft im Sinne des Zieles und der Mittel zur Erreichung des Zieles der betreffenden Gesellschaftsformation. Es ist die Aufgabe der Politischen Ökonomie, zu einer solchen Definition des ökonomischen Grundgesetzes des Kapitalismus (und auch der vorangehenden Gesellschaftsformationen) zu gelangen. Für den Sozialismus hat uns Stalin bereits eine Formulierung des ökonomischen Grundgesetzes gegeben.

Zweitens: Wie jedes ökonomische Gesetz, so wird auch das ökonomische Grundgesetz des Kapitalismus durch Veränderungen innerhalb einer Gesellschaftsformation in seiner Wirkungs- und Erscheinungsform modifiziert. Diese durch die gesellschaftlichen Prozesse – zum Beispiel durch den qualitativen Umschlag der Konzentration von Produktion und Kapital in Monopolisierung – entstehenden Modifikationen erfordern eine Konkretisierung und Weiterentwicklung der Definition des Gesetzes in Anwendung auf seine Wirkungs- und Erscheinungsform unter den neu entwickelten Bedingungen seiner Existenz.

Drittens: Stalin hat eine solche Definition des ökonomischen Grundgesetzes des Kapitalismus in seiner konkreten Wirkungs- und Erscheinungsform unter den spezifischen Bedingungen des monopolistischen Kapitalismus gegeben.

Viertens: Es ist die Aufgabe der Politischen Ökonomie, eine solche Definition auch für die spezifischen Bedingungen des vormonopolistischen Kapitalismus zu geben.

201 Ebendort, S. 39.
202 Ebendort, S. 39 f.
203 Ebendort, S. 39.

Ausgangspunkt für eine Untersuchung des allgemeinen ökonomischen Grundgesetzes des Kapitalismus ist das Mehrwertgesetz. Stalin zitiert in dem Werk „Ökonomische Probleme des Sozialismus in der UdSSR“ eine Darlegung des Mehrwertgesetzes von Marx, die sowohl das Ziel der kapitalistischen Produktion wie auch das Mittel für die Erreichung dieses Zieles angibt. Das Zitat lautet: „Der direkte Zweck der kapitalistischen Produktion ist nicht die Produktion der Waren, sondern des Mehrwerts, oder des Profits in seiner entwickelten Form; nicht des Produkts, sondern des Mehrprodukts. Die Arbeit selbst ist von diesem Standpunkt aus nur produktiv, soweit sie Profit oder Mehrprodukt für das Kapital schafft. Soweit der Arbeiter das nicht schafft, ist seine Arbeit unproduktiv. Die Masse der angewandten produktiven Arbeit hat für das Kapital also nur so weit Interesse, als durch sie – oder im Verhältnis zu ihr – die Masse der Mehrarbeit wächst. Nur so weit ist das, was wir notwendige Arbeitszeit nannten, notwendig. Soweit sie nicht dieses Resultat hat, ist sie überflüssig und zu unterdrücken.

Es ist der beständige Zweck der kapitalistischen Produktion, mit dem Minimum von vorgeschossenem Kapital ein Maximum von Mehrwert oder Mehrprodukt zu erzeugen, und soweit dieses Resultat nicht durch Überarbeitung der Arbeiter erreicht wird, ist es eine Tendenz des Kapitals, wodurch es mit dem möglichst geringen Aufwand – Ersparung an Arbeitskraft und Kosten – ein gegebenes Produkt zu schaffen sucht ... (Die von Stalin fortgelassene, nur erklärende Stelle heißt: „also die ökonomische Tendenz des Kapitals, die die Menschheit lehrt, hauszuhalten mit ihren Kräften und den produktiven Zweck mit dem geringsten Aufwand von Mitteln zu erreichen“ – J. K.)

Die Arbeiter selbst erscheinen in dieser Auffassung als das, was sie in der kapitalistischen Produktion sind – bloße Produktionsmittel; nicht als Selbstzweck und nicht als Zweck der Produktion. (Siehe ‚Theorien über den Mehrwert‘, Band II, Teil 2).“

In seinen erklärenden Worten gibt uns Stalin nun einen sehr wichtigen Hinweis, wie die Formulierung von Marx für den Zweck der Formulierung des ökonomischen Grundgesetzes zu modifizieren ist. Er sagt nämlich: „Das Ziel der kapitalistischen Produktion ist folglich, Profit zu erzielen.“ Auch an einer anderen Stelle sagt Stalin in einer Paraphrase des Mehrwertgesetzes: „... das Gesetz des Mehrwerts, das Gesetz der Entstehung und des Anwachsens des kapitalistischen Profits“.[204] Das heißt, in die Formulierung des Grundgesetzes muß der Profit eingehen, jedoch nicht nur einfach der Profit. Alle Klassiker des Marxismus-Leninismus haben darauf hingewiesen, daß die Kapitalisten nicht nur nach Profit, sondern nach möglichst hohem Profit streben.

Das heißt, das Ziel der kapitalistischen Produktion ist möglichst hoher Profit. Die Mittel, den möglichst hohen Profit zu erreichen, sind die Ausbeutung der Arbeiterklasse und die Ausplünderung der Mehrheit der Bevölkerung. (Nur unter den Bedingungen des modernen Kapitalismus erreicht die Ausplünderung der Mehrheit der Bevölkerung im allgemeinen auch den Grad der Ruinierung, der

[204] Ebendort, S. 39.

Vernichtung nicht nur von spezifischen Existenzen – etwa wenn die Bauern oder Handwerker proletarisiert werden –, sondern der Existenzmöglichkeiten überhaupt, der Verwandlung von werktätigen Menschen in Arbeitslose, Invaliden usw., die bald physisch zugrunde gehen. Das heißt nicht, daß wir ähnliche Erscheinungen, wie etwa die Paupers, nicht schon vor dem modernen Kapitalismus gehabt haben; aber die Drohung des Pauperismus lag nicht über der Mehrheit der Bevölkerung bzw. gefährdete die Mehrheit nur in den Kolonien, die nur von einer Minderheit der kapitalistischen Länder unterjocht waren – z. B. nicht von Deutschland, Italien, den Vereinigten Staaten von Amerika u. a.)

Wir schlagen darum folgende Definition des allgemeinen ökonomischen Grundgesetzes des Kapitalismus vor:

Streben nach möglichst hohen Profiten durch Ausbeutung der Arbeiterklasse und Ausplünderung der Mehrheit der Bevölkerung mit der ökonomischen Tendenz des Kapitals, den Zweck mit dem geringsten Aufwand von Mitteln zu erreichen.

Die letzte Charakteristik im ökonomischen Grundgesetz weicht insofern von der von Marx gegebenen ab, als ich an Stelle von „produktivem Zweck" Zweck gesagt habe, da wir nicht mehr von einem „produktiven Zweck" im Stadium des Imperialismus sprechen können, das allgemeine ökonomische Grundgesetz des Kapitalismus aber so formuliert sein muß, daß es die Besonderheiten aller Perioden des Kapitalismus verallgemeinert.

★

Die besondere Erscheinungs- und Wirkungsform des allgemeinen ökonomischen Grundgesetzes im modernen Kapitalismus hat Stalin in seiner Definition des ökonomischen Grundgesetzes des modernen, des monopolistischen Kapitalismus dargelegt.

Was ist aber die besondere Erscheinungs- und Wirkungsform des allgemeinen ökonomischen Grundgesetzes im vormonopolistischen Kapitalismus?

Stalin hat uns in seinen Bemerkungen zum ökonomischen Grundgesetz des modernen Kapitalismus schon Hinweise zur Formulierung der konkreten Wirkungs- und Erscheinungsform des Grundgesetzes im vormonopolistischen Kapitalismus gegeben. Und zwar geschieht das in seinen negativen Feststellungen zu Faktoren, die nicht zur Definition des ökonomischen Grundgesetzes des modernen Kapitalismus ausreichen.

So schrieb er: „Man sagt, der Durchschnittsprofit könnte doch für die kapitalistische Entwicklung unter den modernen Bedingungen als völlig ausreichend betrachtet werden. Das stimmt nicht. Der Durchschnittsprofit ist die unterste Grenze der Rentabilität, unter der die kapitalistische Produktion unmöglich wird. ... Nein, nicht der Durchschnittsprofit und nicht der Extraprofit, der in der Regel nur eine gewisse Erhöhung über den Durchschnittsprofit darstellt, sondern eben der Maximalprofit ist die Triebkraft des monopolistischen Kapitalismus."[205]

[205] Ebendort, S. 40.

Das heißt für die Definition der Erscheinungs- und Wirkungsform des allgemeinen ökonomischen Grundgesetzes im vormonopolistischen Kapitalismus positiv formuliert: Durchschnittsprofitrate und Extraprofite, die in der Regel nur eine gewisse Erhöhung der Profite über den Durchschnittsprofit darstellen, sind wichtige Faktoren für die Bestimmung des ökonomischen Grundgesetzes des vormonopolistischen Kapitalismus.

Das Ziel des vormonopolistischen Kapitalismus ist wie das des modernen Kapitalismus die Erzielung von möglichst hohen Profiten. Aber während im vormonopolistischen Kapitalismus die Durchschnittsprofitrate ausreicht, um die erweiterte Reproduktion und die Existenz der Kapitalisten im Konkurrenzkampf sicherzustellen, sind im monopolistischen Kapitalismus Maximalprofite notwendig.

Und weiter: Im vormonopolistischen Kapitalismus stellen Extraprofite „in der Regel nur eine gewisse Erhöhung über den Durchschnittsprofit" dar, denen gewisse Senkungen unter den Durchschnittsprofit entsprechen. Der Extraprofit ist ein die Entwicklung vorwärtstreibender Faktor, häufig verursacht durch bessere Arbeitsorganisation des Betriebes und technischen Fortschritt – eben auf Grund „der ökonomischen Tendenz des Kapitals, die die Menschheit lehrt, hauszuhalten mit ihren Kräften, und den produktiven Zweck mit dem geringsten Aufwand von Mitteln zu erreichen". Im monopolistischen Kapitalismus existieren solche Extraprofite nur insofern, als man von der Weiterexistenz der Durchschnittsprofitrate mit einer anderen Funktion sprechen will. Entscheidend sind jetzt Maximalprofite, die wie die Extraprofite über der (jetzt anders fungierenden) Durchschnittsprofitrate liegen, aber gemacht werden nicht auf Grund von die Entwicklung vorwärtstreibenden Faktoren, sondern auf Grund gerade reaktionärer, parasitärer Faktoren: des Monopols – und die gemacht werden müssen, wenn die Monopole als die herrschenden kapitalistischen Organisationen im Konkurrenzkampf miteinander fortbestehen sollen.

Die Mittel zur Erreichung des Zieles sind im Grunde die gleichen im vor- und im monopolistischen Kapitalismus, nur ist ihre Benutzung unter dem monopolistischen Kapitalismus viel brutaler, daher weitgehender in den Folgen (Ruinierung!) und viel systematischer (Kriege!).

Als Definition des ökonomischen Grundgesetzes des vormonopolistischen Kapitalismus sei vorgeschlagen:

Sicherung der Durchschnittsprofitrate durch Streben der einzelnen Kapitalisten nach möglichst hohen Profiten mittels Ausbeutung der Arbeiterklasse und Ausplünderung der Mehrheit der Bevölkerung mit der ökonomischen Tendenz des Kapitals, den produktiven Zweck mit dem geringsten Aufwand von Mitteln zu erreichen.

★

Genau wie sich im Stadium des Imperialismus das ökonomische Grundgesetz des modernen Kapitalismus voll durchsetzte, so setzte sich das ökonomische Grundgesetz des vormonopolistischen Kapitalismus mit der Entfaltung der Industriellen

Revolution bis in die siebziger Jahre des 19. Jahrhunderts, dem Jahrzehnt des Höhepunkts des Kapitalismus der freien Konkurrenz, voll durch.

In der folgenden Phase des vormonopolistischen Kapitalismus, in den achtziger und neunziger Jahren, gilt das ökonomische Grundgesetz des vormonopolistischen Kapitalismus weiter. Es setzt sich jedoch nicht mehr voll durch, weil es sich bereits im Prozeß der Modifikation zum ökonomischen Grundgesetz des modernen Kapitalismus befindet. Extraprofite sind jetzt nicht mehr „in der Regel nur eine gewisse Erhöhung über den Durchschnittsprofit". Es entstehen jetzt Monopole in einzelnen Industrien, und in diesen einzelnen Industrien stellt nicht mehr der Durchschnittsprofit die „unterste Grenze der Rentabilität" (Stalin) dar, sondern, wenn auch zumeist noch nicht der Maximalprofit (weil die Position der Monopole noch nicht gefestigt genug ist oder das Monopol noch nicht vollmonopolistisch wirkt, eine Industrie zum Beispiel also erst „halbmonopolisiert" ist), so doch ein regulärer und beachtlicher und nicht mehr progressiv wirkender Extraprofit. Es entstehen auch Industrien, die auf der Ausbeutung von Kolonien basieren und in denen ebenfalls der Durchschnittsprofit in der Regel nicht mehr die „unterste Grenze der Rentabilität" darstellen kann, sondern ein Extraprofit für die Fortexistenz im Konkurrenzkampf der Kolonialunternehmen notwendig ist. Das heißt, während zuvor Extraprofite bald in diesem, bald in jenem Betrieb auf Grund individuellen technischen Fortschritts, individuellen Geschicks eines Kapitalisten in der Arbeitsorganisation usw. gemacht wurden, werden jetzt laufende Extraprofite in ganzen Gruppen von Betrieben oder in ganzen Industrien üblich und notwendig – eben auf Grund von Monopolen oder von Kolonialausplünderung.

Das heißt, jetzt spielen Monopole und Kolonien in der Wirtschaft eine zunehmend wichtige, wenn auch noch keine entscheidende Rolle. Der Sieg der Monopole ist zwar nicht vollendet, sie haben zwar noch nicht eine dominierende, wohl aber bereits eine durch stete Extraprofite privilegierte Position. Auch die Plünderer der Kolonien und die Kapitalexporteure (die zwar nicht mit den Monopolisten identisch sind, aber alle Monopolisten betätigen sich als solche in der einen oder anderen bzw. auf beide Weisen) beginnen der Gesellschaft Charakter zu geben, auch wenn sie die Gesellschaft noch nicht ausschließlich bestimmen.

Man wird daher die Situation in dieser letzten Phase des vormonopolistischen Kapitalismus so darlegen können: Es handelt sich um Verhältnisse, in denen die Kapitalisten streben teils nach möglichst hohen Profiten zur Sicherung des kapitalistischen Durchschnittsprofits, teils nach möglichst hohen Profiten zur Sicherung von kapitalistischen bzw. kolonialen Extraprofiten durch Ausbeutung, Ruinierung und Verelendung der Mehrheit der Bevölkerung des gegebenen Landes sowie durch Versklavung und systematische Ausplünderung der Völker anderer Länder, besonders der zurückgebliebenen Länder.

*

Lenin hat uns gezeigt, daß die kapitalistischen Großmächte gleichzeitig, um 1900, in das Stadium des Imperialismus, des monopolistischen Kapitalismus eintraten. Das war eine Notwendigkeit; denn keine kapitalistische Großmacht hätte sich gegenüber einer anderen halten können, die das Stadium des Imperialismus erreicht hatte, ohne ebenfalls in das Stadium des Imperialismus einzutreten. Die Herrschaft des Monopolkapitals in einem mächtigen kapitalistischen Lande erzwang notwendigerweise die Herrschaft des Monopolkapitals in den anderen mächtigen kapitalistischen Ländern.

Lenin hat uns ebenfalls gezeigt, daß eine solche Gleichzeitigkeit für den Eintritt in die vorangehende Phase des Kapitalismus nicht zutrifft. Sich auf die Beobachtungen und Hinweise von Marx und Engels stützend, hat Lenin, insbesondere auch im Zusammenhang mit seinen Studien über die Arbeiteraristokratie, immer wieder darauf aufmerksam gemacht, daß Monopoltendenzen und Kolonien in England viel früher eine Rolle spielten als in anderen Ländern.

Daraus ergibt sich, daß, während wir eindeutig feststellen können, daß das ökonomische Grundgesetz des modernen Kapitalismus um die Jahrhundertwende die kapitalistische Gesellschaft zu beherrschen begann, der Prozeß der Modifikation der Wirkungs- und Erscheinungsform des allgemeinen ökonomischen Grundgesetzes des Kapitalismus als Gesetz des vormonopolistischen Kapitalismus zum Gesetz des modernen Kapitalismus nicht in allen kapitalistischen Ländern gleichzeitig und in jedem Fall zuerst in England einsetzte.

★

Man mag vielleicht die Frage aufwerfen, ob die vormonopolistische Wirkungs- und Erscheinungsform des ökonomischen Grundgesetzes des Kapitalismus auch wirklich die erste war.

Zweifellos war die Sicherung des Durchschnittsprofits vor der Vollendung der Industriellen Revolution und in der Manufakturzeit Englands teils keine Notwendigkeit für den Kapitalisten, um weiterexistieren zu können, teils brauchte er mehr als den Durchschnittsprofit. Aber doch nur deshalb, weil die Gesellschaft zwar schon kapitalistisch war, die kapitalistischen Produktionsverhältnisse ihr den Charakter gaben, sie beherrschten, aber die Verhältnisse der einfachen Warenproduktion und der Produktion für den eigenen Verbrauch doch noch eine große Rolle spielten.

Das heißt, es handelt sich um Verhältnisse, wie sie Engels im Nachtrag zum III. Band des „Kapitals" schildert. Es sind Verhältnisse, in denen allmählich das für die einfache Warenproduktion allgemein gültige Wertgesetz abgelöst wird durch das für den nationalen und internationalen Markt unter ausgebildeten kapitalistischen Bedingungen gültige Gesetz der Herausbildung der Durchschnittsprofitrate.

Das heißt, es handelt sich hier nicht um eine modifizierte Wirkungs- und Erscheinungsform des allgemeinen ökonomischen Grundgesetzes des Kapitalismus, sondern ganz einfach darum, daß dieses ökonomische Grundgesetz sich damals noch nicht voll auswirkte und durchsetzte.

Die Überschrift dieser kurzen Abhandlung lautet: „Das ökonomische Grundgesetz des Kapitalismus - ein erster Versuch." Es ist offenbar, daß die letzten beiden Worte ebenso berechtigt wie notwendig sind; das zuvor Gesagte kann nul die Einleitung zu einer Diskussion sein.

2. *Ein zweiter Versuch - und eine Antwort an die Kritiker des ersten Versuchs*

a) Das Problem des Themas

An den Anfang seiner hervorragenden kritischen Bemerkungen zu meinen Ausführungen über das ökonomische Grundgesetz des Kapitalismus stellt Gunther Kohlmey die folgenden Fragen: „Erste Frage: Ist das Thema von Bedeutung, berührt es Lebensfragen der Arbeiterklasse, der Nation, des wissenschaftlichen Fortschritts? Zweite Frage: Wird ein echtes theoretisches Problem auf der Grundlage des Marxismus-Leninismus in selbständiger wissenschaftlicher Untersuchung entwickelt? Dritte Frage: Wird das Problem logisch gelöst?"[206]

Sieht man davon ab, daß die dritte Frage unglücklich formuliert ist - Kohlmey will gar nicht fragen, ob das Problem logisch, mit dem Schwert oder gefühlsmäßig gelöst wird, sondern ob es logisch richtig gelöst wird -, so ist solches Herangehen an einen Diskussionsbeitrag der einzig mögliche Weg, der zu einer fruchtbaren Kritik führen kann. Wenn Kohlmey dann seine Fragen beantwortet: „Nach der Durcharbeitung des Beitrages von Kuczynski über das ökonomische Grundgesetz des Kapitalismus möchte ich die Fragen 1 und 2 mit ja, die Frage 3 mit nein beantworten"[207] - so kann ich, wenn auch in der dritten Antwort nur teilweise, mit ihm übereinstimmen.

Ganz anders betrachtet Otto Reinhold die Problematik. Er schreibt: „Zum Schluß möchte ich noch eine kurze Bemerkung zur Diskussion über Kuczynskis ‚ersten Versuch' machen. Ich bin mit Kohlmey einer Meinung, daß eine Diskussion der Wirtschaftswissenschaftler über die Formulierung des ökonomischen Grundgesetzes des vormonopolistischen Kapitalismus und über die Formulierung des Mehrwertgesetzes für die Entwicklung der marxistisch-leninistischen Theorie nützlich ist. Aber ich denke, daß sie dann nützlich wäre, wenn wir uns schon gründlich mit solchen Fragen wie dem Wirken des ökonomischen Grundgesetzes des modernen Kapitalismus in Westdeutschland, der Auseinandersetzung mit den in Westdeutschland verbreiteten imperialistischen ökonomischen Auffassungen u. a. beschäftigt hätten. Da dies - wie allgemein bekannt - nicht der Fall ist, hätten sich Jürgen Kuczynski, die Redaktion der ‚Wirtschaftswissenschaft' ebenso wie alle anderen Ökonomen größere Verdienste erworben, wenn sie jetzt zunächst eine Diskussion über solche Probleme begonnen hätten."[208]

Hier haben wir ein typisches Beispiel für das, was die sowjetische Historikerin Pankratowa auf dem XX. Parteitag der KPdSU als „konjunkturbedingte" Einstel-

[206] „Wirtschaftswissenschaft", Heft 4/1955, S. 574.
[207] Ebendort.
[208] Ebendort, Heft 5/1955, S. 708.

lung eines Wissenschaftlers bemängelte. Bekanntlich haben sich die meisten unserer Wirtschaftswissenschaftler – auch als Reinhold seinen Beitrag schrieb, gehörte Kuczynski nicht zu ihnen – ungenügend mit der Thematik „Westdeutschland" beschäftigt. Mit Recht wurde das von der Partei der Arbeiterklasse bemängelt. Also, so folgert Reinhold, jeder, der sich nicht mit Westdeutschland beschäftigt, erfüllt nicht seine Aufgaben als Wissenschaftler! Wozu noch hinzuzufügen ist, daß wir, seit Reinhold diese Zeilen schrieb, nicht einmal eine Broschüre von ihm über Westdeutschland zu sehen bekommen haben, während von dem wegen seiner Themenwahl kritisierten Kuczynski immerhin ein recht umfangreiches Buch über Westdeutschland erschienen ist. Natürlich verlangen wir von Reinhold nicht, daß er selber frische Eier legt, wenn er ein Ei als faul kritisiert, weil es jedem freisteht, die Leistungen anderer Berufe mit Verständnis zu kritisieren. Aber Kritik im eigenen Beruf erfordert, daß man selber mit gutem Beispiel vorangeht.

Die Frage der Themenwahl ist ein wichtiges Problem für jeden Wissenschaftler, insbesondere in einer historischen Epoche wie der gegenwärtigen, in der wir gegen ein feindliches Weltsystem, das des Imperialismus, einen Kampf um Krieg oder Frieden zu führen haben. Darum erfordert die Themenwahl für jedes Buch und jede Diskussion sorgfältiges Nachdenken. Eine so falsche Auffassung, wie sie Reinhold hier vertritt und wie sie leider keineswegs originell ist, bedarf darum einer klaren Widerlegung.

Selbstverständlich wird jede Thematik zunächst einmal rein logisch auf ihren Wirklichkeitssinn hin zu überprüfen sein. Ein Thema, das einen irrealen Gegenstand behandelt, erübrigt sich für jede gesellschaftliche Betrachtung.

Aber nehmen wir die Problematik eines Themas wie „Die Verwirklichung des ökonomischen Grundgesetzes der Urgemeinschaft in Germanien zur Zeit des Armin". Die Bearbeitung eines solchen Themas wäre von größter Bedeutung für einen kleinen Kreis von Historikern. Sie wäre wichtig für die entsprechenden Abschnitte unserer Geschichtsbücher in allgemeinbildenden und Hochschulen. Da die Bearbeitung dieser Thematik im weitesten Sinne, also überhaupt des Wirkens dieses ökonomischen Grundgesetzes, von seiten der marxistisch-leninistischen Wissenschaftler noch völlig ungenügend ist, hätte eine solche Arbeit auch internationale Bedeutung. Solche Forschung würde die Unterstützung von Partei und Staat verdienen, weil sie zur Entwicklung der Wissenschaft und zur Hebung des kulturellen Niveaus beiträgt. Doch wäre es natürlich falsch, mit der Begründung, hier sei ein breiter „weißer Fleck" in der Kenntnis unserer Geschichte zu beseitigen, einen Ruf an unsere Wissenschaftler ergehen zu lassen, sich mit dieser Thematik zu beschäftigen. Wir haben nämlich eine Fülle von Problemen, die für das Wohlergehen unseres Volkes und für den Sieg des Fortschritts von weit aktuellerer Bedeutung sind!

Solche aktuellen Probleme betreffen vor allem den Aufbau des Sozialismus in unserer Republik, das heißt die Problematik der Übergangsperiode. Sie beziehen sich ferner auf Westdeutschland, das heißt auf den Verfall, die Fäulnis, den Prozeß des Sterbens des Kapitalismus in einem Teil unseres Vaterlandes. Schließlich gehören dazu auch allgemeine Probleme des sozialistischen und des kapitalistischen Weltsystems. Sollten sich bei Behandlung dieser hier genannten Probleme ernste

Mängel zeigen, so werden die Partei der Arbeiterklasse und der Staat mit Recht die dringendste Aufmerksamkeit der Wissenschaftler auf deren Schwächen lenken.

Jedoch ergeben sich bei der Erforschung aktueller Probleme ernste Gefahren. Auf eine sei hier hingewiesen, weil wir sie – ganz im Gegensatz zur Sowjetunion – auf dem Gebiete der Technik zu unserem Schaden längere Zeit nicht beachtet haben und weil die zitierte kritische Bemerkung Reinholds sie ausdrücklich heraufbeschwört: die Vernachlässigung der Grundsatzforschung. Wie kann ein Wissenschaftler vom Range Reinholds erklären, man solle sich gefälligst mit dem Wirken des ökonomischen Grundgesetzes des modernen Kapitalismus in Westdeutschland beschäftigen! Was aber die Abgrenzung des ökonomischen Grundgesetzes des modernen Kapitalismus von der Erscheinungs- und Wirkungsform des ökonomischen Grundgesetzes des Kapitalismus im vormonopolistischen Kapitalismus und die Definition des Gesetzes in seiner allgemeinsten und abstraktesten Form betreffe, so seien das Angelegenheiten, um die sich zu kümmern nicht sehr verdienstvoll wäre.

Ich glaube, daß man den Auffassungen Reinholds von dem, was wichtig und unwichtig in der Forschung ist, scharf widersprechen muß.

b) Die Art der Kritik

Was die Art der Kritik betrifft, die an meinen Ausführungen geübt wurde, so muß man mit Freude feststellen, daß sich das Niveau der Kritik in unserer Republik ganz wesentlich gehoben hat. An die Stelle des Holzhammers und der Methode der politischen Diffamierung ist die sachliche, doch deswegen keineswegs „milde“, „versöhnlerische“ Auseinandersetzung getreten.

Zugleich hat Kohlmey es in seinem Beitrag verstanden, das ganze wissenschaftliche Niveau der Auseinandersetzung auf eine Höhe zu heben, die meiner Ansicht nach über der meines eigenen ursprünglichen, also des Ausgangsbeitrages liegt. Darin folgt er einer alten Tradition, die im deutschen Bürgertum besonders Lessing, Goethe und Heine gepflegt haben und deren Meister Marx, Engels und Lenin waren. Ist es doch der tiefste Sinn jeder Kritik unter jenen, die gemeinsames wissenschaftliches Streben eint, sich gegenseitig zu helfen und gemeinsam ein höheres Niveau zu erreichen – im Gegensatz zur Kritik am Feind, die ihn zerschmettern, die ihn vernichten soll.

Natürlich zeigen sich noch Schwächen in der Kritik, deren ärgerlichste an jenen Janitscharen erinnert, den der ältere Moltke in seinen Briefen aus der Türkei so schildert: Dieser Janitschare schoß mit abgewandtem Gesicht sein Gewehr in die Luft. „Kamerad, wohin hast Du denn geschossen“, rief Moltke ihm zu, worauf dieser antwortete: „Es schadet nichts, Väterchen, Inschalla wurdu“ (will es Gott, so hat es getroffen). Das heißt, während man vielfach bereits eine beachtliche kritische Fähigkeit entwickelt hat, ist man noch immer nicht so weit, sorgfältig das lesen, dem zuhören zu können, was später kritisiert werden soll.

Ein Beispiel dafür ist der Vorwurf, den Lemmnitz mir macht, wenn er schreibt: „Jürgen Kuczynski beschränkt also erstens die Veränderung des ökonomischen Grundgesetzes des Kapitalismus im monopolistischen Kapitalismus auf die Veränderung der Mittel, und zweitens sieht er nur eine quantitative Veränderung (brutaler! systematischer!). Er hat dabei eine wesentliche Feststellung Lenins übersehen, nämlich . . . Der Imperialismus ist nicht nur das Ergebnis einer quantitativen Veränderung des Kapitalismus, sondern einer qualitativen Veränderung."[209]

Und Kohlmey schließt sich ihm an: „Natürlich besteht zwischen vormonopolistischem und monopolistischem Kapitalismus nicht nur ein quantitativer, sondern – auf der einheitlichen Grundlage der allgemeinen Bedingungen der kapitalistischen Produktion — auch ein qualitativer Unterschied. Das weiß selbstverständlich auch Jürgen Kuczynski. Aber er hat leider unsauber formuliert, worauf Alfred Lemmnitz mit Recht hinweist."[210]

Faktisch beschränke ich die Veränderungen im monopolistischen Kapitalismus nicht auf die Mittel, und faktisch habe auch ich, wie Kohlmey vermutet, aus Lenins „Imperialismus" gelernt, daß der Imperialismus das Ergebnis einer qualitativen Veränderung des Kapitalismus ist, weshalb ich auch ausdrücklich, allerdings eine Seite vor der von Lemmnitz kritisierten, schreibe: „Wie jedes ökonomische Gesetz, so wird auch das ökonomische Grundgesetz des Kapitalismus durch Veränderungen innerhalb einer Gesellschaftsformation in seiner Wirkungs- und Erscheinungsform modifiziert. Diese durch die gesellschaftlichen Prozesse – zum Beispiel durch den qualitativen Umschlag der Konzentration von Produktion und Kapital in Monopolisierung – entstehenden Modifikationen erfordern eine Konkretisierung und Weiterentwicklung der Definition des Gesetzes in Anwendung auf seine Wirkungs- und Erscheinungsform unter den neu entwickelten Bedingungen seiner Existenz."[211]

Man soll nicht beim Kritisieren in die Luft sehen und darauf hoffen, daß Gott einen treffen läßt. Wobei in diesem Fall sogleich bemerkt sei, daß Gott sehr gnädig gewesen ist – denn Lemmnitz hat sehr gut getroffen, allerdings ein anderes Ziel, als er beabsichtigte. Immerhin traf er meine Ausführungen, und zwar mit vollem Recht, was aber vor allem mein „Verdienst" ist, weil ich an dieser Stelle eine so breite Angriffsfront darbot, wie Kohlmey mit Recht bemerkte, so „unsauber formulierte", weil ich einen ganzen längeren Gedankengang sehr schlecht durchdacht dargelegt habe.

c) Der Inhalt der Kritik

Was den Inhalt der an meinen Ausführungen geübten Kritik betrifft, so meine ich, daß sie in vieler Beziehung zutrifft, und daß in allen Beiträgen kritische Bemerkungen zu finden sind, deren Berechtigung ich anerkenne.

1. Die erste kritische Bemerkung, die mir sehr wichtig erscheint, wurde sogleich im ersten Diskussionsbeitrag zu meinen Ausführungen, im Beitrag von Lemmnitz, gemacht; am ausführlichsten geht Kohlmey auf das Problem ein, und darum möchte ich ihn zitieren: „Kuczynski bringt in die Definition des Grundgesetzes

[209] Ebendort, Heft 3/1955, S. 373.
[210] Ebendort, Heft 4/1955, S. 581.
[211] Ebendort, Heft 2/1955, S. 262.

dauernd das ‚Streben der Kapitalisten' hinein. Natürlich ist das falsch (nämlich idealistisch); denn bei der Formulierung des ökonomischen Grundgesetzes, d. h. des Zieles und der Mittel der kapitalistischen Produktion als objektiv gegebenen ökonomischen Kategorien, interessieren subjektive Momente, die nur Ausdruck der zugrunde liegende Prozesse sind, überhaupt nicht. Wenn Kuczynski anderer Ansicht sein sollte, müßte er konsequent sein und auch die subjektiven Bestrebungen der Arbeiterklasse in die Definition aufnehmen; denn das ökonomische Grundgesetz des Kapitalismus drückt doch ein antagonistisches Wechselverhältnis aus: das Verhältnis von Lohnarbeit und Kapital. Kuczynski hat recht, die Kapitalisten streben immer nach möglichst hohem Profit. Aber dieses Streben ist der subjektive Ausdruck a) der notwendigen Sicherung von Durchschnittsprofit für die Gewährleistung der erweiterten kapitalistischen Reproduktion in deren vormonopolistischem Stadium, b) der notwendigen Sicherung von Maximalprofit für die notdürftige Aufrechterhaltung der erweiterten kapitalistischen Reproduktion in der Zeit des Imperialismus, c) der Sicherung von Profit für die abstrakt-allgemeinen Bedingungen jedweder kapitalistischen Produktion."[212]

Zunächst, um auf den Kern der Sache zu kommen, seien Fehler von Kohlmey in seinen Formulierungen aufgedeckt. Kohlmey stellt subjektive Momente und objektive Kategorien gegenüber. Das scheint mir nicht richtig. Auch subjektive Momente können natürlich reale, objektive Tatsachen und Kategorien sein. Selbstverständlich ist auch das subjektive Gefühl des Hungers, der, um bei Kohlmeys Terminologie zu bleiben, „nur Ausdruck der zugrunde liegenden Prozesse" ist, eine objektive Kategorie. Ebenso scheint es mir falsch, wenn Kohlmey es idealistisch nennt, subjektive Momente in die Definition eines gesellschaftlichen Bewegungsgesetzes hineinzubringen. Unter Idealismus verstehen wir die Bestimmung der Bewegung in Gesellschaft (und Natur) primär vom Überbau her, vom Bewußtsein u. a. Das Streben nach Profit oder, wie Marx es auch nennt, „die Jagd" nach Mehrwert bzw. Profit gehört aber ebensowenig zum Überbau wie der Hunger oder die Liebe. Oder wollte Kohlmey es als idealistische Weltauffassung betrachten, wenn irgendwelche Vulgaristen behaupten, daß Hunger und Liebe (Erotik) die Welt regieren?

Jedoch – und das ist der rationelle Kern des in einen nicht passenden Mantel gehüllten Vorwurfs von Lemmnitz und Kohlmey: es scheint jetzt auch mir unstatthaft und falsch, das ökonomische Grundgesetz mit Elementen aus einer anderen soziologischen Sphäre als der der Basis zu füllen. So richtig zum Beispiel die Formulierung des Lehrbuchs Politische Ökonomie ist: „Die Jagd nach Mehrwert spielt im Kapitalismus die Hauptrolle in der Entwicklung der Produktivkräfte"[213] (denn hier handelt es sich um eine allgemeine soziologische Feststellung), so falsch ist es, wie ich es getan habe, „das Streben" in die Formulierung eines ökonomischen Grundgesetzes aufzunehmen.

[212] Ebendort, Heft 4/1955, S. 583/84.
[213] Lehrbuch „Politische Ökonomie", Berlin 1955, S. 129.

2. Völlig unsinnig ist meine, von Lemmnitz und Kohlmey wahrlich mit Recht bemängelte Bemerkung, daß „das allgemeine ökonomische Grundgesetz des Kapitalismus aber so formuliert sein muß, daß es die Besonderheiten aller Perioden des Kapitalismus verallgemeinert". Und dieses Urteil kann auch nicht mit der Begründung gemildert werden, daß die unmittelbar vorangehenden Sätze klarmachen, was ich meine. Das Problem ist an sich für die Abstraktion im historischen Prozeß wichtig. Es handelt sich nämlich darum, daß sich im Laufe der Entwicklung gewisse Erscheinungen, die wir zunächst für von allgemeiner Bedeutung halten, wie zum Beispiel die Durchschnittsprofitrate „als Regulator der Produktion überhaupt" (Marx), als Besonderheiten einer bestimmten Periode herausstellen, so daß man bei der Definition des allgemeinen Gesetzes auf Grund der Erfahrungen einer neuen Periode von ihnen abstrahieren muß.

Wenn Kohlmey mir in seinen anschließenden Ausführungen dann vorwirft, ich hätte Abstraktion und Aufstellen von Schemata identifiziert, so hat er wirklich unrecht. Würde Kohlmey z. B. behaupten: „Wenn man von einer Unsinnigkeit wie der oben genannten abstrahiert, ist Kuczynski ein durchaus erträglicher Wissenschaftler", so würde ich niemals sagen, daß er damit ein Schema aufstelle. Wohl aber ist die Konstruktion von Modellen und Schemata eine durchaus legitime und notwendige (aber keineswegs immer ausgeübte) Betätigung der Abstraktion.

3. Nun zu den Formulierungen des ökonomischen Grundgesetzes. Wenn Lemmnitz schreibt: „Aus den angeführten Gründen ist meiner Meinung nach die Kuczynskische Formulierung des ökonomischen Grundgesetzes des vormonopolistischen Kapitalismus im wesentlichen richtig"[214] – so stimme ich ihm zu und wäre auch bereit (wie es im ganzen auch Reinhold ist), die Formulierung dieses Gesetzes von Lemmnitz zu übernehmen, wenn er seinerseits zustimmen könnte, nach dem Beispiel von Kohlmeys Vorschlag für die Formulierung des Mehrwertgesetzes als allgemeines Bewegungsgesetz,[215] die Personen- durch Sachbeziehungen zu ersetzen, d. h. etwa so:

Sicherung des kapitalistischen Durchschnittsprofits durch die Jagd des Kapitals nach dem höchsten Profit auf dem Wege der systematischen Ausbeutung der Lohnarbeit durch das Kapital und der Ruinierung der kleinen Warenproduktion durch den kapitalistischen Konkurrenzkampf.

(Die interessanten und scharfsinnigen Einwände von Paragenings, der sich gegen die Aufnahme des Durchschnittsprofits in die Formulierung ausspricht, weil dieser sich nur auf das Ziel der Produktion des „individuellen Kapitals", nicht aber des „gesellschaftlichen Gesamtkapitals" beziehe,[216] kann ich nicht anerkennen. Denn die Beziehung auf das individuelle Kapital ist in diesem Fall gleichzeitig eine Beziehung auf die Existenzgrundlage des Gesamtkapitals als Summe der individuellen Kapitale.)

[214] Ebendort, Heft 3/1955, S. 376.
[215] Ebendort, Heft 4/1955, S. 582.
[216] Ebendort, Heft 2/1956, S. 265.

4. Was die Formulierung des allgemeinen ökonomischen Grundgesetzes des Kapitalismus betrifft, so möchte ich zunächst darauf hinweisen, daß uns eine Mitteilung wie die von Haustein nichts nützt: „Bei den sowjetischen Ökonomen spricht man nicht vom allgemeinen Grundgesetz und von seinen konkreten Erscheinungsformen. Es wird einfach formuliert: Ökonomisches Grundgesetz des Kapitalismus (Mehrwertgesetz); ökonomisches Grundgesetz des monopolistischen Kapitalismus; ökonomisches Grundgesetz des vormonopolistischen Kapitalismus. Dabei wird darauf hingewiesen, daß der Kapitalismus selbstverständlich nur ein Grundgesetz hat.“[217]

Natürlich ist es für uns von allergrößter Bedeutung zu wissen, welchen Sprachgebrauch die Sowjetwissenschaftler üben. Aber die einfache Mitteilung ohne Begründung und Meinung des Mitteilenden kann uns wenig helfen.

Die Ausführungen von Reinhold zu dieser Frage sind ebenfalls nicht sehr glücklich – etwa, wenn er mir unterschiebt, ich meinte, Marx hätte eine Formulierung des Mehrwertgesetzes „vergessen“,[218] oder wenn er in völlig mißlungener Ironie bemerkt: „die Formulierung des ökonomischen Grundgesetzes muß das Wesen einer Produktionsweise widerspiegeln, aber es unterliegt selbstverständlich keinen Formvorschriften.“[219] Vor lauter Eifer, Marx vor dem (nicht von Kuczynski) ausgedachten Vorwurf der „Vergeßlichkeit“ hinsichtlich der Formulierung des Mehrwertgesetzes zu retten, hat Reinhold offenbar übersehen, daß ein Unterschied zwischen der Darstellung des Inhalts eines Gesetzes und der Formulierung des Gesetzes selbst besteht. Erstere hat keine andere Aufgabe, als die Dialektik und das Wirken eines Gesetzes darzulegen, und dafür gibt es keine Formvorschriften. Dagegen gibt es für die Formulierung des Gesetzes selbst netürlich Formvorschriften, die Marx meisterhaft erfüllt hat, wenn er ein Gesetz formulierte.

Reinhold stellt fest, daß Kuczynski „eine überflüssige und daher falsche Aufgabe stellt, wenn er die Ökonomen aufruft, jetzt an die Ausarbeitung einer Formulierung des Mehrwertgesetzes heranzugehen.“[220] Dabei ist es nach seiner Auffassung Kuczynski schon gelungen, Lemmnitz eine völlig falsche Orientierung zu geben, während er Kohlmey noch ein Schwanken zwischen dem rechten und dem falschen Pfad zubilligt. Dennoch kann Reinhold selbst nicht weiter gehen, als zu formulieren: „Marx gibt an einigen Stellen Hinweise über das Wesen der kapitalistischen Produktionsweise, die man als ausreichende Formulierungen des ökonomischen Grundgesetzes des Kapitalismus ansehen kann.“[221]

Das ist doch wirklich schon unqualifizierte Unterschätzung unserer Intelligenz, uns einreden zu wollen, daß „Hinweise über das Wesen“ mit „ausreichenden Formulierungen“ des Gesetzes identisch seien.

[217] Ebendort, Heft 4/1955, S. 587.
[218] Ebendort, Heft 5/1955, S. 704.
[219] Ebendort, S. 704.
[220] Ebendort, S. 705.
[221] Ebendort, S. 704.

Es ist eben eine unbestreitbare Tatsache, daß wir keine Formulierung des ökonomischen Grundgesetzes des Kapitalismus von Marx haben – während wir zum Beispiel eine Formulierung des Gesetzes der absoluten Verelendung von ihm besitzen. Es ist weiterhin eine unbestreitbare Tatsache, daß Marx uns alle Hinweise, die zur Formulierung des Grundgesetzes notwendig sind, gegeben hat. Daraus ergibt sich die dritte unbestreitbare Tatsache, daß auf Grund der Hinweise von Marx auch kleine Politökonomen wie Reinhold, Kuczynski u. a. in der Lage sein sollten, zu einer brauchbaren Formulierung des allgemeinen ökonomischen Grundgesetzes des Kapitalismus zu kommen – und zwar in der Form, wie wir sie für andere Gesellschaftsordnungen zu finden bemüht sind.

Kommen wir nun zur konkreten Formulierung. Auf verschiedene im Kern völlig berechtigte kritische Einwände von Lemmnitz und Kohlmey gegen meine eigene Formulierung bin ich schon in anderem Zusammenhang auf den vorangehenden Seiten eingegangen.

Gegen die Formulierung von Lemmnitz:

„Sicherung des Mehrwertes zur Gewährleistung der Existenz und der erweiterten Reproduktion des Kapitals durch die Ausbeutung der Lohnarbeiter"[222]
wendet Kohlmey ein: „Es ist unbedingt korrekter, als Ziel der kapitalistischen Produktion nicht – wie es Lemmnitz tut (S. 372) – die Sicherung des Mehrwerts, sondern vielmehr die Sicherung des Profits zu bestimmen. Das ist unter anderem wegen des Problems der Grundrente notwendig. – Um an dieser Stelle gleich eine weitere Bemerkung zu der von Lemmnitz vorgeschlagenen Definition des Mehrwertgesetzes zu machen: es ist überflüssig, in der Definition des Mehrwertgesetzes zu betonen, daß die Sicherung des Mehrwerts für die ‚Gewährleistung der Existenz und der erweiterten Reproduktion des Kapitals' erfolgt. Dies ist doch conditio sine qua non, sie ist im Begriff der Sicherung des Profits als Ziel der kapitalistischen Produktion enthalten."[223]

Beide Einwände scheinen mir berechtigt (der erste richtet sich auch gegen Paragenings).

Aber die Formulierung von Kohlmey selbst scheint mir auch nicht genügend: „Sicherung von Profit mittels der Ausbeutung der Lohnarbeit durch das Kapital in der Form des absoluten und relativen Mehrwertes."[224]

Ganz offenbar ist sie in sich geschlossen – aber müßte man nicht noch die Tatsache der Ausplünderung der einfachen Warenproduzenten (Bauern und Handwerker) in die Formulierung aufnehmen? Und zwar nicht, weil sie direkt zum Mehrwertgesetz gehören würde (es handelt sich dabei ja um den Raub von Mehrprodukt), sondern weil sie ein wesentlicher Grundzug der Profitgewinnung in allen Etappen und Stadien und Perioden des Kapitalismus ist.

5. Interessant ist der Versuch von Lemmnitz, eine Modifikation des ökonomischen Grundgesetzes in der Deutschen Demokratischen Republik unter den

[222] Ebendort, Heft 3/1955, S. 372.
[223] Ebendort, Heft 4/1955, S. 575 (Fußnote 5).
[224] Ebendort, S. 582.

Bedingungen des Aufbaus des Sozialismus zu finden. Aber ich glaube, daß er hier zweierlei verwechselt: einerseits die Besonderheiten, die sich dadurch ergeben, daß infolge des Gegenwirkens von Gesetzen einer anderen Gesellschaftsordnung (wie zu Beginn des Kapitalismus noch der feudalen und zu Beginn des Sozialismus der kapitalistischen) die Gesetze des Kapitalismus sich noch nicht bzw. nicht mehr voll auswirken können – und andererseits die Besonderheiten, die sich aus Wandlungen innerhalb der kapitalistischen Gesellschaftsordnung ergeben. Nur für die letzteren aber läßt sich eine gesetzmäßige Formulierung finden.

★

Ich glaube, daß ich auf die wichtigsten kritischen Bemerkungen zu meinem „ersten Versuch" eingegangen bin, und zwar sowohl auf die, die mir berechtigt, wie auch auf die, die mir ungerechtfertigt erscheinen. Ich glaube auch, daß die Diskussion uns weitergebracht hat in unserem gemeinsamen Streben der Entwicklung der Politischen Ökonomie zu einer immer besseren Waffe im Kampf für den Fortschritt.

KAPITEL IV

ÜBER DAS PROBLEM DER NATIONALEN VERSCHIEDENHEIT (IN DER INDUSTRIE) DES VERHÄLTNISSES VON LOHN, ARBEITSLEISTUNG, ORGANISCHER ZUSAMMENSETZUNG DES KAPITALS UND PROFITRATE IN DER GESCHICHTE DES KAPITALISMUS

Im 20. Kapitel des ersten Bandes des „Kapital" behandelt Marx das Problem der „nationalen Verschiedenheit der Arbeitslöhne" und geht dabei auch auf die Fragen der Höhe der Löhne je produzierte Einheit, der Arbeitsleistung und der Profite ein. Er berichtet dort: „J. W. Cowell, Mitglied der Fabrikkommission von 1833, kam nach sorgfältiger Untersuchung der Spinnerei zum Ergebnis, daß ‚in England die Löhne der Sache nach niedriger für den Fabrikanten sind als auf dem Kontinent, obwohl sie für den Arbeiter höher sein mögen' (Ure, S. 314). Der englische Fabrikinspektor Alexander Redgrave weist im Fabrikbericht vom 31. Oktober 1866, durch vergleichende Statistik mit den Kontinentalstaaten nach, daß trotz niedrigerem Lohn und viel längerer Arbeitszeit die kontinentale Arbeit, verhältnismäßig zum Produkt, teurer ist als die englische. Ein englischer Direktor (manager) in einer Baumwollfabrik in Oldenburg erklärt, daß dort die Arbeitszeit von 5.30 Uhr morgens bis 8 Uhr abends währt, samstags eingeschlossen, und daß die dortigen Arbeiter, wenn unter englischen Arbeitsaufsehern, während dieser Zeit nicht ganz soviel Produkt liefern als Engländer in 10 Stunden, unter deutschen Arbeitsaufsehern aber noch viel weniger. Der Lohn stehe viel tiefer als in England, in vielen Fällen um 50 %, aber die Zahl der Hände im Verhältnis zur Maschinerie sei viel größer, in verschiedenen Departements im Verhältnis von 5 : 3. Herr Redgrave gibt sehr genaue Details über die russischen Baumwollfabriken. Die Data sind ihm geliefert durch einen dort noch kürzlich beschäftigten englischen manager. Auf diesem russischen Boden, an allen Infamien so fruchtbar, stehn auch die alten Greuel aus der Kindheitsperiode der englischen factories (Fabriken) in vollster Blüte. Die Dirigenten sind natürlich Engländer, da der eingeborene russische Kapitalist nicht für das Fabrikgeschäft taugt. Trotz aller Überarbeit, fortlaufender Tag- und Nachtarbeit und schmählichster Unterzahlung der Arbeiter, vegetiert das russische Fabrikat nur durch Prohibition des ausländischen."[225]

Aus diesen Ausführungen geht ganz klar hervor, insbesondere wenn man die vergleichsweisen Bemerkungen über England und Rußland beachtet, daß der Profit der Unternehmer größer ist, sein Markt ein breiterer ist, seine Konkurrenzposition eine günstigere ist, wenn, wie es in den fortgeschrittenen kapitalistischen Ländern der Fall ist, das technische Niveau (die Produktivität) und die Intensität der Arbeit und damit verbunden das Lebenshaltungsniveau des Proletariats höher sind. Nicht

[225] K. Marx, „Das Kapital", Bd. I, Dietz Verlag, Berlin 1951, S. 588.

die Primitivität und Brutalität, die Infamie, wie Marx es auch nennt, der Ausbeutung, sondern die Raffinesse und Intensität der Ausbeutung sind in der industriellen (!) Produktion in dieser Zeit international für die Höhe des Profits entscheidend.

★

Doch schon in der Zeit, in der Marx diesen Abschnitt des „Kapital" schrieb, zeigten sich die ersten Wandlungen in den Verhältnissen. Mit der immer stärkeren Ausbreitung des kapitalistischen Systems, mit der immer engeren internationalen Verflechtung der Produktion und der Märkte, beginnt sich das Verhältnis von Lohn, Arbeitsleistung, organischer Zusammensetzung des Kapitals und Profitrate in dem Sinne auszugleichen, daß sie, im einzelnen natürlich weiter international stark verschieden, in ihrer Gesamtheit, im Resultat ihrer Wirkung aufeinander im nationalen Rahmen, international ähnliche Größen werden.

Im übertragenen Sinne bedeutet das nichts anderes, als daß sich unabhängig von der Höhe der organischen Zusammensetzung des Kapitals (und all dem, was diese in bezug auf Intensität der Arbeit, Grad der Handfertigkeit usw. bedeutet) innerhalb der gleichen Industrie im internationalen Rahmen eine Durchschnittsprofitrate von für jede Nation etwa gleicher Höhe herausbildet.

Man mag einwenden, daß die allgemeine Herausbildung einer Durchschnittsprofitrate, zum Beispiel in England und Deutschland, und das Entstehen einer internationalen Durchschnittsprofitrate auf dem Weltmarkt bereits die Herausbildung einer Durchschnittsprofitrate auch für die einzelnen Industrien mit einschließe. Das ist zwar theoretisch völlig richtig, entspricht aber nicht dem historischen Vorgang. Es wäre zum Beispiel unsinnig, in der zweiten Hälfte des 19. Jahrhunderts von der Herausbildung einer Durchschnittsprofitrate im nationalen Rahmen in Indien oder China zu sprechen. Was in diesen Ländern geschieht, ist, daß sich die Profitrate in der Textilindustrie (in Bombay oder in Schanghai) über den Weltmarkt und durch entsprechende Kapitalwanderung an die Profitrate in der Textilindustrie Englands angleicht.

Lujo Brentano, einer der gefährlichsten Reformisten des linken Bürgertums und zugleich einer der sorgfältigsten Beobachter aller Einzeltatsachen in der vergleichsweisen Bewegung von Lohn, Arbeitszeit und Arbeitsleistung, deutet in die Richtung dieser Formulierung durch eine Fülle von Beispielen, die er in seinem Buche „Über das Verhältnis von Arbeitslohn und Arbeitszeit zur Arbeitsleistung" gibt. Dort faßt er auch die Erfahrungen des bedeutendsten internationalen Eisenbahnbauers des dritten Viertels des 19. Jahrhunderts zusammen: „Denn Brassey war einer der größten Unternehmer und Arbeitgeber der Welt. Er baute Eisenbahnen in allen Erdteilen, fast möchte man sagen, in allen Ländern der Welt. Dabei hatte er volle Gelegenheit, die Arbeiter aller Nationen zu vergleichen. Notwendigerweise mußte er dabei große Kenntnisse über den Preis der Arbeit in allen Ländern erlangen. Diese Erfahrungen des verstorbenen Vaters hat der Sohn, Lord Brassey, der das Geschäft des Vaters weiter betreibt, in mehreren Büchern veröffentlicht, welche eine große Anzahl von Auflagen erlebt haben. In einem dieser Werke erklärt Lord Brassey offen, daß er ‚durch viele und mächtige Einflüsse gezwungen werde, in der Arbeiterfrage sich auf den Standpunkt des Arbeitgebers zu stellen'. Um so wichtiger ist das Zeugnis dieses Praktikers von weltumfassender Erfahrung.

Wie lautet nun dieses Zeugnis?

Bei den Unternehmungen seines Vaters in beinahe jedem Lande der zivilisierten Welt und in jeder Weltgegend sei der Preis der Arbeit überall derselbe gewesen, einerlei ob die Löhne hoch waren oder niedrig: denn wo die Löhne niedrig, sei auch die Leistung entsprechend geringer gewesen."[226] [227]

Das heißt, wenn der Lohn in England höher ist als in Deutschland oder Indien, so ist die Leistung je Stunde in Deutschland und Indien entsprechend niedriger als in England. Faktisch war die Arbeitsleistung sogar soviel niedriger, daß auch die Tatsache der verschiedenen organischen Zusammensetzung des Kapitals entsprechend ausgeglichen wurde. Geben wir ein (fiktives) Beispiel:

Land[228]	c	c	(Zahl der Arbeiter)	m	Profirate	Wert des Produkts	Wert des Produkts je Arbeiter	Lohn je Arbeiter	Mehrwertrate
England	50	10	(1)	10	10 : 60 = 16,7 %	70	70	10	10 : 10 = 100 %
Deutschland	40	20	(3)	10	10 : 60 = 16,7 %	70	23,3	6,7	10 : 20 = 50 %
Indien	10	50	(20)	10	10 : 60 = 16,7 %	70	3,5	2,5	10 : 50 = 20 %

Zuvor – in der Periode der Industriellen Revolution, im Stadium der vornehmlich extensiven Produktions- und Ausbeutungsmethoden in England, Frankreich und anderen fortgeschrittenen kapitalistischen Ländern – war die Situation eine andere. Das Beispiel, das Marx für die Baumwollindustrie in England und Rußland gibt, kann durch folgende (natürlich ebenso wie die vorangehenden fiktive) Zahlen illustriert werden:

Land[229]	c	v	(Zahl der Arbeiter)	m	Profirate	Wert des Produkts[230]	Wert des Produkts je Arbeiter	Lohn je Arbeiter	Mehrwertrate
England	40	10	(1)	10	10 : 50 = 20 %	60	60	10	10 : 10 = 100 %
Rußland	25	27	(3)	10	10 : 52 = 19,2 %	62	20,7	9	10 : 27 = 37 %

[226] L. Brentano, a. a. O., 2. Aufl., Leipzig 1893, S. 6.

[227] An Werken Brasseys seien genannt: Thomas Brassey, Work and Wages, 2. ed. London 1872 und seitdem öfter. Derselbe, Lectures on the Labour Question, London 1878. Derselbe, Lectures on the Labour Question, London 1878. Derselbe, Foreign Work and English Wages considered with reference to the depression of trade. London 1879. Arthur Helps, Life and Labours of Mr. Brassey, 1805—1870. London 1872.

[228] Alle Angaben in Schilling.

[229] Alle Angaben in Schilling.

[230] Wert! nicht Preis — denn in dieser Frühzeit, in der die Welt noch nicht so verbunden ist, daß sich ein Weltmarkt voll herausgebildet hat, kann es noch verschiedene Werte der gleichen Ware in verchiedenen Ländern geben.

Während im zweiten Stadium des Kapitalismus der Wert des Produkts in allen Ländern der gleiche ist und die außerordentliche Verschiedenheit der organischen Zusammensetzung des Kapitals ausgeglichen wurde durch die Verschiedenheit der Löhne je Arbeiter und der Leistung je Arbeiter zu einer in jedem Lande gleichen Profitrate, ist in der vorangehenden Periode die Situation eine grundlegend andere. Erstens ist der Wert des Produkts in dem zurückgebliebenen Rußland in der vorangehenden Periode höher als in England – daher zum Schutze gegen die englischen Produkte der Zoll, von dem Marx spricht, bzw. sogar teilweise Verbote der Einfuhr fremder Waren —, die Profitrate dagegen ist niedriger als in England. Wenn in Rußland überhaupt Baumwollfabriken von englischen Kapitalisten betrieben werden, dann nur, weil unter dem Zollschutz bzw. dem Wareneinfuhrverbot, um bei unserem Beispiel zu bleiben, ein Preis gefordert werden kann, der über dem Wert des Produkts von 62 s, also sagen wir bei 65 s liegt. Nun sieht die Lage so aus:

Land	c	v	m	Wert	Preis	Profitrate
England	40	10	10	60	60	10 : 50 = 20 %
Rußland	25	27	10	62	65	13 : 52 = 25 %

Unter solchen Umständen ist das englische Kapital natürlich bereit, in Rußland zu investieren. Aber solche Umstände bestehen nicht in englischen Kolonien vor 100 oder 150 Jahren. Es wäre sinnlos für das englische Kapital gewesen, Zollbarrieren gegen seine eigene Einfuhr, die überdies Nichtäquivalententausch unter politischem Druck erlaubte, zu errichten und in den Kolonien eine eigene Textilindustrie aufzubauen.

Wenn im Gefolge der Herausbildung einer internationalen Durchschnittsprofitrate in identischen Industrien im zweiten Stadium der Entwicklung des Kapitalismus in einzelnen Kolonien bestimmte Industriezweige errichtet werden, so deshalb, weil einerseits die Profitnachteile einer solchen Errichtung verschwunden sind und andererseits der Kapitalismus eine „natürliche Tendenz zur Expansion" hat. Man kann aber keineswegs sagen, daß diese Tendenz zur Expansion einen stärkeren Industrialisierungsprozeß in den Kolonien (selbst in der dort üblichen deformierten Weise, also vor allem ohne Maschinenbau) herbeigeführt hat, da bei gleicher Profitrate politische Gründe gegen eine stärkere Industrialisierung der Kolonien und Halbkolonien sprachen.

★

Das wird anders in der Periode des Imperialismus. In der Periode des Imperialismus werden durch die Herrschaft der Monopole auf der einen Seite zwar die internationalen Beziehungen der einzelnen kapitalistischen Länder trotz der Verschärfung der Widersprüche zwischen ihnen immer enger. Auf der anderen Seite aber gelingt es den Monopolen, im Interesse der Gewinnung von Maximalprofiten und auf Grund von gewissen Änderungen in der Technik der Produktion Barrieren aufzurichten, die die Bildung einer Durchschnittsprofitrate im internationalen Rahmen in der gleichen Industrie verhindern. Jedoch ist das Resultat der

Verhinderung der Herausbildung einer Durchschnittsprofitrate genau das Umgekehrte wie in der Frühzeit des industriellen Kapitalismus. In der Frühzeit des Kapitalismus war nämlich die Profitrate in den Industrien der ökonomisch rückständigen Länder niedriger als in den fortgeschrittenen Ländern, bzw. sie wäre niedriger gewesen, hätte man dort solche Industrien errichtet. Dagegen ist die Profitrate im Stadium des Imperialismus aus Gründen, die noch gegeben werden, in den rückständigen Ländern höher als in den imperialistischen Ländern. Das heißt, wir können drei Phasen der Entwicklung der nationalen Unterschiede im Verhältnis von Lohn, Profit und Arbeitsleistung in der Geschichte des Kapitalismus feststellen – was die Industrie betrifft! denn in der Landwirtschaft zum Beispiel war die Situation eine ganz andere.

1. Phase: Die Profitrate wächst von Nation zu Nation innerhalb der gleichen Industrie mit der steigenden organischen Zusammensetzung, der Intensität der Arbeit und der Höhe der Produktivität – ganz gleich, welcher Lohn „national üblich" ist.

2. Phase: Es bildet sich innerhalb der gleichen Industrie, international betrachtet, unabhängig von der organischen Zusammensetzung, der Intensität der Arbeit und der Höhe der Produktivität im einzelnen eine Durchschnittsprofitrate von in den einzelnen Nationen etwa gleicher Höhe heraus – ganz gleich, welcher Lohn „national üblich" ist.

3. Phase: Die Profitrate steigt von Nation zu Nation innerhalb der gleichen Industrie mit der von Nation zu Nation sinkenden organischen Zusammensetzung, Intensität der Arbeit, Produktivität und Lohnhöhe.

Für die dritte Phase gibt uns Perlo ein interessantes Beispiel: „. . . Chile, wo, wie schon erwähnt, die Anaconda Copper Mining Co. eine wesentlich höhere Profitrate erzielt als in den Vereinigten Staaten. 1940 betrug der Durchschnittslohn eines Arbeiters in den im ausländischen Eigentum stehenden Bergwerken in Chile jährlich 273 Dollar und damit nur etwa ein Fünftel des damals in den Kupferbergwerken in den Vereinigten Staaten gezahlten Durchschnittslohns von 1400 Dollar. Die Durchschnittsproduktion je Arbeiter in Chile betrug jährlich 23 t und war damit nicht viel geringer als die durchschnittliche Leistung von 27 t je Bergarbeiter in den Vereinigten Staaten."[231]

Ein viel krasseres Beispiel viel größeren Umfangs ist Westdeutschland, wo die amerikanischen Monopole sehr hohe Profite einstecken. Wie verhalten sich die verschiedenen hier genannten Faktoren in Westdeutschland und in den USA zueinander? (Dabei betrachten wir nur die Schwerindustrie, weil vornehmlich in dieser amerikanisches Kapital angelegt ist, und müssen uns auch klar darüber sein, daß Westdeutschland heute wahrlich alles andere als eine Halbkolonie ist.)

Organische Zusammensetzung: in Westdeutschland etwas niedriger als in USA.
Arbeitsleistung: in Westdeutschland etwas niedriger als in USA.

Arbeitslöhne: in Westdeutschland wesentlich niedriger als in USA – die Löhne sind in Westdeutschland der Zahl nach etwa die gleichen wie in den USA; nur

[231] V. Perlo, „Der amerikanische Imperialismus", Berlin 1953, S. 84.

steht in Westdeutschland nach der Zahl „Mark“, in den USA „Dollar“. Der Kaufkraft nach sind die Löhne in Westdeutschland also höchstens halb so hoch wie in den USA. Dagegen müssen die Arbeiter in Westdeutschland für diesen halben Lohn etwa 25 % mehr Stunden je Woche arbeiten (absoluter Mehrwert!) als die amerikanischen Arbeiter.

Intensität: in Westdeutschland und den USA nicht sehr verschieden.

Profite: für das amerikanische Kapital in Westdeutschland wesentlich höher als in den USA.

Eine wichtige Ursache für die Möglichkeit steigender Arbeitsleistung bei niedrigstem Lebensniveau, wie wir es in den Kolonien und Halbkolonien finden, ist die Tatsache, daß das Monopolkapital den Fortschritt der Technik vor allem zu einer Dequalifizierung der Arbeiter benutzt. War es im zweiten Stadium des Kapitalismus so, daß die zunehmende Komplikation der Maschinen das Heranziehen einer verhältnismäßig breiten Schicht gelernter Arbeiter erforderte, so macht die „moderne Technik“ des Monopolkapitals – Fließband usw. – aus der gelernten Arbeit wieder halb- und ungelernte. Das aber führt dazu, daß in den Kolonien und Halbkolonien die organische Zusammensetzung des Kapitals steigen kann, ohne daß eine entsprechende „gehobene Schicht des Proletariats“ geschaffen werden muß. Daher die spezifischen Extraprofite in den Industrien der Kolonien: es bleibt bei dem außerordentlich niedrigen Lebensniveau der Arbeiter trotz steigender organischer Zusammensetzung und entsprechend steigender Arbeitsleistung (auch wenn die letztere natürlich absolut niedrigei bleibt als im imperialistischen „Mutterland“).

Unter diesen Umständen – und das ist selbstverständlich im Stadium der Herrschaft des Monopolkapitals – gibt es keine Durchschnittsprofitrate mehr für die Kapitalisten der gleichen Industrie in verschiedenen Ländern.

Unter diesen Umständen fällt auch – und das ist von gewaltiger Bedeutung für den Prozeß der Verelendung – aus der Lebenshaltung der Arbeiter in den ökonomisch zurückgebliebenen Ländern mehr und mehr das fort, was Marx das „gesellschaftliche Element“ nennt. War früher, in der zweiten Hälfte des 19. Jahrhunderts, die steigende organische Zusammensetzung des Kapitals verbunden mit der Notwendigkeit einer besseren Schulung der Arbeiter, der Senkung des Prozentsatzes des Analphabetismus usw., und war es später für das Monopolkapital infolge des Widerstandes der Werktätigen unmöglich, mit der zunehmenden Dequalifizierung der Arbeit einen stärkeren Rückschritt hinsichtlich dieses gesellschaftlichen Elementes zu erzwingen, so „überspringt“ das Kapital in den Kolonien soweit wie möglich die Stufe der Entwicklung, in der das gesellschaftliche Element stärker wächst, und zwingt die Werktätigen, auf dem „gesellschaftlichen Niveau des Analphabetismus“ einen technisch modernen Produktionsapparat zu bedienen.

Darum auch – und im Gegensatz zur ersten und zweiten Phase, in denen in den Kolonien sowohl in der Landwirtschaft wie auch im Handel von Nichtäquivalenten, aber nicht in der Industrie gewaltige Extraprofite gemacht wurden – die schon von Lenin beobachtete Tendenz der imperialistischen „Mutterländer“, bei

Aufrechterhaltung aller spezifischen Disproportionen der Industrie in den Kolonien und Halbkolonien einen immer größeren Teil der Produktion dorthin zu verlegen.

In Westdeutschland liegt die Hauptursache für die amerikanischen Extraprofite (innerhalb gleicher Industrien in den USA und in Westdeutschland) in der Stärke der politischen und ökonomischen Position des amerikanischen Monopolkapitals, verbunden mit der doppelten Unterdrückung des westdeutschen Proletariats durch das amerikanische und das westdeutsche Monopolkapital. Unter diesen Umständen ist es nicht schwer verständlich, warum in Westdeutschland die Lebenshaltung niedriger als in England, Frankreich, Holland und den nordischen Ländern, die wöchentliche Arbeitszeit aber länger und die industrielle Reservearmee größer sind.

*

Die vorangehenden Überlegungen sind ein Anfang. Die Thematik ist von unserer Politischen Ökonomie des Kapitalismus bisher noch ungenügend beachtet. Internationale Untersuchungen und Diskussionen werden uns bei der Behandlung der hier angedeuteten Probleme sicher schnell vorwärts bringen.

KAPITEL V

ÜBER DAS TEMPO DER ENTWICKLUNG VON PRODUKTION UND LEISTUNG PRO ARBEITER IM VORMONOPOLISTISCHEN UND MONOPOLISTISCHEN KAPITALISMUS

Der Kapitalismus geht wie jede vorsozialistische Gesellschaftsordnung durch drei Stadien, die wir in bildliche Anlehnung an biologische Vorgänge „Kindheit" (Engels) bzw. „Jugendperiode" (Marx) oder ähnlich, Blütezeit bzw. Zeit der kräftigsten Entwicklung usw. und schließlich Stadium des Alters, des Verfalls bzw. spezifisch des „sterbenden Kapitalismus" (Lenin) nennen.

Wenn daher auch die wichtigsten Entwicklungsgesetze des Kapitalismus in seiner ganzen Geschichte gelten, treten doch im Laufe seiner Entwicklung bedeutsame Veränderungen ein.

Im folgenden wollen wir uns nun mit einigen solchen Veränderungen in der Entwicklung der Produktion und des Verhältnisses von Produktion und Arbeitsleistung in der Periode der allgemeinen Krise des Kapitalismus gegenüber der „Blütezeit" des Kapitalismus beschäftigen.

Die Hauptresultate der folgenden Untersuchungen sind:

1. Die Produktion steigt in der Periode der allgemeinen Krise des Kapitalismus von Zyklus zu Zyklus weiter an. Jedoch ist das Tempo der Zunahme der Produktion wesentlich geringer als im vormonopolistischen Kapitalismus – die Monopole hemmen die Entwicklung der Produktion beachtlich. Diese Tatsache widerlegt sowohl die „Theorie" der Stagnation der Produktion in der allgemeinen Krise des Kapitalismus wie auch die „Theorie" der besonders schnellen Entwicklung in dieser Zeit.
2. Während das Tempo der Zunahme der Produktion allgemein und auch in Abteilung I wie Abteilung II im einzelnen in der Periode der allgemeinen Krise des Kapitalismus sehr merklich sinkt, geht die Produktion von Maschinen im monopolistischen Kapitalismus ebenso schnell aufwärts wie im vormonopolistischen Kapitalismus. Diese Tatsache hat natürlich große Bedeutung für den Wettbewerb zwischen dem sozialistischen und kapitalistischen System; sie zeigt die eminente Wichtigkeit der schnellen quantitativen und qualitativen Steigerung der Maschinenproduktion im Rahmen der Abteilung I für die Steigerung der Arbeitsproduktivität in der sozialistischen Wirtschaft und verstärkt die Argumentation gegen die „falschen Freunde der Abteilung II".
3. Da in der Periode der allgemeinen Krise des Kapitalismus die Steigerung der Produktion sich im Tempo sehr verlangsamt, und da die Arbeitsleistung (vor allem auch infolge der Stabilität im Tempo der Zunahme der Maschinenproduk-

tion) eine solche Tendenz nicht aufweist, ergibt sich in der Periode der allgemeinen Krise die (in den USA auch häufig realisierte) Tendenz für die Arbeitsleistung, schneller zu steigen als die Produktion. Damit haben wir eine wichtige Ursache für die so häufig in der Periode der allgemeinen Krise des Kapitalismus zu beobachtende Massenarbeitslosigkeit gefunden.

1. Das Entwicklungstempo der Produktion

Wir beginnen mit einer Untersuchung der Entwicklung der Produktion und beschränken uns dabei zunächst auf die Industrie, für die wir für ein ganze Reihe von Ländern relativ weit zurückgehende Daten haben.

Entwicklung der Industrieproduktion im 19. und 20. Jahrhundert

England Jahrzehnte bzw. Wirtschaftszyklen	Index (1913 = 100)	Steigerung (Prozent)	Vereinigte Staaten von Amerika Wirtschaftszyklen	Index (1900 = 100)	Steigerung (Prozent)
1760—1769	3	8	—	—	—
1770—1779	3	11	—	—	—
1780—1789	4	30	—	—	—
1790—1799	5	41	—	—	—
1800—1809	7	33	—	—	—
1810—1819	9	23	—	—	—
1820—1826	12	30	—	—	—
1827—1832	14	23	1827—1834	1	—
1833—1842	19	31	1835—1842	2	109
1843—1849	25	30	1843—1848	5	122
1849—1858	32	29	1849—1858	8	58
1859—1868	43	36	1859—1867	13	59
1869—1879	57	33	1868—1878	25	92
1880—1886	67	17	1878—1885	43	72
1887—1895	76	14	1885—1897	69	60
1895—1903	90	18	1897—1908	120	74
1904—1908	98	10	—	—	—
1909—1914*	100	2	1908—1914*	165	38
1915—1923*	96	—4	1915—1921*	212	28
1924—1932	110	14 10***	1922—1933	256	21 55***
1933—1939***	137	24	1933—1941*	307	20
1940—1945*	—	—	1941—1945*	602	96
1946—1955*	162	— 18***	1946—1955*	611	2 99***

* Kein voller Zyklus.
** 1939 nur 1. Halbjahr.
*** Bezogen auf letzten Vorkriegszyklus.

Deutschland Jahrzehnte bzw. Wirtschaftszyklen	Index (1913 = 100)	Steigerung (Prozent)	Frankreich Wirtschaftszyklen	Index (1913 = 100)	Steigerung (Prozent)
1801—1820*	1	—	—	—	—
1821—1840*	3	—	—	—	—
1841—1850	5	—	—	—	—
1851—1860	11	120	—	—	—
1860—1867**	15	36	—	—	—
1868—1878	21	40	—	—	—
1879—1886	29	37	1880—1886**	44	—
1887—1894	40	38	1887—1895	52	18
1894—1902	58	45	1895—1903	65	24
1903—1909	80	38	1903—1908	72	11
1909—1913**	93 82***	16	1909—1914	93	29
1914—1923**	60***	—27	1919—1923**	68	—27
1924—1932	82***	37 ± 0†	1924—1934	117	72 26†
1933—1939** ††	101***	23	1934—1939** ††	109	— 7
1939—1944**	136	35	1942—1944**	52	—52
1946—1955**	124†††	— 9 23†	1946—1955**	135	160 24†

* Zwei Jahrzehnte.
** Kein voller Zyklus.
*** Gebiet der Nachkriegszeit.
† Steigerung gegenüber letztem Vorkriegszyklus.
†† Nur erstes Halbjahr 1939.
††† Gebiet der Zeit nach dem zweiten Weltkrieg au identisches Territorium 1933/39 bezogen.

Die Zahlen sind völlig eindeutig. Die Produktion ist unter der Herrschaft des Monopolkapitals im Tempo der Steigerung stark gehemmt. Und in der Frühzeit des Kapitalismus ist die Steigerung der Produktion schneller als in der Zeit der stärksten Entwicklung des Kapitalismus, wenn wir (im Gegensatz zu den oben gegebenen Statistiken für England, die auch die Heim-, Handwerks- und Manufakturproduktion zum Teil erfassen) unsere Untersuchung auf die Bergbau- und Fabrikproduktion, also die typische kapitalistische Produktion, beschränken; dabei handelt es sich jedoch um eine noch recht kleine Produktion, die leicht schnell erhöht werden kann.

Untersuchen wir die Entwicklung in zwei großen Abschnitten, etwa dem letzten Halbjahrhundert des vormonopolistischen Kapitalismus und dem Halbjahrhundert der Herrschaft des Monopolkapitals, also unter Ausschaltung der frühesten Entwicklung, die leicht starke Steigerungen zeigt, dann ergibt sich folgendes:

Steigerung der Produktion im vormonopolistischen und monopolistischen Kapitalismus

Land	Vormonopolistischer Kapitalismus	Monopolistischer Kapitalismus
England	260 % (1843/49—1895/1903, gleich 60 Jahre)	80 % (1895/1903—1946/55, gleich 60 Jahre)

Vereinigte Staaten von Amerika	1280 % (1843/48—1885/97, gleich 54 Jahre)	409 % (1897/1908—1946/55, gleich 58 Jahre)
Deutschland	1060 % (1841/50—1894/1902, gleich 61 Jahre)	142 %* (1894/1902—1946/55, gleich 61 Jahre)

* Unter jeweiliger Berücksichtigung der Territorialveränderungen.

Die Senkung im Tempo der Produktionssteigerung unter der Herrschaft des Monopolkapitals war ganz enorm.

Beschränken wir unsere Untersuchung auf die Zeit der allgemeinen Krise des Kapitalismus und fassen wir die Jahre des Übergangs zur Herrschaft des Monopolkapitals und die ersten Jahre der Herrschaft des Monopolkapitals vor dem ersten Weltkrieg zusammen, dann zeigt sich folgendes:

Land	Übergangsjahre	Allgemeine Krise des Kapitalismus
England	49 % (1880/86—1909/14, gleich 34 Jahre)	47 % (1924/32—1946/55, gleich 31 Jahre)
Vereinigte Staaten von Amerika	284 % (1878/85—1908/14, gleich 36 Jahre)	139 % (1922/33—1946/55, gleich 33 Jahre)
Deutschland	221 % (1879/86—1909/13, gleich 34 Jahre)	51 % (1924/32—1946/55, gleich 31 Jahre)
Frankreich	111 % (1880/86—1909/14, gleich 34 Jahre)	15 % (1924/33—1946/55, gleich 31 Jahre)

Auch hier zeigt sich eine sehr bedeutende Verlangsamung im Tempo der Steigerung der Produktion unter der Herrschaft des Monopolkapitals. Die Senkung ist um so bedeutsamer, als sie nur die Periode der allgemeinen Krise des Kapitalismus umfaßt und diese gegenübergestellt ist einer Zeit, in der das Monopolkapital bereits einen gewissen Einfluß, zum Schluß schon einen beherrschenden Einfluß gehabt hat. Um so stärker ist der Eindruck der Senkung der Produktion seit dem ersten Weltkrieg. Diese Senkung ist gleich eindrucksvoll, wenn man die Krise von 1907/08 als eine Zwischenkrise betrachtet, und die Zahlen für die Jahre 1903/13 bzw. 1903/14 zusammenfaßt: in diesem Fall würde die Senkung für Frankreich von 86 (statt 111) auf 15 und für Deutschland von 200 (statt von 221) auf 51 vor sich gegangen sein; für England hätte diese Änderung praktisch keinen Einfluß; und in den USA war 1907/08 ein echtes Krisenjahr - 1903 gab es dort keine Krise. Abweichend von der allgemeinen Tendenz verläuft die Entwicklung in England, das sich im Grunde von seiner Weltmachtkrise in den achtziger Jahren, auf die schon Engels hinwies, niemals erholt hat.

Bevor wir nun die Produktionsentwicklung nach wichtigen Gruppierungen untersuchen, ist es nützlich, einen Blick auf die Entwicklung der gesamten kapitalistischen Produktion, auf die Entwicklung der Weltproduktion zu werfen:

Weltindustrieproduktion, 1851 bis 1955
(1913 = 100)

Jahrzehnte	Index*	Steigerung	Index**	Steigerung
1851—1860	11	—	11	—
1861—1870	15	40 %	15	40 %
1871—1880	24	54 %	24	54 %
1881—1890	33	38 %	33	38 %
1891—1900	48	45 %	48	45 %
1901—1910	73	52 %	73	52 %
1920—1929	117	—	112	—
1930—1939	124	6 %	119	6 %
1946—1955	226	—	208	—

* Bei jeweiliger Ausschaltung des Einflusses von Territorialveränderungen.
** Bei Berücksichtigung des Einflusses der Territorialverluste an die Werktätigen in der Sowjetunion und den Volksrepubliken im Basisjahr 1913 (Sowjetunion) und im Vergleich zu 1930—1939 (Volksrepubliken).

Gruppieren wir die Zahlen in zwei Abschnitte, den der Herrschaft des vormonopolistischen Kapitals und des monopolistischen Kapitals, so ergibt sich folgendes:

Steigerung der Weltindustrieproduktion	
im vormonopolistischen Kapitalismus	
1851/60 bis 1891/1900 gleich 49 Jahre	341 %
im monopolistischen Kapitalismus	
1901/10 bis 1946/55 gleich 54 Jahre	
a) bei Ausschaltung des Einflusses der Territorialveränderungen des Herrschaftsgebiets des Kapitals	208 %
b) unter Berücksichtigung dieses Einflusses	185 %

Wahrlich, deutlich wird der Charakter des Monopolkapitalismus als sterbender Kapitalismus! Auf rund die Hälfte hat sich das Zunahmetempo der Produktion gesenkt!

★

Gliedern wir nun die Produktion in den wichtigsten Ländern auf in Abteilung I und II (Vereinigte Staaten von Amerika) bzw. Gruppe A und B (England und Deutschland), so ergibt sich folgende Entwicklung:[232]

[232] Vgl. zum folgenden meinen Beitrag zum Jahrbuch 1956 des Instituts für Wirtschaftswissenschaften, „Zur Geschichte der erweiterten Reproduktion unter dem Kapitalismus", Akademie-Verlag, Berlin 1956, wo auch die Methodik und die Quellen meiner Berechnungen gegeben sind.

Entwicklung der Produktion in den USA nach Abteilungen, 1868 bis 1955
(1900 = 100)

Zeitraum	Grundstoffe	Abteilung I Arbeitsinstrumente	Insgesamt	Abteilung II Insgesamt
1868—1878	37	21	36	41
1878—1885	56	33	55	61
1885—1897	74	65	74	78
1897—1908	110	122	111	107
1908—1914*	137	190	140	124
1915—1921*	158	337	166	141
1922—1933	179	444	192	152
1933—1941*	184	571	199	170
1942—1945*	248	2166	339	223
1946—1955*	287	1754	357	247

* Kein Zyklus.

Am stärksten ist natürlich die Produktion von Arbeitsinstrumenten (Maschinen von allem) gestiegen – ihr folgt die Produktion von Grundstoffen (Rohstoffen vor allem) und dieser wiederum die Produktion von Konsumgütern.

Die schnellere Steigerung der Produktion in Abteilung I im Vergleich zur Abteilung II unter den Bedingungen des Kapitalismus, und zwar im vormonopolistischen Stadium wie auch im Stadium des Monopolkapitals, vor der allgemeinen Krise des Kapitalismus wie auch während der allgemeinen Krise des Kapitalismus, ist offenbar.

Untersuchen wir das Entwicklungstempo im einzelnen:

Produktionssteigerung von einem Zyklus zum anderen in Prozent

Zeitraum	Grundstoffe	Abteilung I Arbeitsinstrumente	Insgesamt	Abteilung II Insgesamt
1868/1878—1878/1885	51	57	53	49
1878/1885—1885/1897	32	97	35	28
1885/1897—1897/1908	49	86	50	37
1897/1908—1908/1914	25	56	26	16
1908/1914—1915/1921	16	77	19	14
1915/1921—1922/1933	13	32	16	8
1922/1933—1933/1941	3	29	4	12
1933/1941—1942/1945	35	279	70	31
1942/1945—1946/1955	16	—19	5	11

Natürlich sind die Zahlen nicht so genau, daß man auf einzelne Prozente achten soll – aber sie sind gut genug, um einige wichtige Tatsachen anzuzeigen:

1. Nicht nur steigt die Produktion in Abteilung I stärker als in Abteilung II und die Produktion von Maschinen schneller als die von Grundstoffen, sondern im Laufe des zwanzigsten Jahrhunderts hat der Unterschied im Tempo der Steigerung der Maschinen gegenüber dem von Rohstoffen und von Konsumgütern auch noch stark zugenommen.

Daraus ergibt sich:

2. Der Anteil der Produktion von fixem c hat gegenüber dem der Produktion von zirkulierendem c in Abteilung I (und entsprechend auch in der Gesamtproduktion) beachtlich zugenommen.

Ferner müssen wir beachten, daß in einem Lande, in dem der Export von Rohstoffen, vor allem landwirtschaftlichen wie Getreide und Baumwolle usw., sowie die Lagerung solcher Waren eine große Rolle spielt, wo zum Beispiel die Lagerung im Laufe der Zeit den Gesamtumfang einer Ernte einnehmen kann, und wo andererseits entsprechend zum Beispiel Weltkriege oder Nachkriegsnot zu einer beachtlichen Leerung von Lagern führen können, Disproportionen auch für kapitalistische Verhältnisse großen Ausmaßes entstehen bzw. schnell kurzfristig beseitigt werden können. Wenn zum Beispiel von 1922/33 bis 1933/41 die Produktion von Grundstoffen praktisch kaum zunahm, während Abteilung II stärker anwuchs, so liegt das nicht an der Metallerz- oder Brennstoffproduktion, die in dieser Zeit rund dreimal so stark stieg wie die Produktion in Abteilung II; oder an der Elektrizitätserzeugung, die ebenfalls weit mehr als die Produktion in Abteilung II heraufging; sondern an der landwirtschaftlichen Produktion, die in diesen Jahren stagnierte, während die forstwirtschaftliche Produktion zurückging.

Und wenn 1946/55 gegenüber 1942/45 gar die Produktion der Arbeitsinstrumente absank, während die Produktion der Grundstoffe stieg und ebenso die von Abteilung II, dann ist das durch die ungeheuerlichen Disproportionen, die hinsichtlich der Produktionskapazität während des Krieges in bezug auf die Möglichkeiten der faktischen Friedensproduktion unter den Bedingungen der allgemeinen Krise des Kapitalismus geschaffen worden waren, zu erklären. Es wäre jedoch falsch, der Produktion von spezifischen Rüstungswaren hierbei in unserem Index ein stärkeres Gewicht zuzuschreiben. Entscheidend war vielmehr für die besonders große Steigerung der Produktion von Arbeitsinstrumenten in den Jahren 1942 bis 1945 die Produktion von Maschinen usw., die in diesen Jahren der Produktion von Waffen dienten und die in den Nachkriegsjahren der Produktion von anderen Waren dienen konnten.

Vergleichen wir nun die Entwicklung vor und während der allgemeinen Krise des Kapitalismus, so ergibt sich folgendes:

Steigerung der Produktion
(Prozent)

Abteilung	1868/78 bis 1908/14 (46 Jahre)	1908/14 bis 1946/55 (47 Jahre)
Abteilung I		
Grundstoffe	270	109
Arbeitsinstrumente	805	883
Insgesamt	289	135
Abteilung II		
Insgesamt	202	99
Pro Kopf der Bevölkerung	38	22

Weit klarer natürlich als bei der Untersuchung der einzelnen Zyklen kommt die Entwicklung in dieser, größere Zeiträume umfassenden, Überprüfung zum Ausdruck.

Ganz deutlich ist die verschiedene Abstufung der Steigerung der Produktion in den beiden Abteilungen I und II sowie in den beiden Unterabteilungen von Abteilung I – besonders betont noch, wenn man sich klar macht, wie außerordentlich gering die Steigerung der Konsumgüterproduktion, auf den Kopf der Bevölkerung berechnet, ist.

Ganz deutlich wird auch die grundsätzlich verschiedene Entwicklung der Produktion der Arbeitsinstrumente. Während nämlich das Tempo der Steigerung der Produktion sich allgemein und in den einzelnen Abteilungen in der Periode der allgemeinen Krise des Kapitalismus halbiert hat, ist das Tempo der Steigerung der Produktion von Arbeitsinstrumenten auf Grund der schwindelerregenden (Lenin) Entwicklung der Technik – nicht zum wenigsten wegen der Militarisierung der Wirtschaft, die eine hohe Produktion von Maschinen erforderte – stabil geblieben, ist es praktisch das gleiche in den Jahrzehnten vor der allgemeinen Krise des Kapitalismus und während der allgemeinen Krise des Kapitalismus.

★

So erkennen wir an der historischen Entwicklung der kapitalistischen Produktion in den Vereinigten Staaten von Amerika, wie sich die von Marx entdeckte ökonomische Gesetzmäßigkeit der erweiterten Reproduktion – natürlich mit Besonderheiten der Entwicklung, wie sie jede gesellschaftliche Wirklichkeit dem Schema, dem Modell gegenüber aufweist – durchsetzt.

Und da die Vereinigten Staaten im 20. Jahrhundert zwischen 30 und 60 Prozent der kapitalistischen Weltindustrieproduktion leisteten, kann diese Entwicklung nicht als Einzelfall betrachtet werden, der nicht typisch zu sein braucht, sondern ist das Beispiel der erweiterten Reproduktion unter den Bedingungen des Kapitalismus, insbesondere auch während seiner allgemeinen Krise.

Nichtsdestoweniger ist es auch für die allgemeine Betrachtung überaus nützlich, noch andere Länder zu untersuchen – ganz abgesehen von der Notwendigkeit der Analyse der Entwicklung in anderen Ländern, um über die spezifische Gestaltung der Verhältnisse in ihnen Klarheit zu gewinnen.

Für die Untersuchung der Entwicklung in England liegen uns weit mehr und weit tiefer in die Vergangenheit zurückgehende Zahlen vor (allerdings nicht für die beiden Abteilungen, sondern nur für die Gruppen A und B, also nur für die Industrie).

Fassen wir zunächst die Entwicklung nach Wirtschaftszyklen zusammen:

Produktion in England, 1800 bis 1955
(1913 = 100)

Zeitraum	Gruppe A Insgesamt	Gruppe A Arbeitsinstrumente	Gruppe B Insgesamt
1800—1809*	3,1	1,4	9,2
1810—1819*	3,8	1,8	11,4
1820—1826*	5,0	2,7	14,6
1827—1832	6,5	3,9	18,9
1833—1842	9,3	5,9	24,4
1843—1849	13,7	9,5	30,3
1849—1858	19,3	15,1	36,6
1859—1868	28,6	22,2	43,3
1869—1879	40,3	33,4	56,2
1880—1886	51,7	46,7	63,1
1887—1895	58,3	56,0	71,5
1895—1903	70,1	68,9	80,3
1904—1908	80,4	81,6	85,8
1909—1914*	88,2	88,8	94,1
1915—1923*	81,2	86,7	85,5
1924—1932	91,4	93,0	95,8
1933—1939*	115,2	134,4	113,2
—	—	—	—
1946—1955*	185,5	288,7	125,7

* Kein Zyklus.

Genau wie zu erwarten und genau wie in den Vereinigten Staaten von Amerika ist die Produktion der Gruppe A wesentlich stärker als in Gruppe B gestiegen. Innerhalb Gruppe A war wiederum die Steigerung der Produktion von Arbeitsinstrumenten besonders stark.

Untersuchen wir nun die Entwicklung in den 150 hier betrachteten Jahren in drei etwa gleich großen Zeitabschnitten, von denen der letzte das Stadium des Imperialismus umfaßt:

Steigerung der Produktion
(Prozent)

Zeitabschnitt	Gruppe A Insgesamt	Gruppe A Arbeitsinstrumente	Gruppe B Insgesamt
1800/1809—1849/1858 (58 Jahre)	523	979	298
1849/1858—1895/1903 (54 Jahre)	263	356	119
1895/1903—1946/1955 (60 Jahre)	165	319	57

Die Entwicklung ist ganz erstaunlich ähnlich der in den Vereinigten Staaten – trotz zahlreicher Unterschiede der Verhältnisse in mannigfacher einzelner Beziehung: Das Tempo der Steigerung in der Produktion in Gruppe A und in Gruppe B hat sich von Zeitabschnitt zu Zeitabschnitt ganz grob halbiert. Gleichzeitig hat sich das

Tempo der Produktion von Arbeitsinstrumenten im Stadium des Imperialismus etwa gehalten (der Abfall von der ersten zur zweiten Hälfte des 19. Jahrhunderts erklärt sich natürlich aus der verhältnismäßig noch ganz geringen Maschinenproduktion zu Beginn des Jahrhunderts).

Mit den Zahlen für die Vereinigten Staaten und England erfassen wir von der kapitalistischen Weltindustrieproduktion 1820 (nur England) 50 %, 1870 55 %, 1920 60 % und 1950 etwa 65 %.

Wahrlich, das „sample" ist groß genug, um wirklich verallgemeinern zu können:

Während im Stadium des Imperialismus und in der Periode der allgemeinen Krise des Kapitalismus die aus dem scharfen Widerspruch zwischen den Produktionsverhältnissen und dem Charakter der Produktivkräfte sich ergebende Hemmung der Produktion zu einer starken Senkung im Tempo der Steigerung der Produktion sowohl in Gruppe A als auch in Gruppe B führt, führt diese Hemmung bei der Produktion von Arbeitsinstrumenten nur zu einer Stabilität im Tempo der Steigerung, das heißt die Steigerung der Produktion von Arbeitsinstrumenten ist etwa gleich groß in dem der Monopolherrschaft vorangehenden Halbjahrhundert und in dem Halbjahrhundert des Imperialismus.

Eine ähnliche Untersuchung für Deutschland durchzuführen, ist sehr viel schwerer. Einmal geht das Material nicht so weit zurück und sodann ist die deutsche Wirtschaft durch zwei Weltkriege auf das schwerste geschädigt worden, so daß hier vielfach „ökonomische Ausnahmezustände" vorlagen.

Und doch, wenn wir das Gesagte berücksichtigen, finden wir eine erstaunliche Bestätigung der Beobachtungen in den Vereinigten Staaten und in England auch in Deutschland.

Produktion in Deutschland, 1860 bis 1955

Zeitabschnitt	Gruppe A Insgesamt	Gruppe A Arbeitsinstrumente	Gruppe B Insgesamt
1860—1867*	11,5	—	25,4
1868—1878	16,5	—	34,5
1879—1886	25,0	—	40,5
1887—1894	34,2	19,2	55,7
1894—1902	53,4	35,5	71,5
1903—1909	77,9	55,4	84,6
1909—1914*	90,0	82,6†††	92,0
1914—1923* †	70,0	—	65,0
1924—1932†	90,7	76,5	98,0
1933—1939* †	121,9	113,9	107,9
1939—1944* †	216,0	203,2	108,3
1948—1955* ††	177,0	195,2	135,7

* Kein Wirtschaftszklus.
† Territorium von 1920, bezogen auf identisches Territorium von 1913.
†† Territorium von 1948, bezogen auf identisches Territorium von 1939.
††† Nur 1909—1913.

Genau wie in den Vereinigten Staaten von Amerika und in England ist die Produktion in Gruppe A stärker gestiegen als in Gruppe B. Innerhalb von Gruppe A ist wieder die Produktion von Arbeitsinstrumenten besonders stark heraufgegangen.

Untersuchen wir nun näher im einzelnen das Tempo der Steigerung, dann zeigt sich das folgende:

Steigerung der Produktion (Prozent)

Zeitabschnitt	Gruppe A Insgesamt	Gruppe A Arbeitsinstrumente	Gruppe B Insgesamt
1887/1894—1909/1914 (27 Jahre)	163 %	330 %	65 %
1909/1914—1933/1939 (30 Jahre)	35 %	38 %	17 %
1924/1932—1948/1955 (31 Jahre)	95 %	156 %	38 %

Natürlich kann man in Deutschland in Anbetracht der schweren Kriegsverluste (auch auf identischem Territorium) zum Beispiel nicht von einer Stabilität in der Steigerung der Produktionszunahme für Arbeitsinstrumente sprechen. Auf der anderen Seite aber kann man ebensowenig eine stärker werdende Abnahme im Laufe des Stadiums des Imperialismus beobachten.

2. *Das Entwicklungstempo der Arbeitsleistung*

Wie entwickelte sich in dieser gleichen Zeit die Arbeitsleistung? Beobachten wir bei ihr genau wie bei der Produktion ein sehr merkliches Nachlassen im Tempo der Steigerung unter der Herrschaft des Monopolkapitals? Die folgende Tabelle gibt darüber sehr deutliche Aufklärung:[233]

Entwicklung der Arbeitsleistung der Industrie im 19. und 20. Jahrhundert

Vereinigte Staaten von Amerika Wirtschaftszyklen	Index (1900 = 100)	Steigerung (Prozent)	England Wirtschaftszyklen	Index (1900 = 100)	Steigerung (Prozent)
1827—1834	15	—	—	—	—
1835—1842	22	50	—	—	—
1843—1848	34	50	1843—1849	45	—
1849—1858	37	10	1849—1858	49	10
1859—1867	41	10	1859—1868	61	24
1868—1878	58	40	1869—1879	79	30
1878—1885	72	25	1880—1886	93	18
1885—1897	86	20	1887—1895	94	1
1897—1908	104	20	1895—1903	99	5
—	—	—	1904—1908	101	2
1908—1914**	116	12	1909—1914**	103	2
1915—1921**	127	10	—	—	—
1922—1933	187	47 61*	1924—1932	111	— 8*
1933—1941**	237	27	1933—1939**	136	23
1941—1945**	280	18	—	—	—
1946—1955**	310	11 31*	1946—1955**	160	— 18*

[233] Vgl. zu den Zahlen die entsprechenden Bände von J. Kuczynski, „Geschichte der Lage der Arbeiter unter dem Kapitalismus". Die Zahlen für 1954 und 1955 wurden nach den gleichen dort verwandten Methoden berechnet.

Deutschland Wirtschaftszyklen	Index (1900 = 100)	Steigerung (Prozent)		Frankreich Zeitraum	Index (1913 = 100)	Steigerung (Prozent)	
1852—1859**	43	—		—	—	—	
1860—1867**	52	21		—	—	—	
1868—1878	67	29		—	—	—	
1879—1886	70	5		—	—	—	
1887—1894	79	13		—	—	—	
1894—1902	96	22		1898—1903	76	—	
1903—1909	109	14		1903—1908	83	9	
1909—1914**	121	11		1909—1913	96	16	
—	—	—		1919—1923	76	—21	
1924—1932	141	—	17*	1924—1934	122	61	27*
1933—1939**	159	13		1934—1939	148	21	
—	—	—		1942—1944	77	—48	
1946—1955** †	146	—	—8*	1946—1955	152	97	3*

* Gegenüber dem letzten Vorkriegszyklus.
** Kein voller Zyklus.
† Zahlen für 1946 bis 1948 teilweise geschätzt auf 45,50 und 60.

Es zeigt sich sofort, daß gar nicht davon die Rede sein kann, daß sich eine nachlassende Tendenz in der Steigerung der Arbeitsleistung im Stadium des Monopolkapitalismus zeigt. Aber auch das Gegenteil kann man nicht behaupten.

Beginnen wir mit einer Analyse des Landes, für das wir die weitest zurückgehenden Daten haben, der Vereinigten Staaten von Amerika. Die höchsten Steigerungen gegenüber dem vorangehenden Zyklus fanden mit 40 und mehr Prozent statt: 1835/42, 1843/48, 1868/78 und 1922/33; die geringsten Steigerungen ergeben sich 1849/58, 1859/67, 1915/21 und 1946/55. In England finden wir die höchsten Steigerungen 1859/68, 1869/79 und 1933/39, die geringsten 1887/95, 1904/08 und 1909/14. Nur in Deutschland, dessen Wirtschaft im 20. Jahrhundert durch zwei Weltkriege erschüttert wurde, finden wir eine ausgesprochene Tendenz zur Senkung im Tempo der Steigerung der Arbeitsleistung unter der Herrschaft des Monopolkapitals – aber auch in Deutschland begegnet uns eine minimale Steigerung 1879/86. Die französischen Zahlen gehen nicht weit genug zurück, um entsprechende Feststellungen zu treffen.

Wir sind, glaube ich, noch viel zu sehr am Anfang einer Analyse der Entwicklung der Arbeitsleistung, um sehr viel weiter in unserer Analyse als hier angedeutet ist, zu gehen. Viel zu wenige weit zurückgehende Daten liegen – mit Ausnahme des Kohlenbergbaus – für einzelne Industrien vor. Viel zu wenig noch wissen wir über den relativen Beitrag zur Steigerung der Arbeitsleistung durch die drei entscheidenden Faktoren: Verbesserung des technischen Niveaus, Verbesserung der Arbeitsorganisation und Erhöhung der Intensität der Arbeit. Auch sind die schon vorhandenen Daten, die oben gegeben sind, noch nicht von bester Qualität.

Wie vergleichen sich nun im einzelnen das Steigerungstempo von Produktion und Arbeitsleistung?

Steigerung von Produktion und Arbeitsleistung im 19. und 20. Jahrhundert

Vereinigte Staaten von Amerika Wirtschafts-zyklen	Produktion	Arbeitsleistung	England Wirtschafts-zyklen	Produktion	Arbeitsleistung
	(Prozent)			(Prozent)	
1835—1842	109	50	1833—1842	31	—
1843—1848	122	50	1843—1849	30	—
1849—1858	58	10	1849—1858	29	10
1859—1867	59	10	1859—1868	36	24
1868—1878	92	40	1869—1879	33	30
1878—1885	72	25	1880—1886	17	18
1885—1897	60	20	1887—1895	14	1
1897—1908	74	20	1895—1903	18	5
—	—	—	1904—1908	10	2
1908—1914	38	12	1909—1914	2	2
1915—1921	28	10	1915—1923	—4	—
1922—1933	21	47	1924—1932	10*	8*
1933—1941	20	27	1933—1939	24	23
1941—1945	96	18	—	—	—
1946—1955	2	11	1946—1955	18	18

Deutschland Wirtschafts-zyklen	Produktion	Arbeitsleistung	Frankreich Wirtschafts-zyklen	Produktion	Arbeitsleistung
	(Prozent)			(Prozent)	
1860—1867	36	21	—	—	—
1868—1878	40	29	—	—	—
1879—1886	37	5	—	—	—
1887—1894	38	13	1887—1895	18	—
1894—1902	45	22	1895—1903	24	—
1903—1909	38	14	1903—1908	11	9**
1909—1914	16	11	1909—1914	29	16
1914—1923	—27	—	1919—1923	—27	—21
1924—1932	± 0*	17*	1924—1934	26*	27*
1933—1939	23	13	1934—1939	—7	21
1939—1944	35	—	1942—1944	—52	—48
1946—1955	23*	—8*	1946—1955	24*	3*

* Auf letzten Vorkriegszyklus bezogen.
** Steigerung gegenüber 1898—1903.

Die Zahlen zeigen eine außerordentlich bedeutsame Entwicklung des Verhältnisses von Steigerung der Produktion und der Arbeitsleistung: Im Stadium der Herrschaft des Monopolkapitals und insbesondere in der Periode der allgemeinen Krise des Kapitalismus entwickelt sich eine Tendenz für die Arbeitsleistung, ebenso schnell oder gar schneller zu steigen als die Produktion, während im vormonopolistischen Kapitalismus die Produktion weit, weit schneller stieg als die Arbeitsleistung.

In den Vereinigten Staaten stieg gegenüber den vorangehenden Zyklen die Arbeitsleistung schneller als die Produktion: 1922/33, 1933/41 und 1946/55.

In Frankreich: 1924/33 und 1934/39.

In Deutschland: 1924/32.

In England stiegen seit 1909/14 Produktion und Arbeitsleistung etwa gleich schnell.

Jetzt wird uns auch noch klarer, welch große Bedeutung für das Entwicklungstempo des gesellschaftlichen Produktionsprozesses, für das relative Entwicklungstempo der Produktion und Arbeitsleistung, die zuvor beobachtete Tatsache hat, daß, während das Tempo der Produktionszunahme von Abteilung I und II bzw. Gruppe A und B sich unter dem Monopolkapital etwa halbiert, das Tempo der Produktionszunahme von Maschinen einschließlich Transportmitteln auch unter dem Monopolkapital unvermindert anhält.

Zugleich haben wir einen wichtigen Hinweis auf Ursachen für die unverhältnismäßig große Höhe der Arbeitslosigkeit in der Periode der allgemeinen Krise des Kapitalismus erhalten.

INDEX

VON RUTH HOPPE

I. NAMENSINDEX

(Personen, Institutionen, Organisationen, Gesellschaften, Länder, Orte)

II. SACHINDEX

FSC
www.fsc.org
MIX
Papier | Fördert gute Waldnutzung
FSC® C083411

Kolibri 360 GmbH
Ferdinand-Jühlke-Straße 7
99095 Erfurt, Deutschland
produktsicherheit@kolibri360.de